全国建设行业中等职业教育推荐教材

物 业 管 理 概 论

（物业管理专业适用）

主编　王　军
主审　王怀志

中国建筑工业出版社

图书在版编目（CIP）数据

物业管理概论/王军主编. —北京：中国建筑工业出版社，2005

全国建设行业中等职业教育推荐教材

ISBN 978-7-112-07191-3

Ⅰ. 物…　Ⅱ. 王…　Ⅲ. 物业管理—专业学校—教材　Ⅳ. F293.33

中国版本图书馆 CIP 数据核字（2005）第 018089 号

全国建设行业中等职业教育推荐教材

物业管理概论

（物业管理专业适用）

主编　王　军

主审　王怀志

*

中国建筑工业出版社出版、发行（北京西郊百万庄）

各地新华书店、建筑书店经销

廊坊市海涛印刷有限公司印刷

*

开本：787×1092毫米　1/16　印张：10¾　字数：260 千字

2005 年 5 月第一版　2016 年 9 月第八次印刷

定价：**15.00** 元

ISBN 978-7-112-07191-3

（13145）

本书是根据中等专业学校物业管理概论教学大纲编写的，内容包括：物业与物业管理，物业管理的内容和主要环节，物业管理市场，物业管理企业，业主大会与业主委员会，物业管理的价格，物业管理与社区文化建设的关系，物业管理的智能化，物业管理者，先进的物业管理经验借鉴等，每章后附有复习思考题。

本书可作为中等职业学校物业管理专业教材用书，也可供相关专业人员参考使用。

* * *

责任编辑：张　晶　刘平平
责任设计：赵　力
责任校对：李志瑛　赵明霞

教材编审委员会名单

（按姓氏笔画排序）

王立霞　甘太仕　叶庶骏　刘　胜　刘　力
刘景辉　汤　斌　苏铁岳　吴　泽　吴　刚
何汉强　邵怀宇　张怡朋　张　鸣　张翠菊
邹　蓉　范文昭　周建华　袁建新　游建宁
黄晨光　温小明　彭后生

出 版 说 明

物业管理业在我国被誉为"朝阳行业",方兴未艾,发展迅猛。行业中的管理理念、管理方法、管理规范、管理条例、管理技术随着社会经济的发展不断更新。另一方面,近年来我国中等职业教育的教育环境正在发生深刻的变化。客观上要求有符合目前行业发展变化情况、应用性强、有鲜明职业教育特色的专业教材与之相适应。

受建设部委托,第三、第四届建筑与房地产经济专业指导委员会在深入调研的基础上,对中职学校物业管理专业教育标准和培养方案进行了整体改革,系统提出了中职教育物业管理专业的课程体系,进行了课程大纲的审定,组织编写了本系列教材。

本系列教材以目前我国经济较发达地区的物业管理模式为基础,以目前物业管理业的最新条例、最新规范、最新技术为依据,以努力贴近行业实际,突出教学内容的应用性、实践性和针对性为原则进行编写。本系列教材既可作为中职学校物业管理专业的教材,也可供物业管理基层管理人员自学使用。

建设部中等职业学校

建筑与房地产经济管理专业指导委员会

2004 年 7 月

前　言

我国物业管理业发展到今天，物业管理企业已超过 3 万家，从业人员逾 300 万人，很多省市实施的物业管理覆盖面达 50％以上，这个行业的管理工作牵系千家万户。2000 年 10 月 15 日，中国物业管理协会在北京正式成立。随着 2003 年 6 月我国《物业管理条例》的颁布，以及连接而来的《物业管理企业资质管理办法》、《物业服务收费办法》等各项物业管理政策法规的颁布实施，物业管理正向着法制化、规范化的方向健康发展，也必将迎来更大、更持久的发展！

目前我国物业管理发展迅速，物业管理类型多，涉及各个领域，约 11 大类，其中有多层住宅、高层住宅、写字楼、工业区、政府政法机关办公楼、医院、学校、车站、码头、宾馆、商场商业街和农民房等，今天，对于绝大多数城镇居民来说，物业管理已成为一种生活、居住的必需商品和服务，人们期待着这一商品和服务能够更好、更实惠、更到位。随着行业的发展，人们也意识到物业管理行业的发展需要政府的管理、引导，需要业主的参与配合，但最终是要依赖于物业管理从业人员的素质和意识。

本着提高物业管理基层从业人员的素质，普及法制化、规范化、合理化的物业管理模式和规范，我们在广泛学习吸取国内外同行学者的研究成果，并对物业管理实践中的新经验、新问题、新情况进行了调查、分析、总结和概括的基础上编著了这本致力于培养实用型物业管理人才的中等职业学校使用的教材——《物业管理概论》。

编写过程中，编写组认真研究分析了物业管理中专毕业生的就业岗位和培养目标，依岗位、培养目标和课程教学体系明确了该课程的教学目标和任务，进而确定了课程详细的教学内容，并将其内容与《物业管理实务》教材进行了协调和统筹。内容设置紧紧围绕"使学生清楚什么是物业管理、了解物业管理的基本开展情况和要求"这一目标和任务设置教学内容，本书以学生由浅入深认识物业管理的基本内容要求为写作主线，详细地讲述了物业管理的内容和基本要求。结合物业管理的发展形势和行业新的要求，本书特别设置了社区建设、物业管理智能化等内容；考虑到本课程为该专业的第一门专业课程，也是入门的课程，本教材特意增加了关于物业管理人员素质和服务意识要求的内容，对学生后续课程的学习奠定了基础。

全书共设 10 章，第 1～2 章主要介绍物业管理的基础概念、物业管理的产生发展、物业管理的内容和主要环节，3～5 章主要就物业管理的主体进行详细介绍，第 6 章主要介绍了物业管理价格的构成和核算方法，7～8 章则主要讲解了社区建设和智能化两个物业管理的延拓和发展，第 9 章主要介绍物业管理者的基本要求和定位，第 10 章向学生介绍了先进物业管理的基本情况。

本书由王军主编，负责 1、2、4、5 章的编写和全书最后的修改、统稿、定稿，关红丽参与了全书的整体构思和 7～9 章的编写，戴玉林负责 3、6、10 章的编写，张君参与了 1、8 章部分内容的编写。

本书在编写过程中得到了广州市物业管理研究会副会长、广州珠江管理专修学院副院长王怀志副教授的大力帮助，并在百忙中对本书进行认真的审查，并提出了宝贵的修改意见，在此深表感谢！

　　鉴于目前我国物业管理行业地区发展很不平衡，地区间物业管理的认识存在一定差异，以及时间紧促，因此，本书编写中难免有疏漏之处，祈望同行、专家和广大读者批评指正。

目　录

第一章　物业与物业管理

第一节　物　业

一、物业的含义

"物业"一词原出于港澳地区及东南亚一些国家；英语为"estate"或"property"，其含义为"财产"、"资产"、"拥有物"、"房地产"等，是一个较为广义的范畴。自20世纪80年代从我国香港引入大陆，物业已被广泛地使用和认可。

现实中所称的物业，是物业的一种狭义范畴，是指已建成并交付使用的住宅、工业厂房、商业用房等建筑物及其附属的设施、设备和相关场地。

从物业的概念中可以看出，一个完整的物业，应至少包括以下几个部分：

（1）建筑物。包括房屋建筑、构筑物（如桥梁、水塔等）、道路、码头等。

（2）设备。指配套的专用机械、电气、消防等设备系统，如电梯、空调、备用电源等。

（3）设施。指配套的公用管、线、路，如上下水管、消防、强电（供变电等）、弱电（通讯、信号网络等）、路灯以及室外公建设施（如幼儿园、医院、运动设施）等。

（4）场地。指开发待建、露天堆放货物或运动休憩场地，包括建筑地块、庭院、停车场、运动场、休憩绿地等。

也就是说，物业不仅包括建筑物或构筑物本身，还包括其内部的设备、设施以及与其相邻、相关的设施、环境等。

物业可大可小，可以是群体建筑物，如住宅小区，也可以是单体建筑物，如高层住宅、办公楼等。物业还可以分割，如大物业可以划分为小物业，住宅小区物业可以划分为几个小的单体住宅楼物业等。

物业不同于房地产业。房地产业是指从事房屋和土地开发经营的独立产业，它包括房地产开发、建设、经营、维护和服务等房地产经济活动全过程的所有经济组织。而物业则是指具体的土地、建筑物以及围绕着各类房屋的附属配套设施组成的组合体。

"房地产"与"物业"在某些方面可通用（如基于狭义房地产概念），但"物业"一般多指一个单项的"物业"单位（如单项的房产、地产）或一个独立的房地产公司（也称"物业公司"），而"房地产"是指一个国家、地区或城市所拥有的房产和地产。因此，从宏观的角度来看，一般只用"房地产"而非"物业"。如"房地产业"不可以"物业"代替，"房地产体制改革"也不可用"物业体制改革"代替；同时，两者概念外延不同，一般而言，"房地产"概念的外延是包括房地产的投资开发、建造、销售、售后管理等整个过程。"物业"有时也可用来指某项具体的房地产，然而，它只是指房地产的交易、售后服务这一使用阶段或区域，所以，两者有宏观与微观之别，有全体与部分之差。

二、物业的性质

分析和把握物业的属性，对于我们了解物业和物业管理的本质，掌握物业管理的运作规律，搞好物业管理有着十分重要的意义。

（一）自然属性

物业的自然属性也就是物业的物理属性，是指与物业的物质实体或物理形态相联系的性质，是物业社会经济性质的物质内容和物质基础。物业的自然属性有多种表现，主要有：

1. 系统性

一组（或其他单位）物业是一个系统，物业的各组成部分之间有联系或相互配套组成一个整体才能发挥物业所应有的功能，满足人们生活、工作和消费的需求。没有配套设施的物业难以发挥功能，难以满足各种需要，人们的各种现实需求从客观上决定了物业的配套性和系统性。

系统性要求各种配套设施应该齐全，否则将影响物业功能的发挥。以住宅为例，室内设备配套至少应包括厨房、厕所、给排水、电等等，否则就会产生不便，影响房屋居住功能的发挥。住宅小区的配套包括文化教育设施、卫生保健设施、商业服务设施、环境保护设施等；市政配套设施包括交通、邮电、能源、自来水、供热等。具有这些配套设施的住宅小区可以形成一个完善的系统，充分发挥住宅小区的功能，即物业的配套设施越齐全，其功能发挥就越充分。

物业的配套设施不仅要完善，而且各组成部分要运转正常，即系统的每个组成部分都要正常发挥其应有的功能，否则，整个系统的功能就要受到影响，这也是物业管理的目标所在。

2. 有限性

天然的土地资源是有限的，可以用作兴建建筑物的优良建筑地段更有限，只能在有限的土地上开发建设有限的物业。因此，要充分发挥每一物业的功能和价值，为社会、为人类创造财富，这就要求我们重视物业管理。

3. 多样性

物业的多样性主要是对建筑物而言的。由于建筑物的功能、位置、自然环境、技术经济条件的不同，形成了物业形式上的多样性。每一个建筑产品都是单件产品，它们在类别、品种、规格、结构、式样、外观以及年代等方面，都存在着某种不同之处。物业的多样性要求物业管理要面向不同管理对象的具体情况，采取相应的管理办法和手段，保证物业功能的实现。

4. 长期性

建筑物一旦建成，在正常情况下，其物理寿命可达数十年甚至上百年、几百年，可供人们长期使用。所以，物业既可以一次性出售，也可以通过出租的方式零星出售，边流通边消费；其价值可以一次性收回，也可以在较长时间内多次收回。这就要求物业管理应该考虑不同消费者的需求，面向不同层次的需要。

（二）社会属性

物业的社会属性主要是指它的经济性质，包括权属性、商品性、效用性等等。

1. 物业的权属性

物业的权属性，是指物业在法律上有着明确的权属关系，这种权属关系使物业的所有者、经营者和使用者各方的经济利益在物业的开发、建设、经营管理与使用过程中，受到法律的保护。物业权属最重要的内容就是物业的所有权和物业的使用权。

物业的所有权，是指物业所有者在法律规定的范围内对该物业所拥有的占有、使用、收益和处分的权利。物业所有者的经济利益主要表现在：当其将物业留作自用时，不必向任何人缴纳租金；当其依法将物业出租时，可以向承租人收取租金。

物业的使用权，是指依法经营或使用物业的权利。在我国，物业使用权是实行所有权与使用权分离制度以后出现的一种依法成立的有限产权。物业使用者一旦取得某一物业的使用权，就必须向该物业所有者缴纳租金，而不论其将物业留作自用还是用以出租。

2. 物业的商品性

物业的商品性，是由物业的价值、使用价值和可进行交易等性质决定的。物业的商品性包括以下几个方面的实质性内容：

（1）物业的价值和使用价值是通过市场交易活动得以实现的，物业的买卖、租赁、抵押，土地使用权的出让和转让，都是体现物业商品性的具体方式。

（2）物业的开发建设、经营管理等都是商品经济活动，必须遵从价值规律这一最基本的经济运行规律。

（3）参与物业开发建设、经营管理与消费的人与人之间的关系是建立在市场经济基础上的经济关系，从生产到消费都不是无偿的。

3. 物业的效用性

物业的效用性，是指物业对人类社会的使用价值，可以满足人们生产、生活或消费的需求。物业若无效用，就不会有价值，人们就不会有需求的欲望。物业的效用具体体现在以下几个方面：

（1）物业作为物质资料既可以为生活服务，也可以为生产服务，既可以充当消费资料，又可以充当生产资料，如住宅就是消费资料，厂房、商店就是生产资料。

（2）物业可以保值、增值。物业是不动产，其权属受法律保护，比其他资产（如金银首饰和货币等）更安全，不必担心被盗、被搬或被抢占。物业又是生产、生活资料，是不可缺少的基本需求。随着人类生活水平的提高，特别是人口的增加、经济的发展，对物业的需求会越来越大，而物业的供给受制于土地和资金的有限性，因而供不应求将是一个长期的趋势，物业价格的总趋势也将是反复走高的。有的资产（如股票）可以一落千丈成为废纸，货币也可能在通货膨胀中贬值，而物业不但不会贬值，当通货膨胀来临时，反而可以随着物价上涨的趋势水涨船高，甚至超过通货膨胀的速度。物业的价格还会由于周围土地的投资建设和繁荣而增值等等。当然在具体实践中，我们必须注意到土地的使用期限和房屋的使用年限对物业价值的影响。

（3）物业可以作为资本参与经营活动。由于任何经营活动都需要一定的空间场所，所以物业可以作价入股，构成企业生产经营过程中投入的固定资产，收取投资利润，也可以按期出租等。

（4）物业可以用来抵押。作为不动产，物业可谓永恒资本，被视为最可靠的债务抵押物或担保物。

（5）物业还可以被赠送和继承。物业产权所有人可以将所属物业无偿地赠送给他人，

3

也可将其作为遗产，留给子孙后代。

第二节　物业管理

一、物业管理的含义

物业管理，单从字面上理解是对物业进行的管理，目前关于物业管理的定义，有广义和狭义两种说法。广义的物业管理是泛指一切有关房地产开发、租赁、销售及售后服务；狭义的物业管理，是指业主通过选聘物业管理企业，由业主和物业管理企业按照物业服务合同约定，对房屋及配套的设施设备和相关场地进行维修、养护、管理，维护相关区域内的环境卫生和秩序的活动。

物业管理的内涵非常丰富，具体理解也可以用表 1-1 来表达。

物业管理的含义　　　　　　　　　　　　　　　表 1-1

序　号	名　称	内　容	备　注
1	管理对象	物业	即建筑物及其内外的生产、生活配套设施、周围环境等
2	服务对象	物业的产权人和使用人	还可能包括和影响其他相关的人，如来访者、客户等
3	属　性	服务性、经营性	物业管理提供的是一种有偿无形的产品——服务，含物业管理的咨询服务和承担具体操作的实质性物业管理服务工作
		契约性	通过一定的契约规定相关各方的权利、责任、义务
4	管理目的	维护物业区域内良好的生活、工作秩序和环境	物业管理的首要目的就是维持物业区域良好的秩序，构建安全、舒适、文明的生活工作环境
		使物业保值和增值	良好的物业管理能够不断完善物业的使用功能，从而维持和提高物业的价值和使用价值
5	管理内容	多层次、多功能	包括物业资产管理和物业运行管理，具体内容可以在合同中约定
6	时间范围	在物业的全寿命周期内	不但指物业使用消费阶段，也包括项目的策划、规划设计、施工、经营等阶段
7	管理方式	专业化、科学化、社会化	采用现代管理手段对物业实施全方位、多功能的管理，融管理、服务、经营于一体

二、物业管理的特点

物业管理是一种有别于以往房产管理的一种新型的管理模式，其管理的对象是物业，服务对象是人，是集管理、经营、服务于一体的有偿劳动，所以物业管理属于第三产业，其劳动是一种服务性行为。物业管理的性质也比较明确，主要是服务性的，寓管理、经营于服务之中，服务对象是物业的产权人和物业的使用人。

物业管理有市场化、专业化、社会化、服务性、综合性等特点。

（1）市场化。市场化意味着物业管理是一种经济行为，不是政府行政行为；物业管理的主体是企业，不是政府机关；物业管理提供的是有偿服务，而不是无偿的福利；更重要的是，物业管理企业作为独立的法人，是按公司法的规定组建，依照物业管理市场的运行规则参与市场竞争，依靠自己的经营管理能力和优质的服务在物业管理市场中生存和发展，用管理的业绩去拓展业务，赢得商业信誉并自负盈亏。因此，市场化成为现代物业管理的突出标志。应允许市场主体获取合理的利润，并主要以管理酬金的形式来体现，其利润、酬金的有无、多少应由市场来决定。物业管理实行有偿服务，收费标准在国家法规政策的指导下由市场决定。这个市场就是物业业主或使用者对物业管理和服务的需求，按照国际惯例，"谁得益，谁出钱"。物业管理公司的生存、发展由市场来决定，谁的管理水平高，服务质量好，费用标准适宜，谁就会有更大的生存和发展机会，否则就会遭到淘汰。

（2）专业化。物业管理作为一门行业，有系统的行业规范和准则，从事这种行业相当的知识总量、管理能力和技巧。所谓专业化有三层含义：①有专门的组织机构。专业物业管理公司要有科学健全的组织机构，各职能部门各司其职，这是分工协作、顺利实施管理的组织保证。②有专业人员配备。物业管理所涉及的领域颇为广泛，包括管理、服务、维修、市场营销、财务等等。为了保证和提高管理水平和服务质量，应根据物业管理公司的实际情况配备相关专业人才。③有专业工具设备。这是物业管理的物质保证。物业管理公司也可以将各种专业管理以经济合同的方式承包给各类专业经营服务企业，例如，环境卫生承包给专业清洁公司；环境绿化承包给园林绿化单位；机电设备维修承包给机电设备维修公司；向专业保安公司雇用保安人员等。

（3）社会化。物业管理的社会化有三种含义：第一，是指物业管理将分散的社会分工汇集起来统一管理，诸如房屋、水电、清洁、保安、绿化等。每位业主只需面对物业管理企业一家就能将所有关于房屋和居住（工作）环境的日常事宜办妥，而不必分别面对各个不同部门，犹如为各业主找到了一个"总管家"，业主只需根据物业管理部门批准的收费标准按时缴纳管理费和服务费，就可以获得周到的服务，既方便业主，也便于统一管理。第二，是指面向社会的物业管理，房地产开发商或业主应自觉将开发或持有的物业推向社会，通过公开招标、公平竞争，把物业交给高水平的专业公司来管理。第三，是指物业管理本身也应社会化，物业管理涉及面很广，每一个管理项目都有一定的专业要求，管理公司可将一部分管理项目分离出去，使其成为社会的一个专门行业，这样既可以减轻物业管理公司的负担，也符合专业化的要求，有助于提高管理的水平和效率。

为适应社会化大生产专业分工的要求，高明的房地产开发商乐于和善于把自己所开发的物业委托给专业物业管理公司去管理，以保证自己的经营效率。即使是开发商直属的物业管理公司，如果具备了物业管理的资质条件，也要鼓励其走向社会，承接管理其他物业。某一地区的物业管理公司也可以跨省区接管各种类型的物业。从物业管理社会化的发展趋势来看，委托管理是今后物业管理业的一大方向。当前，一些发展商抱着"肥水不流外人田"的狭隘的利益观，自组物业管理公司来管理所开发的物业。经常的情况是，由于此类物业管理公司专业水准欠佳，发展商虽然可以得到一些眼前小利，但劣质的物业管理破坏了发展商的声誉，影响了发展商下一步的开发和销售，其实是得不偿失。

物业管理的社会化还表现在它是一项需要有全社会的参与、监督才能得以健康、顺利发展的事业。物业管理与每一位业主或使用者休戚相关，所以必须有业主委员会代表业主来参与管理，进行监督，反映他们的意见和要求，以维护他们自身的合法权益；物业管理又涉及治安、消防、卫生保健、计划生育、清洁环卫、水电供应等方面的问题，所以必须有相关部门、单位的积极参与配合及必要的约束监督，才能规范其行为，保障其发展。

（4）服务性。物业管理公司履行管理职能是通过提供一系列多层次的多样化的服务来实现的。产权单位、业主或使用人在购买和租赁房屋、使用房产物业时，必须与物业管理公司签订物业管理协议，授予物业管理公司实施对物业专业化管理的权力；同时物业管理公司承担为业主和租用人提供优质服务的义务。服务管理内容不受限制，只要用户提出的要求合理，都必须及时地提供。这种把管理建立在优质服务之上的方法，将物业管理公司与用户紧密联系在一起，有助于相互之间进行沟通，共同来营造和维护物业管理服务的环境和秩序。

（5）综合性。把物业管理、社区服务和社区文化建设结合在一起，进行专业和社会化管理。在维护好房产物业及其附属设施和公共设施的同时，从满足使用房产物业的人的各种需求出发，为业主提供完善的服务设施以及良好的文化休闲环境，并通过经常组织多内容、多样式、多层次的各种有利于促进人际交往的活动，创造宽松、和谐、融洽、信任的环境，塑造社区文化品格和建立社区服务系统。现代物业管理服务，已经逐渐从简单管理房产物业和提供相应服务，扩展到物业管理与社区服务系统、塑造社区文化有机结合起来的现代管理。

三、物业管理的类型

（一）按服务内容分

按照物业管理公司提供服务内容的不同，可将物业管理分为两大类型：一是提供咨询服务；二是提供具体的实质性的管理服务。两种类型物业管理的最大区别是物业管理单位是否承担具体的专业操作，如清洁、保安及对于房屋设备的维护等。

1. 提供咨询服务

在第一种情况下，物业管理班子不配备作业层人员，只向业主提供咨询服务，而且是有偿的，具体的专业操作既可以由业主内部人员进行，也可以由业主通过签订委托合同交给社会上的专业服务公司进行。这种情况下，物业管理公司与各专业服务公司之间不发生任何合同关系。

物业管理人员依据自身专业知识和经验，向业主提供的主要服务内容为：有关物业的质量控制工作；有关的安全控制工作；有关的费用控制工作；有关物业的财务管理工作，并定期或应要求向业主呈交收支报告；有关物业及使用人的信息收集处理工作；有关的合同管理工作等等。

2. 提供具体的实质性的管理服务

在第二种类型中，物业管理班子既有管理层人员又有作业层人员，不仅提供专业的咨询意见，而且承担具体的专业操作。服务内容除了第一种类型中列出的各项内容外，还负责组织人员实施具体的专业操作。如安排专业服务人员按要求进行物业的维修、养护、清洁、绿化、保安等。在这种情况下，实施各种专业服务的人员是物业管理公司的内部人员，与业主之间不发生任何合同关系。

（二）按组织方式分

从物业管理的组织方式看，有两种类型：一是物业管理工作由业主自己承担，或以自己承担为主，并聘请专业的物业管理公司作为顾问，这是自行物业管理模式；二是委托物业管理模式，即把物业管理的工作全部委托出去，由专业化的物业管理公司进行管理。自行物业管理模式要求业主拥有一批具备物业管理专业知识、技能以及丰富实践经验的管理人员，具体的物业管理工作可以自己全部承担或部分委托，可以拥有也可以不拥有自己的作业人员。

四、物业管理的作用

实行物业管理制度是为了发挥物业最大的使用功能，使其保值、增值，并为物业所有人和使用人提供安全、舒适和文明的生活环境和工作环境，实现社会效益、经济效益、环境效益的统一和稳定增长。

1. 提高房地产经营活动的效益

房地产经营活动的全过程由开发、营销和消费使用三个环节组成，房地产开发、营销的最后落脚点是消费和使用。物业管理作为房地产开发经营的最终环节，对前级活动具有强烈的反弹和刺激作用。物业管理天然地赋有提高房地产经营效益，繁荣和完善房地产市场的功能。当前，商品房售后管理是房地产经营活动中的一个热点和难点。周到、良好的物业管理能吸引和提升客户对物业投入的兴趣，提高物业的使用价值和经济价值。现在，发展商终于明白，优良、方便的物业管理是树立企业形象、招揽用户、推销物业的重要手段和策略。由于物业管理在建设现代家园中的特殊地位，其在房地产行业中的地位越来越重要。

2. 提高城镇居民的生活和居住水准

城镇居民生活水准和消费水准提高的第一标志就是居住状况如何。物业管理从对住宅的管理来说，其目标首先是为居民营造一个方便、文明、整洁、安全的生活环境，其水准和内容要随着社会进步不断地拓展和提升。现代化的家居离不开高水平、规范化的物业管理。优质的物业管理不是单纯的事务性操办和技术性保养，而是要在此基础上为业主、使用人创造一种从物质到精神，具有浓厚的文化氛围，又有个性特征的宁静、安逸、优雅、舒适的生活环境。

规范化的物业管理与社区建设相结合，能使物业区域形成一个具有"陶冶情操、净化心灵、提升精神"的微型社会。在这种情况下，物业管理既能充分发挥物业的功能，保障业主的合法权益，又能增强业主间的邻里意识、互相尊重、和睦相处的关系。这种居住环境和社会关系有助于激励人们的群体意识、沟通感情、增强理解、培育良好的社会心理，促进社会的安定团结。

3. 提高城市形象，完善城市功能

现代城市管理理念认为居民工作、生活环境的完善和居住水平的提高是城市生活水平和消费水平提高的基本前提。现代化的城市需要高质量的管理服务，运作良好的大厦设施，有助于工作效率的提高；称心如意的居住环境，有助于人际关系的调和。住宅社会学研究表明，良好的环境不仅能减少烦恼、焦虑、矛盾、摩擦，乃至某些危害社会的不轨行为，还会形成互助、互谅的社会风气，促进人们的身心健康，促使人们积极上进。这一切是社会稳定、经济增长和城市发展所必须具备的前提条件。物业管理正是顺应了这一要求而产生和发展起来的，高质量的物业管理不仅是单纯的技术性保养和事务性管理，而且还要在此基础上为业主创造一种从物质到精神，既具有现代城市风貌，又具有个性特色的工作和生活环境，形成一个以物业为中心的"微型社会"，既可充分发挥物业的功能，又能在充分保障业主合法权益的同时，增加业主的睦邻意识，创造相互尊重、和乐共处的群居关系。因此，高质量的物业管理既可以改变城市风貌、改善人们的工作和生活环境，又能提高人们的精神文明素质和现代化城市意识，为树立城市形象、完善城市功能起积极推动作用。

在现代城市中，建筑物的容貌构成城市形象的主体。一个个物业小区是城市的细胞，小区的环境整洁、优美，城市的面貌也就焕然一新。现在，物业管理已逐步从对新区管理延伸到建成区的管理，这样，就为城市面貌的更新和优化提供了全方位的支持。当前国内的一些大、中城市都希望同国际接轨，建设一流的城市，以有利于引进外资，发展经济。物业管理作为一种不动产的现代化管理模式，不受地区、国家和社会制度的限制。外商进入中国大陆，一旦投资项目初成或业务有所开拓，往往会考虑"安居乐业"。因而都十分关注如何为自己安排一个舒适高效的工作和居住环境，所以，优质的物业管理不仅体现城市的优美形象，也是优化投资环境、吸引外商在华置业的重要条件。

4. 提供广泛的就业机遇

物业管理是提供商品劳务的行业，物业管理面广量大，能提供广泛的就业机遇。首先能为从事传统管理的房管部门和人员提供一个转换机制、吸纳人员的合适方向。公房事业性管理方式是计划经济体制下的产物。近年来，随着房地产开发经营的兴起，特别是土地批租和旧城旧房改造的迅猛态势，公房大量转化为私房。这使原来以公房经租为主的城镇房管部门作为住房福利制模式下的产物，在完成其历史使命的同时面临一个机制转换和人员安排的问题。这里，包括直管公房和系统公房两大部门。物业管理就为两者的转换开辟了一个广阔的天地。物业管理业的发展还能带动相关行业的发展。物业管理业同装饰维修业、家政服务业、园林绿化业等部门有密切的联系。这些行业也能吸纳大量的劳动力。

五、物业管理的理论基础——区分所有权

现代的建筑业发展中，独门独院式的或者是单排平房式的建筑物已经不符合时代关于空间资源利用及解决人口居住问题的需要了，高层楼宇式建筑已成为大势所趋。而且在一些高级住宅中，还存在有公用的花园、游乐场所、会客场所等。传统的所有权理论无法解决这种专用与共用紧密联系的建筑物的产权关系。在现代的产权体系中，就引入了区分所有权。

区分所有权的基本要求是在同一个物（可以是房产，也可以是地产）上可以相对独立地区分为一定数量的独立部分，而独立部分之间有存在共同的连接，构成一个整体。一幢楼宇被区分为各自独立的单元，成立多个相互独立的所有权，是专有的或可以独立使用的建筑空间，如居住楼宇中的一套房；这些区分为各个单元的房屋，仍然构成一个整体，各单元所有人不仅共享一块地基，而且每一单元房及其使用都离不开整个房屋共用设施的支撑。对专有或独立部分的所有权为区分所有权。

区分所有权的专有部分是指建筑物中区分为相对独立的、为某个所有权人独自享有的部分。就该特定部分而言，所有权人享有完全的所有权，他可排除一切他人自主地支配该部分。但仅拥有独立单元不能实现对房屋的使用，因此，建筑物区分所有权人必须也同时拥有共用部分的所有权，才能完整实现居住或其他使用功能。所谓共用部分，即是连接各个单元并且享用每个单元房屋所必不可少的部分，如楼梯、电梯、通道、走廊、楼宇占用土地等。对于这部分，每个区分所有权人享有共同的使用权利，且这种使用权没有排他性或独占性(除非是业主公约有这样的约定),更不能排他地处分共用部分。这些共用部分是一个随着专有部分取得而自然取得的过程,毋须单独购买。

总之,区分所有权是由专有所有权、共用部分持份权及成员权三种构成:对专有部分享有专有所有权,为所有权人;对共用部分享有共同所有权,为共有权人;对区分所有建筑物,享有管理权,为成员权人。但它以专有权为主导,其他两种权利均随自用部分所有权取得而自然取得,随自用部分所有权丧失而自动丧失,而且也随专有权的转移而转移。

区分所有权的理论明确了业主对于物业所享有的权利的性质及本质,对于专有与共用部分的权利维护都有极为重要,也成为现代物业管理的重要理论基础。意义主要体现在以下几个方面:

(1)区分所有权明确了在存在共用部分的建筑物中,业主对于其专有部分仍享有完全的、排他的专有权,他人未经许可,不可随意滋扰业主的私人空间和私人活动。

(2)区分所有权明确了业主对于建筑物共用部分的用益权,任何业主对于共有部分的建筑都有占有、使用的权利,任何人(包括其他业主)不得排斥业主对共用部分的使用。同时,由于区分所有权明确了业主对建筑物公用部分有平等的用益权,就可以防止一些业主以自己对共用部分的使用妨害了其他业主对共用部分的权利,如有的业主在共用建筑区域内放养动物,在走道中堆放杂物等,其理由就是"我是业主,有权利行使我的所有权",而区分所有权的建筑物中,业主对于共用部分的权利行使不得妨害到他人的权利。

(3)区分所有权明确了业主对于共用部分的建筑物有管理、维护、修缮的义务,在过去,人们对于公共设施、公共建筑只重视如何利用,而比较轻视对其进行维护和修缮的义务,从而导致了公共部分无人管理,成为各人"各占地盘,物尽其用"的杂乱场所,也成为物业管理的一大死角。区分所有权明确了业主对于共用部分不仅有权利,也有法定的义务,从而使物业管理人在进行公共管理的决策、收费、制定公约,甚至是进行相关处罚时都有了法律上的权利依据。

(4)区分所有权也是建立业主自治机构的权利基础,正是因为业主对于建筑物所享有的是区分所有权而不是单纯的专有所有权,因此物业管理区域内的业主可以也应当被组织起来,对公共利益进行维护。业主自治机构所作出的决定,对所有的业主都有约束力,这也正是基于这种区分所有权的关系,对该决议不予赞同的业主,只要决议是合法有效的,他就必须遵从,区分所有权也是业主自治机构得以运作的权利基础。

第三节 物业管理与房地产

物业管理是伴随着我国房地产的兴旺发展而逐步发展起来的。作为房地产市场的消费环节,实际上是房地产开发的延续和完善,是在房地产开发经营中为完善市场机制而逐步建立起来的一种综合性经营服务方式。物业管理既是房地产经营管理的组成部分,又是现代化城市管理不可缺少的一环,被视为现代化城市的"朝阳产业"。要清楚的认识物业管理,应首先搞清楚物业管理与房地产的关系。

房地产投资的主要目的是要获取较高的投资报酬,而取得较高收益的前提之一是具有良好的物业管理。和购买其他商品一样,消费者对房地产的要求不仅注重其价格和质量,还十分注重其售后服务即物业管理。在一些经济发达的国家和地区如美国、新加坡、香港等地，无论是写字楼、商业中心、住宅和工业物业，都离不开专业化的物业管理。

一、房地产与房地产业

1. 房地产

房地产是房产与地产的合称，是房屋与土地在经济方面的商品体现。房屋与土地反映物质的属性和形态，而房产与地产则体现商品形式的价格。在实际生活中，讲到房地产，一般均指房屋建筑和建筑地块所组成的有机整体。习惯上，也不把房地产与房屋、土地作严格的区分，房地产即房屋与土地。房屋和土地不可移动，因此一般称之为不动产。实际上，称房地产为不动产，只能理解为狭义的不动产，不动产的广义概念还包括其他不能移动的物体，如水坝、地下工程、港口码头等其他建筑。

2. 房地产业

房地产业是指从事房地产开发、经营、管理和服务的产业，具体包括土地的开发经营、房屋的开发建设、买卖、租赁、信托、物业管理和以房地产为依托所进行的多种经营管理等项工作。在国民经济发展中，房地产业作为基础性、先导性的产业起到了重要的积极作用。

随着我国改革开放的深入、社会主义市场经济体制的建立和城市化程度的不断提高，我国的房地产业获得了巨大的发展，住房商品化、住房制度改革、土地有偿使用制度等政策理论与改革实践对房地产业的发展起到了积极的推动作用。房地产业在国民经济中占重要地位，它是国民经济和社会系统中基本单位的承载体，起着联结生产与生活、生产与消费、生产与流通的作用，提供了大量的财政积累。它的有效发展可以合理充分利用土地资源，能创造更多就业的机会，改善城镇居民的居住和生活条件，能加快城市建设和经济发展，带动与房地产相关产业的发展等。

房地产业是区别于建筑业的一个独立行业。因为建筑业完全是物质生产部门，属于第二产业；而房地产业则兼有生产(开发)、经营、管理和服务等多种性质，属于第三产业。通常把房地产业和建筑业作为两个独立的产业部门来对待。但是，这两个行业之间有着密切的联系。它们的作用对象都是房屋和地产，它们之间存在着密切的合作关系，是相互影响和不可分割的。

3. 房地产业的运行过程

房地产业运行的全过程一般由三个环节组成。①生产环节。生产环节是指进行土地开发、房屋建设等，从而获得房地产劳动产品的过程。这一环节进行的前提条件是获得可供开发的土地。在这个活动过程中，房地产开发经营企业与政府部门通过协议、招标、拍卖等方式，取得一定年限的土地使用权，组织房地产的开发和再开发活动，其中，由房地产开发经营公司组织的房地产开发和再开发活动，是房地产生产环节主要的生产活动。②流通环节。流通环节是指房地产作为商品进入市场，进行交易，以实现其使用价值和价值的过程。房地产市场活动主要有房地产的买卖、租赁和抵押三种形式。参与这些活动的主体有房地产开发企业、房地产经营企业、房地产信托企业、房屋置换服务部门以及房地产的产权人(单位或个人)等。随着住房商品化不断推进，房地产产权人的交易活动也在迅速增长。流通环节是为实现在生产环节的价值而努力，如果流通阶段能顺利收回资金，将有更多的资金投入到新的生产环节，如此，才能使房地产业发展得以良性循环，因此，流通环节是一个重要的环节。③消费环节。房地产作为商品，经过流通环节的市场交易活动，转移到消费者手上，从而进入了消费环节。这个环节实质就是房屋的售后服务工作。物业管理部门要指导消费，加强房屋的修缮养护，延长房屋使用年限并使房屋能实现保值和升值，同时为业主（住户）提供全方位、多层次、多项目的服务，创造良好的居住和生活环境。

二、物业管理对房地产的积极作用

1. 物业管理根除了城市建设中房地产业"重建轻管"的思想

在计划经济时代，城市建设中房地产业出现了"重建轻管"现象。许多房地产建设单位只追求短期经济利益，建房不为住房着想，建房不为管理着想。建造的房屋，没有完整的规划设计方案，一些房屋没有按接管验收标准进行验收，甚至没有考虑到从使用的角度去开发建设房屋，没有足够的配套设施。有的房屋还存在着许多隐患，如地下管道未接通，甚至未铺设，这样的房屋交付使用后，住房者苦恼，房管者难以承担大量的维修经费，以致出现有问题无人管的混乱局面。起初，城市新建小区沿袭过去按部门分散管理的方式，小区内住户邻里之间出现了不少问题：如有的乱圈占公共用地和乱搭建，有的自封阳台，有的占用走廊、过道乱堆放杂物，有的只顾自家装修，而不考虑整个结构的安全，私自拆毁承重墙。这些不仅导致了原有建筑格局、景观，还使房屋的使用功能遭到破坏，且还破坏了住宅小区和城市的市容市貌的完美，也产生了许多邻里矛盾纠纷。

后来，实施了物业管理后，上述现象则得到了有效的制约和规范。因为物业管理是通过物业管理公司的经营和管理，为业主（住户）提供与物业相关的服务内容。从房屋的接管验收到入伙管理、装修管理等方面，物业管理公司从业主（住户）的角度出发，提供服务，对房屋进行管理，为业主（住户）的生活和工作带来了方便。在房屋及配套的设备设施的维修管理等方面，设立了维修储备金制度，为房屋和设备设施的维修和管理提供了资金，从而也对"重建轻管"思想行为产生制约和规范作用。

2. 物业管理促进房地产的健康发展

改革开放以来，政府十分重视解决老百姓的住房问题，加大了住房建设投资。无论是住房建成量，还是人均居住面积增长量均有显著增加。特别是 1997 年亚洲金融危机之后，政府明确把住宅建设作为拉动中国经济的新增长点，住宅建设发展更快，我国城镇居民住房人均居住面积由 1978 年 3.6m² 提高到 2003 年的 11.4m²。在本世纪头 20 年全面建设小康社会的目标，落实在住房上就是保证人均一间房。房地产迅猛发展，出现了大量住宅小区、高层楼宇，购房者考虑的因素从原来注重房屋本身的质量，发展到对物业配套设施完善、外部的环境美化程度及管理质量等方面，而物业管理正可以解决了老百姓的"心病"，使建好的房屋管理更加到位，使环境更加优美。

3. 良好的物业管理将改善开发商形象，增加销售量

竞争机制是现代市场机制的基本要素之一。市场竞争越激烈越能显现出企业的素质。市场竞争，使企业以赢得消费者，占领市场为首要目的，这样才能产生经济效益。物业管理公司想赢得业主（住户）的信心，则要用物业管理的服务内容、服务质量和服务水平去获得物业管理公司的信誉。良好的物业管理可以使消费者从心理建立起对物业管理公司的信任，获得消费者的认可。良好的物业管理服务，能提高物业的销售率，许多消费者在选择物业的时候，很多时候是先考虑物业管理服务的质量，因此，物业管理能改善开发商形

象，促进房屋的销售量。

4. 物业管理为房地产开发提供服务，有利于房地产业的健康发展

随着经济的不断发展，人们在追求生活质量的同时，对住宅要求也在不断地变化，由室内走向室外。以前大多数购房者，买房考虑的因素是地段、房价、面积和朝向，随着生活条件的改善，越来越多的购房者选择房屋时，注重小区的外部环境，即绿地面积、配套服务设施、空间环境、活动场所、物业管理水平等等。许多城市物业管理工作开展滞后，严重地制约着住宅市场的健康发展。许多房屋销售困难，其中一个重要原因就是物业管理不到位，或由于住宅小区开发时缺少物业管理规划，以致建好后使用功能也难满足，物业管理公司无法开展物业管理工作，因此许多购房者不愿意购房，因此，良好的物业管理，能为房地产开发提供服务，能促使房地产的销售，有利于房地产业的健康发展。

三、物业管理在房地产开发中的地位

1. 物业管理是房地产开发的组成部分

对房地产开发商来说，重视售后的物业管理，才能使自己的房地产开发业形成一个完整的运作系统，并能得到较好的发展。如果房产交付使用后，没有良好的物业管理，那么原来规划设计再好的小区环境也会变成公共设施遭严重破坏、垃圾满地、环境嘈杂、治安混乱的不良环境。从营销学的角度来看，作为销售后服务的物业管理决不亚于房地产开发中的其他过程，甚至有时候比生产环节更显得重要，因为前期开发不足出现的一些小问题，可以通过良好的物业管理工作，弥补其缺陷和不足，求得业主(住户)的理解和原谅，所以物业管理对房地产开发商具有不可估量的重要性。相反，也有房地产开发经营公司，只顾建楼、卖楼，不重视环境营造和物业管理，待业主(住户)入住之后，问题百出：水、电供应无保障，环境脏乱差，安全没保障。如此物业管理，业主(住户)深受其累，其负面影响会给销售带来阻碍，即使销售价格低，其物业也难以销售。目前，一些房地产开发经营公司平时十分注重物业管理，以其良好的服务质量赢得了消费者，且业主(住户)的口碑宣传作用，当然促进物业的销售。

2. 良好的物业管理使物业发挥最大的使用效能

城市土地属于一次性资源，在使用的过程中，会越占用越少，因而其价格不断上涨，开发成本不断增加。一块土地被占用来盖楼房，那么这一块土地就不能再使用。如果由于设计、建造和使用管理的原因，使本来寿命可达到70年的楼宇，只使用了50年就不得不拆除，那么由此造成的资源和财富的损失是巨大的。开展物业管理，定期对物业进行粉饰装修、更新设施，以保持全新面貌。管理、维修、养护使物业发挥了最大的使用效能，所以开展物业管理，对物业进行养护，能延长其使用寿命，为社会节约大量的财富。

3. 物业管理是房地产开发经营公司经营上的需要

住宅作为生活资料和商品，要求房地产开发经营公司树立良好的公司形象，形成良好的公司信誉，促使公司考虑搞好售后服务，保证用户满意。物业管理的好坏，是许多消费者在购房前考虑的首要条件之一。凡是重视开展物业管理的房地产开发公司必然经营效益好。好的物业管理对房地产开发经营公司的必不可少辅助，因此，现在很多房地产开发经营公司所提出的"建设—管理—服务"一条龙，深受业主(住户)的信任。

发展物业管理能产生明显的社会效益和经济效益，对完善房地产市场、建设好现代化城市及提高人们的生活质量具有深远的意义。

第四节 物业管理的产生和发展

一、物业管理的起源

物业管理是社会经济发展到一定水平的必然产物。传统意义上的物业管理起源于19世纪60年代的英国。由于工业革命的发展，大量农村人口涌入工业城市，引起了对城市房屋需求的增加，但对其缺乏管理导致了诸如房屋破损严重、居住环境日趋恶化等社会问题。当时，英国有一位名叫奥克维娅·希尔(Octavia Hill)的女士迫不得已为其名下出租的物业制订了一套规范租户行为的管理办法，出乎意料地收到了良好效果，招致当地人士纷纷效仿。这可以说是世界上最早的"物业管理"。时至今日，英国的物业管理作为一个固定行业，整体水平是世界一流的。除了传统意义上的楼宇维修、养护、清洁、保安外，物业管理的内容已延展到工程咨询和监理、物业功能布局和划分、市场行情调查和预测、目标客户群认定、物业租售推广代理、通讯及旅行安排、智能系统化服务、专门性社会保障服务等全方位服务。在普遍推行物业管理的同时，成立了英国皇家物业管理学会，会员遍布世界各地。

现代意义上的物业管理产生于19世纪末的美国，建筑机械等技术的发展使装有电梯的高层楼宇出现之后。这类建筑附属设备多，结构复杂，需要专业性很强的日常养护、维修。于是，专业的物业管理机构开始出现。

1908年，由美国芝加哥摩天大楼的管理者乔治·A·霍尔特组织的"芝加哥建筑物管理人员组织(CBMO-Chicago Building Managers Organization)"召开了第一次全国性工作会议，宣告了世界上第一个专业的物业管理组织的诞生。

物业管理已成为社会发展不可或缺的组成部分，它为人们提供了一个优美、舒适、高质量的作息环境。物业管理作为房地产市场的消费环节，实际上是房地产开发的延续和完善，是在房地产开发经营中为完善市场机制而逐步建立起来的一种综合性经营服务方式，物业管理既是房地产经营管理的重要组成部分，又是现代化城市管理不可缺少的一环。

二、物业管理在我国的发展

我国的物业管理源自香港，1953年圣诞夜香港九龙石硖尾木屋的一场大火使5万人无家可归，使香港的居住和治安问题引起社会重视。于是，香港政府开始实施"公共房屋计划"，相应的物业管理机构产生。

国内的物业管理产生于20世纪80年代初期，改革开放政策使商品经济得以复苏，特别是沿海开放城市率先打破了传统土地管理和使用制度，并实施一系列优惠政策，从而吸引了大量的外资涌入，房地产业异军突起，涉外商品房产生。涉外商品房的业主、住户大多为港、澳同胞和海外侨胞，他们按海外生活的水准对商品房产提出售后要求，也即所购房产保值、增值的要求和居屋环境安全、舒适、文明的要求。传统的福利性房管制度无法适应这一新形势，物业管理在涉外商品房区最先被配套引入。20世纪80年代中后期，随着我国各大城市房地产的发展和住房制度改革，约占全世界人口1/4的中国人为居住条件的改善和提高而大兴土木，这是人们生活方式、居住方式的一次巨大变革，过去的"大院"、"四合院"、"机关宿舍"逐步变成了"花园"、"小区"、"大厦"。伴随着房地产业的迅猛发展，物业管理也得到了迅猛的发展。

1980年深圳市房地产公司（深房集团前身，1980年1月8日成立）与港商合资开发的深圳第一个涉外商品房工作——东湖丽苑小区开工兴建。深圳市房地产借鉴香港的物业管理于1981年3月10日成立了深圳市物业管理公司。1993年6月30日，深圳成立了国内首家物业管理协会；1994年深圳市颁布了《深圳经济特区住宅区物业管理条例》，为深圳物业管理行业的规范化、法制化奠定了基础。1994年4月建设部颁布了33号令，即《城市新建住宅小区管理办法》，明确指出："住宅小区应逐步推行社会化、专业化的管理模式。由物业管理公司统一实施专业化的管理"，从而确立了我国的物业管理新体制。2000年10月15日，中国物业管理协会在北京正式成立，由全国878家物业管理相关单位联合组成协会。2003年6月国务院颁布了《中华人民共和国物业管理条例》，标志我国这物业管理已逐渐成熟，走向了法制化、规范化的道路。

我国物业管理业发展到今天，物业管理企业已超过3万家，从业人员逾300万人，很多省市实施的物业管理覆盖面达50％以上，这个行业的管理工作牵系千万个家庭。总的说来，我国内地的物业管理工作主要是近20多年开展起来的，历时不长，但发展较快。概括起来，呈以下状况：

（1）物业管理走向普及，产业地位基本确立。经过20多年特别是近5年多的发展，物业管理作为与房地产业伴生的一个重要的支援性社会服务行业的作用已逐渐被人们所认识，不仅政府、发展商充分认识到了它的重要性，普通百姓的观念也在逐步变化，花钱买环境、买安全、买服务、买方便的市场住房消费观正逐步形成，买房看物业管理水平已成基本常识，众多城镇居民正在享受专业化物业管理所带来的优美环境和方便生活。可以说，随着人们生活水平的提高、房改的深入，物业管理正全面走近百姓生活，物业管理作为一个不可替代的新兴产业的社会地位已经确立。具体表现在以下几个方面：

1）物业管理覆盖率和市场化程度逐年提高。物业管理覆盖率可以从两个角度来考察：一是实施物业管理的物业面积占物业总面积的比例；二是实施物业管理的物业项目占所有物业项目的比例。我国城镇新建住宅业每年竣工面积在5～8亿m^2，这些新竣工的物业绝大多数都实施了物业管理。同时，随着我国经济体制改革和后勤管理社会化的不断深入，各单位所属物业实施专业化物业管理的进程也日益加速。全国原有物业加上新建物业，物业管理规模每年以8～10亿m^2速度扩张，实施物业管理的物业面积占各类物业总面积的比例也因此逐年攀升。

2）物业管理市场化程度的逐年提高，一方面表现在随着物业管理市场的不断发育及物业管理意识的日益普及，房管所和单位后勤直管的传统房屋管理模式亦逐步退出历史舞台，取而代之的是发端于深圳等沿海城市的市场化物业管理的观念意识和运作模式等，企业化、市场化、专业化运作模式已成为全国各大中城市政府及社会大众对各类物业维护管理的普遍选择。另一方面，随着我国《物业管理条例》的颁布实施，各地房地产行政管理部门积极推进"建管分家"，鼓励房地产和物业管理分业经营。随着有关招投标管理办法的颁布实施，通过招投标取得物业管理项目的管理权将成为业界的主流。

3）物业管理意识的普及。表现为人们对物业管理的消费意识、管理意识及物业管理企业的服务意识的普及和不断增强。几年前，物业管理的范围还主要在大城市、新建物业，中西部物业管理活动开展得比较少，而今宁夏、青海、西藏地区的物业管理业务也开展起来了，省级行政区已没有空白点，物业管理业务正在稳步向中小城市、县、镇推进。在物业管理覆盖率和市场化程度不断提高的背景下，从政府到民间，对物业管理基本理念、原则及操作的认识不断深化，社会各阶层、各单位也逐步由被动接受到主动选择物业管理模式，物业管理发展呈现一派欣欣向荣的局面。物业管理意识的普及物业管理正逐步成为大众"消费品"，广大业主依法参与社区物业管理的意识也越来越强。与此同时，由于市场竞争的不断加剧，物业管理企业服务意识的不断提高，以业主为中心的"服务创新"如"零干扰服务"等使物业管理的服务质量也显著改善。

4）已形成了较大的行业规模。目前我国物业管理发展迅速，物业管理类型多，涉及各个领域，约 11 大类，其中有多层住宅、高层住宅、写字楼、工业区、政府政法机关办公楼、医院、学校、车站、码头、宾馆、商场商业街和农民房等。近几年，上海、北京、深圳等大型城市，物业管理行业年产值已分别超过 50 亿元，国内行业产值已达到数百亿元，并以每年 20％以上的幅度递增。今后十几年内，城镇每年要建 7 亿 m^2 的住宅，按普通住宅每 2000m^2、高档住宅每 1000m^2 安排一人就业计算，仅新建住宅物业管理每年就可安排 45～50 万人就业。目前，物业管理行业的从业人数已达到我国社会服务业从业人数的 23％（数据出自《中国房地产发展报告》，社会科学文献出版社，2004 年）。同时，由于物业管理的发展，物业管理一线的维修、保安、保洁等工种急需大量的劳动力，为下岗职工再就业提供了巨大的就业空间，在缓解社会就业压力，保持社会稳定等方面起到了重要作用。

（2）物业管理的内涵愈加丰富，运作日趋规范。经过二十几年的发展，我国不少地方的许多物业管理公司有了一定规模，机构设置更加齐全，管理的内容已不局限于提供房屋维修、治安、绿化、清洁卫生、代收代缴水电费等公共性的服务，还进一步提供如代订代取牛奶或报纸、室内装修、环境设计、搬家、代理房屋租售、家政服务、卫生保健服务、订机票车票、商业策划、安排度假消遣等各种专项和特约服务。基本上是住、用户所需的，公司所能的都尽力满足，极大地方便了住、用户的工作与生活。不仅如此，优秀的物业公司还特别注重小区（大厦）的文化、文明建设，进一步拓展了物业管理的空间、内涵。如他们组织丰富多彩的小区（大厦）文化、文艺、体育活动和公益活动，组建小区（大厦）社团、兴趣活动小组，培养小区（大厦）亲善、团结、邻里友好、自如往来的大家庭氛围，培育小区居民、大厦客户的归属感、自豪感，增强了大家对物业公司的信任、认同乃至亲切感，使业主、使用人能自觉配合小区（大厦）的各项管理工作，参与各种活动，达到了小区（大厦）管理民主化和良性互动的效果。同时，许多物业公司还在常和服务规范化、高标准方面下功夫，他们积极推行实施、通过 ISO 9000 和 ISO 14000 等系列的质量体系认证，积极参加省优、部优物业管理小区（大厦）的评选，进一步提高了管理水平，在社会上树立了良好的信誉和形象。

（3）物业管理立法有一定进展，逐步走向法制化、规范化。自 1994 年 4 月建设部出台《城市新建住宅小区管理办法》后，深圳、珠海、广东、上海、宁波、青岛、厦门、江西等八个省市先后出台了物业管理条例，北京、重庆、江苏、山东等近百个省、市先后制定出台了本地区的物业管理办法；国家有关部门也相继制定了相关的配套法规，如国家计委颁布的《城市住宅小区物业管理服务收费暂行办法》（1996.3.1）、财政部颁布的《物业管理企业财务管理规定》(1998.3.12)等，2003年更出台了《中华人民共和国物业管理条例》(2003.6.8)、《物业服务收费管理办法》《业主大会规程》《前期物业管理招投标管理暂行办法》，2004年又颁布了《物业管理企业资质管理办法》(2004.3.17)《物业服务收费明码标价规定》，形成了全面规范物业管理各方关系、各种行为的权威性、全国性的专门法规。各地有进一步形成各项实施细则，并加大了对物业管理操作的检查和监督，物业管理正逐渐走向法制化和规范化的轨道。

（4）物业管理活动主体趋于理性和成熟。物业管理活动的主体包括建设单位、业主、业主大会及业主委员会、物业管理企业、政府及物业管理相关主体(供水、电、气等供应管理机构)。随着物业管理的不断发展，政府监管、推动立法等力度日益加大，各方主体行为日趋成熟，物业管理活动逐步呈现出法制化、规范化、制度化状态。开发商主动遵守法律法规、做法尽责，全体业主依法自我约束、依法维护合法权益，物业管理企业规范化经营和服务的氛围正在逐步地形成，管理服务水平正在提高。由于建设单位物业销售的需要和业主对服务需求的不断提高，物业管理企业只有不断优化资源配置，提升物业管理服务品质，才能在激烈的市场竞争中赢得份额、谋求发展。正是这种竞争机制的作用，虽然各地物业管理水平存在发展不均衡状态，但总体上全国的物业管理服务水平却在不断提高。我们看到，ISO 9000、ISO 14000、OHSAS 18000等质量管理体系在物业管理企业内正日益普及，物业管理企业对规范化和标准化的研究也不断深入，在人力资源管理、质量控制等企业内部管理的环节，管理水平在显著提高。涌现出了一批大型物业管理企业，一些品牌效应卓著的物业管理企业，为了实现品牌扩张、提高企业的知名度和经济效益，把握住机会四处出击，市场份额快速上升，目前，物业管理市场中涌现出了一批管理面积愈千万平方米的企业，如深圳的中海物业、万厦物业、金地物业、招商局物业、华侨城物业、上海的陆家嘴物业等。随着《条例》的实施，这些企业将继续在竞争中占据有利位置。同时，境外物业管理企业参与国内市场的竞争。以戴德梁行、第一太平戴维斯等为代表的港资企业目前正继续进军内地物业管理市场，市场竞争和品牌企业的涌现促使物业管理的健康、持续发展。

（5）物业管理的发展还不平衡。这种不平衡首先严重地体现在地区间。我国物业管理发展基本呈现的是南方比北方发达，沿海比内地发达，东部比西部发达的格局。这种严重不平衡发展状态，归根结底是与市场经济的发育程度密切相关的，市场经济越发达，物业管理服务水平就越高。在物业管理业相对发达的地区，物业管理的覆盖率较高，竞争比较激烈，随着原有物业的物业管理日益普及，竞争的焦点主要集中在新建物业；而在物业管理业欠发达地区，物业管理市场的发育尚未成熟，人们的物业管理消费能力和消费意识尚有待提高。其次，新老物业、商品房、公房的物业管理发展的不平衡。普遍地，各地新小区、大厦、商品房物业管理开展得全面深入，老住宅区、公房由于行政管理体制制约多、配套差、居民收入水平相对较低等原因，开展专业化物业管理下手难、成本高、比例较小。再有，不同类别物业管理发展的不平衡。住宅区、酒店宾馆、写字楼类物业管理到位度高，而文教、医疗、工业及许多公共建筑物业管理的开展进展缓慢。最后表现在物业公司层次不一，管理水平相差悬殊。一方面，一些公司已按现代企业制度运作，自主经营、自负盈亏，管理水平已向国际标准看齐，物业管理的内容也不再局限于物质方面和物业本身，而是介入早、管理规范、不断拓展空间(跨地区、跨物业类型)、丰富内涵(注重社区文明、文化建设）；另一方面，一些公司层次水平明显偏低，依附于开发企业，转换机制远未完成，没有市场竞争力。管理规模小、手段落后、经费欠缺、管理纠纷不断等问题突出，急需通过健全、完善物业管理法规、体制和引人物业管理、市场竞争机制、加快物业管理的社会化进程解决这些问题。

三、我国物业管理的模式

目前，我国的物业管理处在从传统的物业管理向现代物业管理转变的过程中，新旧体制互相交错，管理方式多种多样，形成了转型期物业管理理的新特点。概括起来，我国的物业管理模式主要有以下几种：

（一）福利型行政化管理模式

福利型行政化管理模式是在传统的计划经济体制下产生的，目前仍占有一定的比例，其主要标志是分配属福利性的，管理属行政的，产权归国家所有，使用权归住房人，房屋分配按个人职务资历，管理内容简单单一，仅进行维修保养和对房屋使用进行管理，不提供便民服务，房租标准非常低廉，仅靠房租很难保养好物业。由国家行政主管单位大包大揽负责管理及管理费用，管理单位主要是各级房管局、房管所、区、街办事处以及自己拥有房产的企事业单位下属的房管处、房产科等，其性质属于非商品性、非自有化的传统房产管理模式。随着住房制度的深入改革，福利分房和实物分房都已被取消。公房出售和实行货币分房以后，如何管理这些房屋已成为物业管理的一个新课题。

（二）行政型专业化管理模式

行政型专业化管理模式是在计划经济向市场经济体制转轨过程中出现的"双轨共管"型管理模式。一方面，它仍然保留着传统的国家企事业单位的自管形式；另一方面，随着这些单位向企业化和实体化的转变，其原有房产的管理也开始转向独立化和专业化。这种管理模式一般适用于单位自买、自建的直管房，产权按一定比例优先出售给职工，由单位组建的专业房地产企业、物业管理公司或单位下属专业部门实施管理，经费来源为开发单位、购房单位、政府机关或职工个人共同出资。某些国家事业单位转向企业化实体化以后，他们为确保所占用的房产或新建房产保值升值，并在经营管理上收益，也往往采用了专业化的管理形式，管理费用也主要取自物业使用单位。这种管理形式是物业管理在特定形势下的过渡模式，它的过渡性导致了它在管理上的多样性。如江苏省常熟市新加坡花园小区采取的就是多方共管模式，即由街道办事处、房地产开发企业和派出所三家派代表共同组成管理委员会，由管理委员会具体实施管理。因此，行政型专业化管理模式实质是行政性的管理组织，专业性的管理形式。

（三）直管型专业化管理模式

直管型专业化管理模式是房地产开发商自己组建物业管理公司。对所开发出售的物业进行管理。这也是目前国内商品房开发建设实行最多的一种管理形式。许多房地产企业，特别是规模较大的房地产公司，往往都是自建自管，将自己开发建成的物业交由属下的物业管理部门来管理，该部门进一步发展，便独立注册为物业管理公司。这种管理公司作为开发商的下属单位，有的独立核算，有的非独立核算，一般很少参与市场竞争，属于"老子物业儿子管"的形式。其优点是：作为下属公司，对所托管物业的特点比较熟悉，很少有竣工验收和接管验收的矛盾，资料齐全，经费来源也比较稳定、直接、可靠，对开发商有一种责任归属，容易与开发商和业主、用户沟通，执行贯彻开发商最初的规划设计，管理运作也都能从长远考虑；不足之处是：管理人员往往不够专业化，运作程序常常达不到规范化以及操作的工具、设备比较简陋等等。

（四）市场型专业化管理模式

市场型专业化管理模式是独立的、专业化的物业管理公司，通过投标在市场竞争中接管物业，它遵循了物业所有权与管理权分离的原则，物业管理公司受业主和用户的委托，对物业进行综合性、专业化、社会化的经营管理与服务。这种管理模式的主要特点是：

（1）物业管理公司完全自主经营、独立核算、自负盈亏、自我发展。

（2）物业管理公司通过签订合同或契约，按照业主和用户的要求与意愿实施管理，真正摆正了"主人"与"管家"的关系。

（3）物业管理公司不仅负责物业的养护维修，而且还提供房屋装修、家电维修、室内清洁等后期服务与便民服务，甚至有些公司还实行前期介入，从设计阶段就参与意见，形成了全过程、多层次、多种经营的综合性服务与管理。

（4）物业管理公司的管理与服务是有偿的，实行保本微利的有偿性收费。

（5）在管理运作上更加专业化、现代化、法律化。

尽管这样的物业管理公司在我国还是一个刚刚兴起的新型行业，在专业上与标准化和规范化还有一定距离，但它毕竟代表了物业管理市场的发展方向，是未来我国物业管理的主导模式。

复习思考题

1. 什么是物业？物业的自然属性有哪些？如何理解物业的社会属性？
2. 什么是物业管理？如何理解物业管理的特点？
3. 物业管理的作用有哪些？
4. 什么是区分所有权？试用区分所有权理论解释物业管理的必要性和业主对公共设施的管理责任。
5. 物业管理与房地产的关系怎样？
6. 我国现阶段的物业管理发展怎样？有何特点？

第二章 物业管理的内容和主要环节

第一节 物业管理的内容

一、物业管理的内容

物业管理作为一个新兴行业，同所有服务业一样，是以生产特殊的"商品"——对物业的维护和对业主的各种服务，并向社会提供这种"商品"以满足现代人们的消费需求为目的，因而，物业管理内容也主要是指物业管理的管理服务。

物业管理的主要对象是住宅小区、综合办公楼、商业大厦、宾馆、厂房、仓库等。它的管理范围相当广泛，服务项目多层次多元化。总的来看，物业管理涉及经营与管理两大方面，包含管理和服务两大部分，涉及的工作内容比较繁琐复杂。归纳起来，可把物业管理的管理服务内容分为以下三个方面：

（一）基本管理与服务

基本管理与服务是指物业管理企业直接针对物业和所有业主的各项具体管理，有人把它称为公共管理服务。

（1）房屋管理。是物业管理的基础工作，是为保持房屋完好率、确保房屋使用功能而进行的管理与服务工作，主要指的是房屋维修管理，即物业管理公司对房屋的养护和维修以及对房屋的改建。

1）房屋管理的意义。房屋维修是物业管理中的一项基础性工作，房屋修缮管理在整个物业管理工作中具有重要的地位和作用。①搞好房屋维修，有利于延长住宅的使用寿命，增强房屋使用安全性能，提高居住质量；②搞好房屋维修，有利于保证房屋的质量和房屋价值的追加，可使房屋保值、增值，为业主、也是为国家增加财富；③搞好房屋维修，有利于加快城市建设，美化环境，美化生活，促进城市经济发展，推动城市精神文明建设的发展；④搞好房屋维修，有利于物业管理公司建立良好的企业信誉，塑造良好的经营形象，为其他业务的发展打下扎实的基础；⑤搞好房屋维修，也有利于物业管理在经营中创收。因为在市场竞争中，良好的维修服务就是一种竞争资本。

2）房屋维修管理的内容。房屋维修管理的目的是要确保房屋的完好，不仅要修缮危损房屋，而且还包括对房屋进行日常保养、维护、定期检查等。因此，房屋维修管理的内容主要有以下几项。①房屋质量管理。包括安全检查、完损等级评定、危房评定及解危、房屋档案资料建设等项工作。②维修施工管理。落实房屋维修任务，编制房屋维修计划、维修设计方案、实际工程组织设计；做好维修工程开工前的准备工作，包括做好住房临时迁移工作，施工水电的安排，材料的采购、放置，以及确定施工方案等；制定合理的材料消耗定额和严密的施工措施，在施工中经常性地进行材料和技术管理工作；大、中修和更新改造工程要编制施工组织设计，组织均衡流水主体交叉施工，并对施工过程进行严格质量控制管理和全面协调衔接；加强对房屋维修现场的平面管理，合理利用空间。③房屋维修的责任关系管理。是指对房屋维修责任的划分及维修承担人的确认，排除维修障碍，使维修工作得以落实。④维修档案资料管理。主要做好房屋新建（维修）工程竣工验收时的竣工图及有关房屋原始资料、现有的房屋及附属设备的技术资料、房屋维修的技术档案资料等的管理。⑤房屋维修资金管理。主要是维修资金的筹措与使用安排。⑥房屋日常养护。包括房屋零星损坏日常修理、季节性预防保养以及房屋的正确使用维护管理等工作，这是物业管理公司对房屋业主和使用人最直接、最经常的服务工作。

（2）设备、设施管理。是为保持房屋及其配套附属的各类设备、设施的完好及正常使用而进行的管理与服务工作。包括：①房屋设备的基础资料管理。主要内容是建立设备管理原始资料档案和重要设备的维修资料档案。②房屋设备的运行管理。主要包括建立合理的运行制度和运行操作规定、安全操作规程等运行要求（标准）及文明安全运行的管理，并建立定期检查运行情况和规范服务的制度等。③房屋设备的维修管理。指根据设备的性能，按照一定的科学管理程序和制度，以一定的技术管理要求，对设备进行日常养护和维修、更新。

（3）环境卫生的管理。是为净化物业环境而进行的管理与服务工作。物业清洁保养是物业管理的重要组成部分，是体现物业管理水平的重要标志。包括楼宇内外物业环境的日常清扫保洁、垃圾清除外运等工作，也包括清洁保养的工作计划、清洁保养的检查监督等管理工作。

（4）绿化管理。是为美化物业环境而进行的管理与服务工作。物业环境绿化养护管理是一项经常性的工作，物业管理公司应根据所管物业的类型、规模和绿化管理要求合理组织人力，制定相应的工作计划，责任落实，管理到位，保证绿化工作的正常开展和物业环境绿意盎然。主要包括园林绿地的营造和保养、物业整体环境的美化等。

（5）治安管理。是维护物业正常的工作、生活秩序而进行的一项专门性的管理与服务工作。管理内容包括：①建立健全安全保卫组织，加强对保安部的领导和管理，配备充足的保安人员。②制定和完善各项治安管理制度。③负责维护辖区内部治安秩序，预防和查处治安事故。④打击违法犯罪活动。⑤制定巡视值班制度。⑥完善辖区内安全防范设施。⑦定期对保安员开展各项培训工作。⑧密切联系辖区内用户，做好群防群治工作。⑨与物业周边单位建立联防联保制度，与物业所在地公安机关建立良好的工作关系。

（6）消防管理。这也是为维护物业正常的工作、生活秩序而进行的一项专门性的管理与服务工作。消防管理是指预防物业火灾发生，最大限度地减少火灾的损失和火灾中的应急措施，消防工作包括灭火和防火，消防管理的内容有消防队伍的建设、消防制度的订立以及消防设备管理和火灾中的应急措施。

（7）车辆道路管理。这同样也是为维护物业正常的工作、生活秩序而进行的一项专门性的管理与服务工作。包括车辆的保管、道路的管理、交通秩序的维护等。

（二）综合经营管理与服务

主要是为了方便业主的生活和工作，而提供的全方位、多层次的服务，具体包括：

（1）衣着方面。如洗衣（尤其是干洗）服务、制衣、补衣服务等。

（2）饮食方面。如快餐盒饭、送饭服务；音乐茶坊；燃料供应及代送服务等。

（3）居住方面。如房屋看管、房屋装修、房屋清洁、搬家服务、物业租售代理等。

（4）行旅方面。如单车出租、组织旅游等。

（5）娱乐康体方面。如美容美发服务，组建棋牌社、读书社、桥牌俱乐部、影视歌舞厅、健身房、游泳池、网球场等并提供服务等。

（6）购物方面。如果菜供应服务，设立小商店，供应日用百货等。

（7）网络社区方面。如为住（用）户提供网上资讯或其他网络服务。

（8）其他方面：如绿化工程服务，为业主或租户提供的代订代送牛奶、代送报纸杂志、代送病人就医、送药、代住户搞室内卫生、洗衣物、代雇保姆、代定购车船机票等等。

（三）社区管理与服务

主要是协助街道办、居委会（家委会）进行社区精神文明建设等管理活动。如：组织和开展各种各样的活动，包括："五好家庭"的评奖活动、见义勇为业主或租户颁奖活动、业主或租户义务植树、义务清洁活动等等。

在实践中，以上三大类业务项目具有相互促进、相互补充的内在有机联系。其中，第一大类是基本的，也是物业管理的基础工作，一切物业管理单位首先应做好第一大类的工作，树立起良好的管理服务形象。第二、三大类是业务的拓展，是服务广度和深度的拓展，可根据各个物业管理单位的实际情况、住（用）户的实际需求或社区的统一布置来安排。总之，物业管理单位必须以物业管理基础工作为主，在此基础上拓展业务，切不可本末倒置，以副代正。

同时，作为经营管理的服务企业，为较好的开展上述三大类的工作，物业管理也必须包括客户管理、费用管理、项目谈判、企业内部管理等项目。

二、物业管理的目标和宗旨

物业管理实质上是一种综合性的经营管理服务，融管理、经营、服务于一体，在服务中完善经营与管理，服务体现了物业管理的宗旨和基本属性，物业管理只有以服务为中心，开拓各项业务，才具有无穷的活力。所以，物业管理的目标是在物业服务的四个层面上体现出来。

（1）为社会服务，推动社会进步与家庭、经济环境协调发展。在今天住宅建设需求巨大、城市建设任务繁重的社会背景下，物业管理旨在以人们能够"安居乐业"为目标，为社会创造良好社会氛围。

（2）为业主服务，充分合理使用物业，提高其使用效率和经济效益，促使物业保值、增值。良好的物业管理不仅可以延长房屋设备的使用年限，使物业保值，而且可以提高物业的档次和适应性，使其增值。

（3）为用户服务，创造一个安全、舒适、整洁、宁静、优雅、和谐、文明、健康、向上的生态型生活工作环境和文化氛围。物业管理的全部活动都是为了创建一个"整洁、文明、安全、方便"的生活和工作环境，或者说一个有利于生存、发展、享受的环境。并且要随着物业管理业务的拓展和管理水准的提高，根据每一小区的具体情况和住用户的要求提高服务水准、拓展服务范围。居住区域要求舒适、安静、温馨、优雅，要求增添文化和艺术氛围等。办公和商务区域则强调高效、周到和形象，要求提供现代化的商务服务和智能化管理等。

（4）为企业服务，树立房地产发展商在公众中的良好形象，增强公众对发展商的信任感，促进其后续房屋销售工作的顺利开展。

从物业管理的服务内容及目标可以看出，物业管理的宗旨就是"服务"，通过服务实现社会效益、经济效益和环境效益的统一，而服务的出发点和归宿是一切为了人，以人为本，为了人的生存、方便、享受、健康、交往和成长，偏离服务的宗旨，就会使物业管理和社会的利益相悖，最终削弱物业管理的生命力。

三、物业管理的原则

（1）用户至上、服务第一原则。物业管理要面向业主和使用人，要满足他们在物业使用过程中的各项要求，并提供周到的服务。因此，物业管理者在管理过程中，要始终如一地坚持用户至上、服务第一的原则，尽心尽责地提供尽善尽美的服务，努力营造舒适、方便、安全、优美的工作和生活环境。该原则是物业管理的首要原则，也是物业管理的根本宗旨。需要说明的是，"业主至上"并不是要否定物业管理管理中业主和管理者的平等法律地位，而是强调管理人员考虑问题、解决问题时的出发点和归宿。

（2）企业化、社会化原则。物业管理由物业管理公司实施。物业管理公司是自主经营、自负盈亏、自我约束、自我发展的法人经济实体，物业管理要实行企业化经营原则。同时，物业管理行业的产生又是社会分工和专业化的结果，物业管理公司是顺应社会分工细化和专业化潮流所产生的一种服务型企业。因此，物业管理还必须坚持社会化的原则。坚持企业化和社会化的原则，有利于提高物业管理水平，有利于促进物业管理行业的不断发展。

（3）统一经营、综合管理的原则。现代物业的多元化产权关系及物业的多功能性，使少数业主和使用人产生了自行管理的意向。但由于具体物业的结构、供电、供暖、供气、上下水管、电梯等设备无法实施分割，从而使得物业的管理在实际操作中无法分离。就小区而言，除住宅以外还有商业、文化教育、娱乐、生活服务、通讯和交通等设施，它们共同构成了一个完整的多功能住宅小区。住宅小区的这种整体特征，决定了只能通过统一经营、综合管理，才能使各类物业和工作、居住环境相协调，发挥整体效用。

（4）专业管理与用户自我管理相结合原则。物业管理的复杂性，不仅要有专门技术和专业管理，而且也要求更多的人参与管理。充分调动住用户的管理积极性，在部分非专业性管理内容上，由用户自行或参与管理，效果往往较好。坚持专业管理与用户自我管理相结合的原则，不仅可以降低物业管理费用的开支，减轻住用户经济负担，还有利于物业管理公司与住用户之间的距离，增进了解，进而达到共同维护和管理好物业的目的。

第二节　物业管理的主要环节

物业管理是一个复杂的、完整的系统工程。物业管理的运作，既是管理思想的体现，又是管理理论的实践，是全部物业管理活动的总和。为保证物业管理有条不紊地顺利启动和正常进行，从规划设计开始到管理工作的全面运作，有若干环节不容忽视。物业管理的整个过程可分为以下几个主要环节。

一、物业管理的前期介入

前期介入是指物业管理公司在接管物业之前，就参与物业的规划设计和建设的过程，从业主与使用人及物业管理的角度，就物业开发、建设和今后使用管理提出建议，并对将接管的物业从物质上和组织上做好准备，以更好满足业主与非业主使用人的需要和有利之后的物业管理。

(1) 前期介入的作用。物业管理的前期介入，对开发商、物业管理公司及以后物业的所有者或使用者都十分必要。具体来讲有以下作用：①有利于优化设计，完善设计细节，完善物业的使用功能。随着社会和经济发展，人们对物业的要求越来越高，因此房地产开发企业在开发过程中，除了执行国家有关技术标准，还越来越重视物业的使用功能、布局的合理、建筑物造型、建材的使用、室外的环境、生活的便利、安全和舒适等方面。物业管理企业在实际物业管理中接触不同类型、不同规模、不同管理模式的物业，并直接与业主和非业主使用人联系，了解他们的需要，可以根据丰富的物业管理经验，对房地产开发商提出有建设性的意见，使物业的使用功能更加完善。大多数建筑设计院在规划设计时，未能充分或准确考虑日后的使用和管理，给住户造成了麻烦，给物业管理公司带来了不便甚至困难。例如，空调机的安装与排水考虑失误，造成影响制冷效果或装修困难；铁围栏及其他铁制材料的过多使用，造成日后的保养负担过大等等，这些情况都说明设计院对物业管理问题考虑欠缺，同时由于物业管理公司熟知这些问题，因而才能在这方面提出专业意见。②有利于提高施工质量。国家建设部已有明文规定，我国的施工建设要与国际接轨，设立建设监理制，这样，一批专业工程监理公司便应运而生，尽管如此，也难以取代物业管理公司参与施工监理的作用。因为物业公司面临着以后验收接管及维护保养的任务，而工程质量的任何隐患和疏忽都会增加管理公司的工作难度。因此，物业管理公司对房屋建造的质量将给予高度的重视，让物业公司提早介入，一旦发现问题及早通过发展商限令施工单位解决，就可有效防止施工质量问题的发生和延续。因此，物业管理公司参与监督施工质量，使工程质量又多了一份保证。③有利于后续工作的顺利进行。前期介入可以优化设计，减少、防止后遗症。物业管理企业经过一段时间的工作，可以同环保、水、电、暖、天然气、通讯、治安、绿化及行业主管部门建立工作联系，理顺工作渠道，有利于以后管理工作的顺利进行。④为接管验收、保证物业正常运行打下基础。物业管理企业对物业开发前期介入，在物业验收接管之前，对物业的土建结构、管线走向、设施建设、设备安装，特别是隐蔽工程等情况已全面了解，这就为物业的验收接管打下了基础，能保证物业管理工作衔接良好，使物业安全启用、正常运行，为日后的管理、养护、维修带来便利，也能使业主和非业主使用人放心、安心。

(2) 前期介入的方式及内容。

1) 早期介入，充当顾问。指物业处在规划设计阶段，发展商聘请专业经验丰富的管理公司做顾问，参与规划设计，使设计在符合国家规范的前提下，尽可能地照顾到使用者的要求以及日后管理的需要，此时，管理公司的专业眼光及经验能有效弥补设计人员的不足，使设计趋于合理完善。管理公司早期介入，充当顾问的作用具体表现在：①审阅设计图纸，提出有关楼宇结构布局和功能方面的改良建议。②提出设备配置或容量以及服务方面的改良意见。③指出设计中遗漏的工程项目。管理公司一般会从配套设施、配套设备、环境附属工程、保安消防等方面严格把关。

2) 中期介入，扮演监理。指物业管理企业在物业施工阶段参与，主要是参与施工监理，对施工建设提出意见，监督施工质量。

3) 晚期介入，开始管家。指物业建设工程基本结束，工程开始竣工验收、移交接管验收和准备入伙及筹备开业时管理公司全面介入，开始履行"管家"职责，当然，此处的晚期并不是真正意义上的晚，只是相对迟一些的介入。晚期介入是管理公司由先前的顾问工作转入实质性的操作工作。

二、物业管理从业人员的选拔和培训

为适应物业管理现代化、专业化和技术化的需要，必须对物业管理从业人员（包括管理人员和工程技术人员）的上岗资格严格确认，特别是一些工种（如电梯工、配电工）应取得政府主管部门的资质认定后方可上岗。同时，由于物业管理是一个服务性行业，其服务的对象是人，需要根据不同的人、不同的需求，及时提供各种服务，因此工作琐碎、繁杂又辛苦。这就要求物业管理从业人员不仅有过硬的专业技术，还要有吃苦耐劳、坚持不懈、敬业乐业的精神和较强的服务意识。此外，在开展物业管理具体工作的前3~6个月，应对从业人员进行针对具体物业的强化培训，使之了解不同物业、不同人群的需求特点、明确日后物业管理工作的侧重点，提高适应性。

三、物业管理规章制度的建立

必要的规章制度是物业管理顺利实施的保证。以国家的法律、法规和政府、有关行政管理部门颁布的相关文件为依据，结合物业管理的实践制定一些必要、适用的管理制度和管理细则，是物业管理走向规范化、程序化、科学化、法制化的重要前提。建立完备的规章制度既有助于对物业管理具体实施情况的监督，正确发挥物业管理机构的职能，又能明确物业管理机构与开发商、业主委员会之间的权利、职责和义务，规范其行为。

四、物业的验收与接管

接管验收是指物业管理公司接交房地产发展商或业主委托管理的新建或原有物业时，以物业主体结构安全和满足使用功能为主要内容的再检验。在完成整个接管验收后，整个物业就移交给物业管理公司。接管验收实际上应被认为是"验收接管"，即通过验收，合格后方接管。

物业验收依据国家建设部及省市有关工程验收的技术规范与质量标准，对已建成的物业进行检验，验收过程中应将发现的问题明确记录在案，并督促施工单位修整。

物业接管是物业管理机构接受房地产开发商通过书面移交手续移交物业管理权的过程。开发商应向物业管理机构移交有关物业的整套图纸资料，以便日后的管理、维修和养护。在物业保修期间，物业管理机构还应与开发商签订保修实施合同，明确保修项目、内容、进度、原则、责任、方式等。

五、住（用）户入住

入住是指住宅小区的居民入住，或商贸楼宇中业主和租户的迁入，这是物业管理企业与服务对象的首次接触。住（用）户入住时，首先要签订物业管理委托合同、业主公约，为了能有一个良好的开端，物业管理企业需要做好下列工作。

1. 通过宣传使住（用）户了解和配合物业管理工作

采用多种宣传手段和方法，向住（用）户进行宣传，使之了解物业管理的有关规定，主动配合物业管理企业日后的管理工作。通常，物业管理企业都向住（用）户发放《住（用）户手册（或须知）》。《住（用）户手册》全面详尽地反映出住（用）户应遵守的管理规定，同时也告知住（用）户物业管理企业所能提供的服务项目。

2. 配合住（用）户搬迁

无论是住宅小区还是商贸楼宇，住（用）户搬迁对于物业管理企业都是十分关键的时刻。既要热情服务，又要让住（用）户意识到应积极配合物业管理企业，共同维护舒适的工作和生活环境，遵守物业管理的有关规定。这方面的主要工作有：

（1）清洁卫生。新建楼宇一般来说环境卫生不尽人意，物业管理企业要尽力打扫好室内外卫生，并清扫出道路。

（2）协助搬迁。替住（用）户联系搬迁公司或物业管理企业自己临时组织有偿搬迁服务，既方便住（用）户又可得一些特约服务费。并可根据情况，调整搬迁时间，避免搬迁时间过于集中，造成拥挤和混乱。

（3）指挥交通。设专人指挥搬迁车辆出入，避免发生交通事故。

3. 做好住（用）户搬迁阶段的安全工作

搬迁一般时间比较集中，此时的人身安全、财产安全应引起特别关注。这一时期物业管理企业应提高警惕，加强治安管理，安排较多的保安人员值班。

4. 加强对住（用）户装修的管理

迁入新居的住户和单位，一般都要对房屋进行不同程度的装修。对此，物业管理企业除给予积极的协助外，要特别注意加强对房屋装修的管理，包括建立对房屋的装修尤其是房屋结构的变动和室内原有设备、管线的改动的申报审批制度，对装修施工过程中的垃圾、噪声、用火、用电安全的管理，对装饰装修材料的管理等。

六、档案资料的建立

物业管理档案资料包括两类：一类是所管物业的有关资料；另一类是该物业的业主和非业主使用人的有关档案。随着科学技术的发展和使用需求的提高，现代建筑工程设施设备以及埋入地下和建筑体内部的管、线越来越多，越来越复杂。因此一旦发生故障，物业的有关资料就成了维修必不可少的依据。即使是没有发生故障，这些资料也可为物业的养护和管理提供方便，档案资料的建立主要抓住收集、整理、归档、利用4个环节，要尽可能完整地归集从规划设计到工程竣工，从地下到楼顶，从主体到配套，从建筑物到环境的全部工程技术维修资料，尤其是隐蔽工程的技术资料。经整理后按照资料本身的内在规律和联系进行科学的分类与归档。可按建筑物分类，如设计图、施工图、竣工图、设备图等；也可按系统项目分类，如配电系统、供水排水系统、消防系统、空调系统等。同时，业主或租住户入住以后，应及时建立他们的档案资料，例如业主的姓名，家庭人员情况，工作单位，平时联系的电话或地址，收缴管理费情况，物业的使用或维修养护情况等，建立业主和非业主使用人的档案资料则不仅有利于物业管理机构提供有针对性的个性化服务，而且可以有效协助公安机关侦破案件。

七、日常的管理与协调

（1）日常综合服务与管理。是指住（用）户入住后，物业管理企业在实施物业管理中所做的各项工作。这是物业管理企业最经常、最持久、最基本的工作内容，也是其物业管理水平的集中体现。涉及的方面很多，例如，房屋修缮管理、房屋设备管理、环境卫生管理、绿化管理、治安管理、消防管理、车辆道路管理以及各项服务工作等等。在这个阶段总体上应抓住以下四个方面的工作：

1）循章遵制，全面履行物业管理企业的职责。

2）不断加强队伍的敬业教育和强化住户至上、服务第一的意识。

3）应急措施、特殊情况处置办法的制定贯彻。

4）巡回检查与定期检查相结合。

为使住（用）户的工作生活环境真正达到安全、舒适、文明的要求，物业管理机构还应该尽可能完善服务项目，不断满足住用户日益增多的需求，提供优质、高效的服务，加强社区文化建设。

（2）系统的协调。物业管理社会化、专业化、企业化、经营型的特征，决定了其具有特定的复杂的系统内、外部环境条件。系统内部环境条件主要是物业管理企业与业主、业主大会、业主委员会的相互关系的协调；系统外部环境条件就是与相关部门相互关系的协调。例如，自来水公司、供电局、煤气公司、居委会、通讯部门、劳动局、工商局、环卫局、园林局、房管局、城管办等有关单位和政府主管部门，涉及面相当广泛。物业管理企业要想做好物业管理工作，就要建立良好的内、外部环境条件，内部环境条件是基础，外部环境条件是保障。与此同时，政府还要加强物业管理的法制建设和宏观协调。否则，物业管理工作会碰到许多难以想象的困难。

八、前期物业管理

前期物业管理，是指在业主、业主大会选聘物业管理企业之前，由建设单位选聘物业管理企业实施的物业管理。严格来说，前期物业管理是对特定物业管理的一种称谓，而不是所有物业管理都需要的一个环节。

前期物业管理的提出，最早出现在 1994 年 11 月 1 日起实施的《深圳经济特区住宅区物业管理条例》中。该条例规定："开发建设单位应当从住宅区开始入住前六个月开始自行或者委托物业管理公司对住宅区进行前期管理，管理费用由开发建设单位自行承担。" 1997 年 7 月 1 日颁布的《上海市居住物业管理条例》中也把前期物业管理作为物业全过程管理中的重要一环。2003 年 9 月 1 日实行的《中华人民共和国物业管理条例》中明确了 "在业主、业主大会选聘物业管理企业之前，建设单位选聘物业管理企业进行的物业管理为前期物业管理"，同时也对前期物业管理的时限进行规定 "前期物业服务合同可以约定期限；但是，期限未满、业主委员会与物业管理企业签订的物业服务合同生效的，前期物业服务合同终止"。

（一）前期物业管理的意义

（1）便于业主的顺利入住。在业主入住时，房地产开发企业和物业管理企业均需向业主提交有关楼宇交付使用后的法律文书和资料，还有要求业主签字承诺的回复文件，大量的文件审阅，不可能在入住时一次完成。另外，在业主未验收物业之前，物业管理企业应履行委托方（房地产开发企业）授予的钥匙监护权。因此，物业管理企业应从方便业主的角度出发，事先准备有关材料交予业主，合理安排入住的程序使业主正式入住时能顺利办理有关手续。

（2）维护小区（楼宇）的整体形象，推动租售。入住前的 "开荒" 工作（物业管理企业首次对完成工程建设的建筑在接管验收后进行的环境清洁工作）、入住后的二次装修管理及人员、车辆的出入管理等，在前期物业管理中都会集中反映出来，这些方面如能得到有效管理，将会为日后的物业管理奠定良好基础，当然也是楼宇租售的有利保证。

（3）为物业管理企业树立形象、赢得声誉、创造机会。对物业管理企业来说，在物业管理期间能否形成良好的管理秩序，满足业主或非业主使用人不同的服务需求，通过自身努力在业主或使用人中间树立有效管理者的良好形象，关系到能否促成业主委员会与物业管理企业正式达成物业管理委托合同。实践证明，物业管理企业惟有兢兢业业地做好前期物业管理与服务工作，才能取得业主们的信任，有进一步合作的可能，这是每一个物业管理企业不断拓展业务范围，努力塑造企业形象的必由之路。

（二）前期物业管理的主要内容

1. 对工程进行检验

工程质量问题对物业本身产生永久性的影响。与投入使用后的各类物业打交道的主要是业主和物业管理企业，从这个意义讲，物业管理企业应有接管验收权和争取质量补偿权。物业管理企业既要考虑质量问题对日后物业管理的影响，也应站在业主的立场上，代表业主的利益，对物业的主体结构的安全性和满足使用功能进行再检验。物业管理企业的工程验收权应在开发企业与物业管理企业的合同中予以明确，政府也应有相应的立法来肯定物业管理企业的这一权力。

2. 入住管理

入住是指业主领取钥匙，接收物业。入住管理就是规范和引导业主办理各项入住手续。此项工作不仅是将房屋完好移交，而且涉及首期收费和法律文件的签署，具有为今后管理与服务开展打下良好基础的重要意义。

3. 前期日常物业管理

（1）对物业管理区实施正常的管理服务；

（2）在保修期内还肩负着解决职责范围内业主提出的房屋及公共配套设施的返修；

（3）协调业主与发展商和建设单位的关系，督促或协调发展商和建设单位解决业主提出的有关房屋及公共配套设施方面的问题。

复 习 思 考 题

1. 物业管理的内容有哪些？
2. 如何理解物业管理三种管理服务的关系？
3. 物业管理的管理目标和宗旨是什么？
4. 物业管理有哪些原则？怎样理解？
5. 物业管理有哪些主要环节？
6. 如果你所在的公司接手一个住宅小区，将怎样开展物业管理工作？
7. 什么是前期物业管理？它和物业管理的前期介入有何不同？

第三章 物业管理市场

第一节 物业管理市场概述

一、物业管理市场的概念

市场，是指商品买卖的地方，即在一定的时间、一定的地点进行商品交换的场所。这是对市场的狭义理解，是对市场局部特点和某种外在表现的概括，它仅仅把市场看作流通行为的载体。

广义的市场是指商品交换和商品买卖关系的总和。它不仅包括作为实体的商品交换的场所，更重要的是，它包括一定经济范围内商品交换的活动。生产者与消费者就是通过市场形成相互联结的纽带。

随着分工的扩大和商品生产的发展，市场也在发展。它不仅表现在市场主体的增加、市场客体数量和种类的增加、市场规模的扩大和市场场所的增多，而且表现在不同职能市场的出现。从市场发展的历史轨迹来看，先有消费商品市场，再有生产资料市场；随着简单商品经济发展到扩大商品经济，便出现了劳动市场、资本市场。由于生产要素全面商品化，在商品市场中又派生出各种特殊的市场，如技术市场、信息市场、产权市场、文化市场、房地产市场、物业管理市场等等。在各种各类市场中，又可以根据交换客体的形态，将市场分为有形的商品市场和无形的商品市场两大类。

物业管理是有偿出售智力和劳力的服务性行业，所出售的是无形的商品，其核心是服务。这种以物业为对象的管理服务如同其他商品样，具有价值和使用价值。物业管理服务进入商品交换领域，便构成了物业管理市场。所谓物业管理市场，是指出售和购买以物业为对象的管理服务这种无形劳动的场所和由此而引起的交换关系的总和。具体地说，就是把物业管理服务纳入到整个经济活动中，使其进入流通、交换，使物业管理经验与服务得以传递、应用，并渗透到生产、生活领域改善生产与生活环境，提高生产与生活质量，从而实现其应有的价值。

二、物业管理市场的特性

由于物业管理市场交换的是无形的管理服务，是市场细分的结果，因此它有着与其他商品市场不同的特点：

1. 非所有权性

物业管理服务必须通过服务者的劳动向需求者提供服务，这种服务劳动是存在于人体之中的一种能力，在任何情况下，没有哪种力量能使这种能力与人体分离。因此，物业管理市场交换的并不是物业管理服务的所有权，而只是这种服务的使用权。

2. "生产"与消费同步性

物业管理服务是向客户提供直接服务，服务过程本身既是"生产"过程，也是消费过程，劳动和成果是同时完成的。例如保安服务，保安员为业主提供值岗、巡查等安全保卫服务，当保安员完成安全保卫服务离开岗位时，业主的安全服务消费亦就同时完成。

3. 品质差异性

物业管理服务是通过物业管理企业员工的操作，为业主直接服务，服务效果必然受到员工服务经验、技术水平、情绪和服务态度等因素的影响。同一服务，不同的操作，品质的差异性都很大。如不同的装修工程队，装修的款式及工艺就有很大的差异，即使是同一工程队，每一次服务的成果质量也难以完全相同。

4. 服务综合性和关联性

物业管理服务是集物业维护维修、治安保卫、清扫保洁、庭园绿化、家居生活服务等多种服务于一体的综合性服务。这种综合性服务的内容通常又是相互关联、相互补充的。业主或使用者对物业管理服务的需求在时间和空间及形式上经常出现相互衔接，不断地由某一种服务消费引发出另一种消费。例如：业主在接受汽车保管的同时，会要求提供洗车及维修服务。

5. 需求的伸缩性

业主或使用者对物业管理服务的消费有较大的伸缩性，客户感到方便、满意时，就会及时或经常惠顾；感到不便或不理想时，就会延缓，甚至不再购买服务。特别是在物业管理的专项服务和特色服务上，如代购车、船、机票，代订代送报刊等，客户可以长期惠顾，也可以自行解决或委托其他服务商。

三、物业管理市场的形成

随着我国的经济体制从计划经济向市场经济转变，传统的政府行为模式的房屋管理方式逐渐被打破，出现了一种新的专业化、经营型的物业管理模式。物业管理的健康发展和规范运作离不开市场。物业管理市场作为一个独立的市场形态，并纳入到整个经济的市场体系之中，是社会主义市场经济发展的必然产物。

1. 物业的特殊性使物业管理服务成为独立交换对象具备了可能性

物业本身是一种特殊的商品，它在空间上固定不变，时间上长期使用，供给有限，价格高昂。但在其消费阶段，随着物业的使用，必然出现陈旧、破损和功能的退化。为了保证物业的正常使用和消费期的延长，就需要进行科学的管理、维修和养护。同时，随着科学技术的发展，高层建筑及相当规模的小区不断增多，功能复杂的设备大量使用，使物业设施与功能复杂化和多样化。要管理好这些设备，就必须有专门知识和技能的管理人员进行管理和维护。因此，物业管理服务便成为独立的交换对象而存在，使物业管理市场的形成具备了可能性。

2. 社会对物业管理服务需求的日益增加促使了物业管理市场的形成

社会对物业管理服务的需求是多方面的。首先，是业主对物业管理的需求。业主为了使自己所拥有的物业得到正常的使用和保值增值，需要有专业的物业管理机构料理自己名下的物业，对物业及各种设备、设施进行养护、维修，对环境进行美化，对治安进行维护等。通过对物业的专门化管理，业主获得了一个舒适的生活或工作环境，从而提高了生活质量。其次，是房地产开发商对物业管理的需求。优质优价的楼宇加上良好的物业管理，现在已成为开发商推出新楼盘的新卖点。随着人民生活水平的提高，消费者在购买房产的时候，除了质量、价格、地理位置等基本因素外，对环境及售后服务亦提出了更高的要求。开发商将引入优秀的物业管理作为提供良好售后服务的一项重要的措施，并接纳物业管理的提前介入，既顺应消费者的需求，又对售后的房产进行妥善的保养，减少返修量，这样，亦使开发商在房地产销售竞争中取得更多的优势。再次，是城市管理的要求。城市规划与城市管理是社会文明进步中的一项主要内容。城市管理需要对各类住宅小区、商业楼宇和工业区进行全面有序的管理。要达到这一目的，非常重要的一条，就是通过各个物业自身的物业管理来配合实现，将物业管理与社会文明建设结合起来，创建出文明小区与文明城市。

四、物业管理市场的内容

经过二十多年的发展，我国物业管理行业由小逐渐壮大起来，市场已逐渐成熟，其主要体现在市场主体、市场客体和市场运行环境等方面。物业管理市场与其他专业市场一样，由市场主体、市场客体和市场环境三个方面构成。

1. 市场主体

市场主体是指在市场中进行交换的个人或组织。一种商品或劳务之所以成为交换的对象，是因为有对这种商品或劳务的需求，以及相应于这种需求的供给，因而市场主体包括需求主体、供给主体和协调主体。物业管理的市场主体是指直接参与或直接影响市场交换的各类行为主体。

(1) 供给主体

它是指从事物业管理的各种体制下的企业。目前，物业管理新体制已被住宅、工业区、学校、医院、车站、机场、商场、办公楼宇等各类物业的管理所采用。据有关部门统计，到 2003 年底全国已有物业管理企业 3 万多家，从业人员 300 多万人。除此之外，还有一些提供专门服务劳动和技术的专业服务公司，如清洁公司、保安公司、维修公司、绿化园林公司等等。形成了包括房屋及相关设施设备维修养护、小区保安、环境清洁、绿化、居民生活服务、物业中介等配套服务。

(2) 需求主体

它是指需要物业管理以及相关服务的各类物业的业主及使用人，以及房地产开发商。目前我国房地产开发企业约有 27 万个，从业人员 100 多万人，1993 年到 2003 年，我国房地产开发投资从 1937.5 亿元，增长至 10106.1 亿元，10 年间增长了 4.2 倍。老百姓搬进新房以后，需要开展物业管理，甚至过去的旧小区，在进行"小区翻新"改造后，也在呼唤着物业管理。无论住在新房的业主，还是住在旧房的业主都需要物业管理，那么需求主体必然是个庞大数字。

(3) 管理协调主体

它是指政府行政主管部门和物业管理协会。随着物业管理企业诞生和逐年发展，各级政府部门都十分重视物业管理，物业项目所在地政府担负着对物业管理项目的属地管理，各地房地产行政主管部门担负着区域内物业管理的归口管理工作，并在有关领导机关的关心帮助下也成立了行业协会。劳动局、工商局、环卫局、园林局、城管办等有关部门负责相关业务的指导、监督和协调。

2. 市场客体

市场客体是指在市场中被进行交换的对象。一个市场区别于另一个市场的主要标志在于它们所交换的对象不同。市场客体可以分为有形的商品和无形的商品(即劳务)两大类。物业管理市场上的交换对象是物业管理服务，是一种无形的劳务。这种劳务具体体现在：房屋及其附属设备设施的维修、养护、管理，安全保卫，清扫保洁，环境绿化，代理租赁，以及应业主或使用人的要求提供的各种服务等等。

3. 市场运作环境

物业管理市场运作环境是指为规范物业管理运作而制定的相关法律政策、法则。通过近年来各级政府的努力，许多法律、法规、政策相继出台，主要有：

(1) 国家围绕着市场经济的开展而颁布了一些专门法律法规，如宪法、民法，经济合同法、规划法、招标投标法、个人独资企业法、公司法等等。

(2) 有关房地产业及物业管理行业的法规政策，如《城市住宅小区物业管理服务收费暂行办法》、《物业管理企业财务管理规定》、《中华人民共和国物业管理条例》、《物业服务收费管理办法》、《前期物业管理招投标管理暂行办法》等。

(3) 对物业管理企业设立资质审查制度。各地方政府、工商部门以及房地产行政主管部门都建立了一系列规定，对物业管理企业进行资质审查。

(4) 各类管理契约的文本也相继出台。如物业管理委托合同等。

(5) 业主委员会的组建及其运作规范，由各地人民政府相应地制定。

(6) 物业管理运作法则(即要符合市场经济的公平性、公正性)与竞争机制的相应规定。

上述各种制度与法规共同制约着物业管理市场的具体交换行为。

五、物业管理市场的秩序

为了使物业管理市场健康的发展，市场各项交易有序的进行，就必须建立良好的物业管理市场秩序，必须确立全面的市场法则。这些市场法则虽然带有一定的主观性，但它对维护物业管理市场的秩序是一种有效的约束。同时，它所反映的内容和要求也体现了物业管理市场客观规律的要求。

(一)市场进出秩序

进入物业管理市场进行经营活动的物业管理企业需要具备一定的条件，不具备一定的资格去参与市场经营活动，必然使市场混乱。因此，只有按一定的条件规范物业管理企业，才能保证各个企业有序地进入市场，有序地退出市场。

1. 进入市场的秩序

(1) 要对参与物业管理市场活动的经营者进行资格审查，这是保证物业管理市场秩序的前提条件。从市场经济的需要出发，参与物业管理市场竞争的必须是物业管理服务的经营者，其明显的特点是自主经营、自负盈亏、具有独立的法人资格，而不分所有制性质和形式，不分企业规模大小，可一律平等地进入物业管理市场进行经营活动。

(2) 要对参与物业管理市场活动的企业进行登记，接受工商管理部门的登记管理，明确经营商号、经营性质和经营范围。

(3) 规范进入物业管理市场的经营对象和经营方式。物业管理市场的经营对象是物业管理服务，具体地说，就是必须规范物业管理服务的质量等级；经营方式必须是委托代理制，是由业主委员会决定委托某一物业管理公司进行管理，而不能由任何其他个人或团体强加于业主。

2. 退出市场的秩序

(1) 物业管理企业自行破产退出市场，要按规定清偿债务，确定清偿债务的方式和期限。对无偿还能力的债务人（企业）的财产做出有条不紊和公平合理的清算，以保证市场的平等竞争秩序。

(2) 违反有关法规的要迫使其停止营业。对违反国家政策、法律、法令的物业管理企业，要吊销营业执照，令其退出物业管理市场；对非法经营、质量低劣的物业管理公司，要限期改正，以保证物业管理市场的正常秩序。

(二) 市场竞争秩序

物业管理市场中的竞争是必然的，并且必须有比较完善的法规保护竞争、约束竞争中的不合理行为，确立公正而统一的竞争规则。

1. 自主经营

物业管理企业进入市场竞争要有自主权，有独立的利益，不允许任何不必要的行政干预。

2. 效益优先

对竞争中优胜的物业管理企业要给予鼓励，提倡开拓进取，争取最优效益；对竞争中失利的物业管理企业，要由市场经济的法则进行必要的淘汰。

3. 公正平等

给物业管理企业提供平等的竞争机会。不同所有制形式、不同经济成分的物业管理经营者，在市场上有同等的竞争权利和竞争机会。国家已出台相关政策，要求新开发的超过10万 m² 的商品住宅小区的物业管理必须采取公开招、投标。这是一种创造平等机会的有力措施。

(三) 市场交易秩序

物业管理市场的交易秩序，主要是规定市场主体的交易行为，要做到市场交易活动按准则行事。

1. 公开化

实行交易行为公开化，提高物业管理市场的透明度，必须有合法的契约和合同，同时还要及时公开信息。物业管理市场信息的公开有利于实际消费者和经营者的直接联系，减少交易费用，抑制价格的人为上涨。

2. 货币化

在物业管理市场中，交换的对象是服务。因此，在交易中只能是"服务——货币"的交换方式，而不可能是其他易货贸易的方式，物业管理市场必然要实现交易过程货币化。

3. 票据化

在物业管理市场上进行交易必须有合法的文字依据，所发生的交易信用必须通过商业票据进行结算。这样做，方面有利于对物业管理企业进行监督管理，为税收、审计提供重要依据；另一方面，商业信用票据化也有助于解决企业之间的拖欠、占压资金等问题。

4. 规则化、法律化

在公开化的基础上，逐步确立相应的物业管理市场交易规则，并使之法律化，以此消除交易过程中的混乱和欺骗行为，保证消费者与经营者的正当权益。

第二节　物业管理市场的竞争

物业管理是市场经济的产物，它从产生的一开始就与竞争联系在一起。物业管理的竞争不仅仅表现在一些招投标活动中，它还渗透于企业发展和建设的各个方面。竞争是全方位的，如果我们将多年来各种竞争情况作一个历史的回顾，那么我们可以看到物业管理竞争的方方面面：

一、管理规模的竞争

物业管理的市场竞争，居第一位的是规模竞争。规模就是物业管理企业所拥有的管理项目数量及面积，规模竞争就是市场占有率的竞争，就是指各个企业运用市场力量来取得、保持和提高自己在市场上地位的竞争。企业管理规模是企业利润的基础，谁占有的市场规模大，谁的企业利润基础就大。因此规模竞争就是利润竞争，各个物业管理企业无不把扩大市场规模作为奋斗的主战场。

企业的管理规模不仅是利润的基础，而且也是竞争的基础，一些规模小的企业，为什么屡屡在招投标中败北，往往是由于规模小。规模小，可信度低，开拓市场的难度就大。而一些大的企业，情况就相反，已有的规模越大，市场开拓就越是能够成功。因此追求规模化经营不仅是为了利润的增长，而且是为了提高企业在市场中的信誉和地位，为进一步开拓市场打下基础，甚至为了追求对市场的垄断。

二、管理质量的竞争

质量竞争是市场竞争的核心，质量好的企业得到生存发展，质量差的企业被淘汰，这是市场的辩证法，所有企业都是如此，物业管理企业也概莫能外。

如果说规模竞争可以使企业很快产生利益和效益的变化，那质量竞争则更多地表现为企业根本和长远利益方面的竞争。一个企业的管理质量不是通过一件事、一堂课就可以马上提高的，管理质量的提高也不是马上会对企业的经济效益产生影响。但是如我们忽略了质量，不把质量问题放到市场竞争的高度上来认识，最终企业就可能在竞争中落伍。因此，一个好的企业，都会把质量问题当成企业生死存亡的大事来抓紧抓好。

三、价格竞争

价格竞争是市场竞争的孪生儿，从有市场竞争开始就有了价格竞争。买主（需求方）总是希望以最低的价格买到最好的商品，所以分析家们认为，市场竞争始终是围绕价格——质量这两极效应而展开的。物业管理的价格竞争就是如何让业主以最低的价格受到最好的服务。物业管理费用的价格主要由人员费用、公共能耗费用、维修费用、清洁费用、保安费用、绿化费用、行政办公费用、保险费用、税收费用、管理酬金等部分组成：

在各项费用中，清洁费用、保安费用、绿化费用、行政办公费用、项费用数额较小，保险费用有的物业公司不搞，税收费用是固定比例，企业间差别不会很大。因此企业间价格竞争的关键在以下几项：

1. 人员费用

人员费用是管理费用的重头，在居住物业管理中，一般要占总管理费用的三分之一到二分之一。因此控制人员费用是价格竞争的关键。决定人员费用的因素有三个：一是人员编制数量，二是用工性质，三是人员工资水平。人员编制数量多，费用就多。在编制一个物业的管理人数时，不同的企业，由于积累的经验多少和员工素质的不同，人员编制数会有区别。在用工性质方面，聘用部分临时工、退休人员、外地人员，达到省略这部分人员的社会保险统筹费用。目前企业这部分费用的负担越来越大，以上海为例，每发给员工100元，上缴的各种社会保险等费用达60元左右。物业管理如果全部用正式合同工，在目前的物业管理价格水平上是难以承受的。因此物业管理企业如何在保证管理质量的前提下，适当用一部分临时工是必要的选择。人员工资水平方面，如果低于社会平均水平，留不住人才；高于社会平均水平，增大了费用总额，竞争中处于劣势。这是两难的选择。因此在人员费用的竞争方面，如何科学确定编制，减少管理人员数量；如何寻找有利的用工渠道，减少正式员工编制；如何适度控制员工工资标准等是每一个物业管理企业面临的主要课题。

2. 公共能耗费用

公共能耗是物业管理费用的又一重头，尤其在商办楼一类大型公共物业的管理中，大约占管理总费用的三分之一左右。能耗费用的多少，最主要的是设备配置情况决定的，但是管理也有很大的作用。如设备运行时间的准确掌握，功率因素调整到最佳位置等，各种设备都有节能措施可以采用。问题在于一个项目的招投标中由于对实际情况的把握尚达不到非常熟悉的程度，因此所作的能耗费用仅仅是一种预测，与将来实际运行有一定的误差。因此对能耗费用的控制是物业管理的一大课题，是物业管理企业优劣的重要标志之一。积累一套有效控制能耗费用的本领，是物业管理市场竞争中的有效盾牌。

3. 维修费用

维修费用也是很大的一个开支项目。决定维修费用多少的关键是如何延长设备的使用期限，而延长设备运行期限的关键又在运行状态的控制和日常保养到位。在这方面，不同物业管理企业间的差别是非常大的。设备管理人员技术素质高，日常管理到位，维修费支出可能减少；一些外包的维修项目，如果渠道比较多，就可能找到比较优惠的供货方和保养方。合理控制维修费用是物业管理企业取信于业主的重要环节，是企业竞争的一个方面。

4. 管理酬金

管理酬金又称为专业费用，是物业管理企业提供物业管理服务的管理报酬，是物业管理企业的利润，从本质意义上来说，它是企业真正收入。确定管理酬金一般有两种方式，一是按照管理费用的总额取一个比例，上海市规定一般不超过15%，深圳市的一般做法是取10%。第二种是根据物业情况确定一个固定数字。两种方式各有长处。目前的问题是，由于竞争的激烈，有的企业在利用降低酬金的办法来获取中标，甚至不提酬金。

四、促销手段的竞争

促销手段是竞争的重要方面，同样条件的企业，促销手段不一样，得到的结果也会大不一样。物业管理由于其行业的特殊性，不同于一般商品的促销，不少商品的促销手段是难以用到物业管理行业里来的。但是经过多年的实践，不少企业已经积累了许多经验：

（1）设计印制精美的企业介绍，做到图文并茂，并将介绍分送相关方面，扩大企业的影响。

（2）运用媒体进行宣传，或者制作广告，充分发挥广告的效应，造成企业在行业中的有利形势。

（3）有奖促销。发动企业员工提供各种信息，联系各种渠道，凡是获得成功的，给予员工一定的奖励。

（4）聘请义务促销员，尤其是聘请一些专家、有影响的人士为自己企业服务，增强企业在市场竞争中的地位。

（5）请招标方领导到本企业实地考察，展现企业形象，加深对方对本企业情况的了解，并对相互沟通营造良好气氛。

（6）招投标中的合理让利。

（7）其他可以利用的手段。

第三节　物业管理市场的管理体制

物业管理是一个新兴的行业，对于这一新兴行业市场的管理，可以借鉴其他行业的管理经验，结合物业管理的特点，建立一套完整的管理体制。目前其他各行业的管理体制虽有差异，但就整体而言，大多实行三级管理体制，即行政管理、行业协会管理和企业内部自我管理。这一管理体制是众多行业经过长期实践的经验总结，它实现了从宏观到中观、微观的合理分工和有机结合，成为当今物业管理探索建立市场管理体制可资借鉴的模式。本节将从行政管理、行业协会管理、企业内部管理和社会舆论监督管理四个层次阐述物业管理市场管理体制的建立。

一、物业管理的行政管理

（一）行政管理的涵义

物业管理的行政管理是国家或国家行政机关依据有关的法律、法规，对物业管理实施行业管理。其实质是国家通过法律手段、行政手段，建立物业管理的正常秩序，促使物业管理向有利于城市建设和国民经济发展、有利于改善人民群众居住和工作条件。

（二）行政管理工作内容

1. 政策指导

物业管理的行政机关要把物业管理的政策交给广大的人民群众，包括物业业主、使用人、业主委员会和物业管理企业，也包括地区街道、居委会和相关部门。要把宣传政策作为执行政策的基础条件，加强宣传力度，通过各种形式普及物业管理的法律知识和相关的法律知识。要培训业主委员会和物业管理企业的有关人员，使得大家学习物业管理法、懂得物业管理法、用好物业管理法。

2. 行政立法

根据国家法律规定的基本原则、根据国家关于房地产和物业管理方面的方针政策，针对物业管理中出现的新情况和遇到的新问题，拟订和制定各种物业管理法规、政府规章和规范性文件、制度等。

3. 协调服务

对物业管理中出现的业主之间、业主与业主委员会之间、业主与物业管理企业之间、业主、业主委员会、物业管理企业与各行政管理部门之间的关系进行协调，对物业管理业与房地产、建筑装修、市政环保、金融等行业组织协调。同时，要提供各种服务，包括政策咨询，人才交流、培养，信息沟通和有关房地产税费、登记备案手续等方面。

4. 执法监督

行政管理要根据行政法规赋予的行政执法职权进行行政执法，接受业主和有关各方的投诉，对物业管理中出现的纠纷依法进行行政监督管理和处理。

5. 市场调控

通过地价、房价、税收、信贷、服务费用等经济手段，来调节物业管理中经济活动，扶助和培育物业管理市场，推动其健康规范发展。

（三）行政管理部门的机构设置

《中华人民共和国物业管理条例》对此有着专门的规定："国务院建设行政主管部门负责全国物业管理活动的监督管理工作"、"县级以上地方人民政府房地产行政主管部门负责本行政区域内物业管理活动的监督管理工作"。可见，在中央建设部是物业管理的行政管理机关，在地方，各级政府的房地产行政管理部门对物业管理实行着主要的行政管理。

政府对物业管理市场的管理应通过法规来实现，即政府管理属法规管理。其基本职能和作用是既把物业管理市场置于法规监督之下，又本着疏导的原则为物业管理市场充分发挥功能创造有法可依、有纪可守、有章可循的良好的外部环境，使物业管理法制化、规范化。

政府对物业管理市场管理的首要任务和重要手段是制定物业管理法律、法规，颁布物业管理法律、法规及管理条例应明确政府管理机构的设置、政府管理的权限与范围，明确业主管理委员会、物业管理公司和政府管理机构的权利与义务。此外还应建立配套的地方性法规及实施办法。政府对物业管理市场的管理，在立法的同时还要加强执法，加大执法力度，真正使法规中规定的各项制度落到实处，实行有法可依、有法必依、执法必严、违法必究。

建设部曾先后发布了《城市公有房屋管理规定》、《城市新建住宅小区管理办法》、《城市住宅小区物业管理服务收费暂行办法》等行政法规，指导规范物业管理活动。《城市公有房屋管理规定》规定了公有房屋的所有权登记、使用、租赁、买卖、修理和法律责任等内容。随着我国住房制度改革的不断深化以及现代企业制度的逐步建立，城市公有房屋的管理会逐步摆脱原有的管理模式，向物业管理模式发展。《城市新建住宅小区管理办法》规定了住宅小区的管理体制、管理模式，住宅小区的物业管理责任，住宅小区管理委员会的权利与义务，物业管理公司的权利与义务，物业管理公司可享受的优惠政策，物业管理合同的内容，房地产权人和使用人的权利与义务等内容，但由于该办法具有较强的针对性，故其适用范围较窄，随着物业管理的进步发展，物业管理现已涉足工业、商业、出售公房等众多领域，这些领域的物业管理也都需要法规来加以规范。

2003 年 6 月 8 日，国务院正式颁布了《中华人民共和国物业管理条例》。该条例的公布与施行，对维护房屋所有人的合法权益，改善人民群众的生活和工作环境，规范物业管理行业，具有十分重要的意义。体现了发展为重、平衡利益、保护弱者的原则。通过保护公民财产权利，尊重公民行使其财产权利和实现自身利益的形式，来促进社会财富的积累；妥善处理了政府和市场、政府管理和社会自律的关系；对业主的权利和义务，业主大会的组成、职责、运作等作了规定，规范了前期物业管理，调整了业主物业管理企业之间的法律关系，为建立良好的物业管理秩序提供了有力的法律保障。条例的颁布施行，标志着我国物业管理的发展纳入了法制化的轨道。之后，有关部门又陆续出台了《物业服务收费管理办法》、《业主大会规程》、《前期物业管理招投标管理暂行办法》、《物业管理企业资质管理办法》、《物业服务收费明码标价规定》等政策法规。

在上述法律法规的基础上，各地方政府也相应制定了地方性法规和实施办法。如《上海市物业管理公司经营资质审批的规定》、《深圳市经济特区物业管理条例》、《常州市市区住宅区物业管理暂行办法》、《北京市居住小区物业管理办法》、《北京市居住小区（普通）委托管理收费标准（试行）》、《上海市商品住宅物业管理服务收费暂行办法》等等。这些规定、条例、办法既是各地方政府根据当地物业管理情况制定颁布的法规性文件，又是对部门行政规章的补充。

二、行业协会对物业管理市场的管理

物业管理市场的管理，除了政府管理外还应有物业管理行业协会的管理。物业管理行业协会组织是物业管理市场自我管理、协调的联合会，发挥行业协会的自我管理、自我服务、自我监督功能，是保证物业管理市场良性运作必不可少的条件。

物业管理行业协会，是指由从事物业管理理论研究的专家、物业管理交易参与者以及政府物业管理者等组成的民间行业组织。行业协会的自律是现代市场经济条件下的管理惯例，在现代市场经济条件下，每一个行业都有自律组织，物业管理同样也可以建立自己的行业协会组织。目前，我国的物业管理相对普及的地区，物业管理企业也呈定的规模。如深圳、广州、上海、北京等地均已成立了物业管理行业协会，2000 年 10 月 15 日，中国物业管理协会在北京正式成立，由全国 878 家物业管理相关单位联合组成协会。物业管理行业协会对物业管理市场进行管理可以通过以下几个方面进行：

（一）强化职业道德规范，保护业主利益

为保护广大业主的利益，物业管理行业协会应规定严格的职业道德规范，并强调协会会员必须严格遵守。物业管理是一项服务比很强的工作，应要求物业管理的从业人员必须有较高的职业道德素养，其中包括树立良好的企业形象、员工形象、服务形象、管理形象，也包括建立一整套企业行业规范，实施文明管理。

（二）加强会员的资格审查和登记制度

物业管理协会应设有会员资格委员会，专门处理有分歧的资格申请，而日常的会员资格申请的初审工作由物业管理行业协会工作人员负责进行。

会员资格申请者一般要通过物业管理协会的资格能力测试和审查，其测试审查的内容主要包括物业管理专业知识和对政府有关法规的理解程度，以及会员公司的物业管理专业人员是否具有高水平的专业技能等内容。测试审查合格后，物业管理协会负责其会员的登记工作。

（三）监督已登记注册会员的经营、管理、服务情况

物业管理协会为保护业主的利益，对会员的经营业务情况实行严格的监管制度，以防止会员公司损害业主利益。物业管理行业协会的监管内容比较广泛，凡是与物业管理有关的业务活动情况均列在其监管之列，包括财务状况、收费情况、服务质量、服务态度等各项内容的监管。为方便物业管理行业协会监督管理，物业管理行业协会应该设立监察办公室负责日常具体工作。监察办公室一旦发现有会员违反协会的有关管理条例，即有权对违例会员进行调查、处理，物业管理协会有权对任何违反协会规章条例的会员施以开除、责令其检查、公开赔礼道歉等处罚。

（四）调解、仲裁纠纷

当会员与业主、会员与会员发生纠纷时，协会首先对纠纷双方进行调解，希望通过调解解决双方纠纷，这种协调纠纷的方法最为简单明了，纠纷双方各派代表参加，协会也派出代表，各自谈出自己的观点，从长远目标考虑解决纠纷，既简单有效，也为各方节省了时间和费用。如果协会的调解无效，则可按程序申请有关部门仲裁或直接向人民法院起诉。

（五）物业管理知识的普及、经验的介绍、相关法律的宣传

物业管理行业协会有向其会员及公众普及遵纪守法教育和有关物业管理方面知识教育的责任。对协会会员教育的主要内容包括：

（1）宣传物业管理法律、法规、政策、条例，教育会员依法实施物业管理；

（2）严格行业道德规范、自律准则和管理标准，教育会员自觉约束自己的行为；

（3）开展多种形式，组织培训物业管理人才。

目前，我国各地物业管理协会多数都已具备了以下职能：

（1）组织会员学习物业管理的理论政策和法规，研究探讨有中国特色的物业管理模式及方法，代表会员参加政府的决策论证及有关活动，积极为政府制定行业政策及法规献计献策。

（2）协助政府部门制定和实施行业发展的规划及管理举措，代表会员向政府反映行业工作中的困难、问题及要求。

（3）发挥协会的专家职能，为会员单位开展多方面的业务指导，为会员单位及社会提供物业管理方面的咨询、项目策划、评估、代理招投标等服务。

（4）积极为会员单位提供多种服务；收集整理国内外管理信息，组织参加国内外研讨会，开展多形式的学术交流，提供信息和理论交流刊物，举办各类技术业务培训，提高行业整体管理水平和专业队伍素质。

（5）制定物业管理行规行约，开展分创优达标考评，推行行业自律管理，监督和规范会员单位的物业管理行为，受理对会员单位的投诉，严肃处理会员单位违法违规及有损行业声誉的行为。

（6）维护会员单位的合法权益，帮助会员单位调解纠纷，化解矛盾，代理讼诉，为会员单位的正当行为提供支持。

（7）推行本地区物业管理行业内外的横向联合，加强物业管理界的沟通与交流。

（8）协助政府主管部门或接受主管部门委托，开展物业管理资质评定及物业管理质量评优活动。

（9）代表本地区物业管理行业参加专业会议，接待来访组团。

（10）根据需要开展有利于本地区物业管理行业发展的其他活动。

三、物业管理企业的自我管理

物业管理企业的自我管理是保证物业管理市场有序运作的一个非常重要的环节。只有物业管理企业在市场上自觉规范自己的企业行为，才是根本而有效的途径。物业管理企业的自我管理包括：

（1）依法经营。在市场竞争与经营服务中，严格遵章守法，按照国家和行业的法律、法规规范和约束企业自身的经营活动，自觉遵守市场规则，公平参与、公平竞争，净化市

场空气，维护市场秩序。

（2）明确市场定位。根据企业本身的规模和能力，确立企业的市场定位，并形成自己所特有的业务经营范围。例如，管理专长是办公楼宇还是住宅小区，是工业区或是综合性商业大厦，从而有目标、有方向地在物业管理市场中展开经营活动。

（3）制定和完善经营管理制度，如经营管理条例、员工守则等，使经营活动程序化、制度化、规范化。

（4）员工培训。对经营管理人员进行定期的培训，树立正确的经营服务观念，掌握科学、规范的市场操作方式。

四、社会舆论对物业管理市场的监督管理

社会舆论在物业管理市场中能够起到不可低估的作用。充分利用社会舆论所特有的作用，对物业管理市场进行有效的监督。社会舆论主要包括新闻媒介及业主意见等，主要内容有：

（1）宣传有关物业管理的法律、法规，传播、普及物业管理的基本知识，加强物业管理企业与广大业主和使用人对物业管理的认识，共同维护物业管理市场的秩序。

（2）表彰先进，弘扬正气。通过社会舆论大力表彰先进，建立起一种良好的市场经营作风。

（3）客观反映物业管理市场中出现的值得引起社会重视的问题，加快和促进对这些问题及相关方面的研究和解决，批评和揭露丑恶现象，净化市场风气，使物业管理市场健康发展。

复 习 思 考 题

1. 什么是物业管理市场？它有哪些特点？
2. 物业管理市场由哪些方面构成？
3. 物业管理市场的秩序包括哪些内容？
4. 物业管理市场的管理体制由哪几个层次组成？
5. 社会舆论对物业管理市场的监督的主要内容有哪些？

第四章 物业管理企业

物业管理运作主体是物业管理企业、业主委员会、政府主管部门和相关部门。物业管理的健康运作的前提是主体各尽其职和相互间的良好协作。业主委员会维护业主权益和发挥决策、监督功能，物业管理企业承担各项具体管理服务工作，政府主管部门从法制、政策上实施管理和指导，相关部门则在各自业务范围内行使职权。本章主要对物业管理企业这一重要的运作主体的设立加以介绍。

第一节 物业管理企业概述

一、物业管理企业的含义

物业管理企业即物业管理公司，是指按合法程序成立并具备相应资质条件的经营物业管理业务的企业性经济实体，是独立的企业法人，必须有明确的经营宗旨和经营主管部门认可的管理章程，能够独立承担民事和经济法律责任。

物业管理公司属于第三产业，实行自主经营、独立核算、自负盈亏。经营范围主要包括：建筑楼宇的维修保养，确保建筑物的安全，改善建筑物的形象和功能设施，保持房屋财产的价值并使之升值，提供多种服务，协调业主之间、业主与社区之间的关系等等。

物业管理公司的组建原则是企业化、专业化、社会化；其经营宗旨是综合管理、全面服务，为业主提供安全、整洁、方便、清静的工作环境和居住环境。

物业管理公司可以由房地产开发经营公司、中介代理公司办，也可以由企业单位、社会团体、街道办，还可以由现有房管所改制而办。

二、物业管理公司的分类

（一）按物业管理公司与业主产权关系分类

1. 委托管理型

这是典型的，也是基本的管理方式。开发商、业主采用招投标或协议的方式，通过"物业管理服务合同"委托专业化的物业管理企业，按照"统一管理、综合服务"的原则，提供劳务商品的管理行为。如果物业的产权属于两个或两个以上的业主，就由业主管房小组或业主委员会代表业主承担业主自治管理的职能。

这种方式，按照自用或出租又可分为：

（1）自用委托型。业主将自有自用的物业委托物业管理企业管理，这是典型的委托管理方式。

（2）代理经租型。业主将自有的物业出租，委托物业管理企业经营管理，有两种委托方式：一种是出租权属于业主，由业主与租户签订租赁合同，物业管理企业只承担收租和管理；另一种是把经租权也委托给物业管理企业，由物业管理企业全权代表业主招揽租户，签订租赁合同。代理经租型的物业管理费用的收交也有两种方式：一种是物业管理费包含在租金里，由业主支付，一般只包括基本费用；另一种是不包含在租金里，由承租人或使用人向物业管理企业支付。不管是哪一种方式，都应该在合同和租约中明确规定。

2. 自主经营型

开发商、业主将自有的物业不是委托给专业的物业管理企业管理，而是由自己单位内部设立物业管理部门来管理。其与委托管理型的基本区别有两点：

第一，是在物业所有权和经营管理权的关系上。自主经营型是二权合一，委托管理型是二权分离。

第二，是在法人地位上。自主经营型物业所有权人和经营人是同一个法人，委托管理型是两个各自独立的法人。

自主经营型按其对物业的使用和经营方式又可分为：

(1) 自有自用型。这一类大多数是收益性物业，如商场、宾馆、度假村、厂房、仓库等。这些单位往往在自己企业内部设立不具有独立法人资格的物业管理部门来管理自己的物业。

(2) 自有出租型。开发商、业主和物业管理企业合而为一，来经营管理自己的出租物业，实质上是一个拥有自己产业的物业管理企业。

自主经营型的物业管理区域一般规模都不大。如果本单位所属的物业管理部门成为独立的法人单位，这个物业管理企业与原单位（开发商、业主）就应该订立委托管理服务合同。自主经营型也就向委托管理型转换了。

(二) 按物业管理内部运作分类

(1) 管理型物业管理公司。即物业管理公司内部除了主要领导和专业技术骨干外，其余各项服务如保安、绿化、清洁等均需通过合同形式，交由社会上的专业公司来承担。这类物业管理公司规模适中、人员精干，具有较强的活力。

(2) 顾问型物业管理公司。即物业管理公司由经验丰富的复合型高层次物业管理人才组成，不承担具体的物业管理业务，只以顾问的形式出现，收取顾问费用。这类公司人员少、素质高，为物业管理提供高质量的智能服务。此类型公司占据国内高档物业管理市场90％以上的份额，如北京的魏理仕、第一太平戴维斯、怡高、卓德、仲量行、梁振英测量师行等物业管理公司。此类公司的客户群主要是高档自管型的物业，经营方式是以管理顾问或物业管理经理人的形式出现，主要职责是为委托物业建立适当的运营管理体系，协助建立物业管理公司及培养物业管理人才。收取的顾问费用视物业规模、派驻高级管理人员的地区来源确定。通常收取的顾问费用为每年20000～40000元，人员工资另行支付。

(3) 派员型物业管理公司。由历史悠久、颇有名气的物业管理集团派出极干练的高级管理人员组成物业管理决策层，并设计和移植一整套物业管理运作体系，领导和监督这一体系的运转。在实施管理中对物业的保值、增值负责，并收取物业管理费用。

(4) 综合型物业管理公司。这类物业管理公司既直接接受项目，提供全方位管理和服务，同时也提供顾问、咨询服务。通常这类物业管理公司职能最全，用人最多，规模相对庞大，能同时接管多个物业管理项目。

（三）按投资主体分类

物业管理企业可分为全民、集体、联营、三资、私营等企业。

（1）全民物业管理企业即国有物业管理企业，资产属于全民所有，国家依照所有权和经营权分离的原则授予企业经营管理权；

（2）集体所有制物业管理企业资产属于劳动群众集体所有；

（3）私营物业管理企业资产属于私人所有；

（4）联营指企业之间或企业、事业单位之间联营，或组成新的经营实体，取得法人资格，或共同经营，不具备法人条件，按合同约定各自独立经营，并承担相应的权利和义务；

（5）三资物业管理企业是指依照中国有关法律在中国境内设置的全部资本由外国投资者投资的企业、外国公司、企业和其他经济组织或个人经中国政府批准在中国境内同中国的公司企业或其他经济组织共同举办合资经营企业，或举办中外合作经营企业。

（四）按股东出资形式分类

可分为有限责任公司、股份有限公司、股份合作公司等。

（1）物业管理有限责任公司由2个以上50个以下股东共同出资，并以其出资额为限对公司承担责任，公司以其全部资产对公司的债务承担责任的企业法人；

（2）物业管理股份有限公司一般由5个以上发起人成立，全部资本为等额股份，每个股东以其所持股份为限对公司承担责任，公司是以其全部资产对公司的债务承担责任的企业法人。股份有限公司，其注册资本必须在1000万元人民币以上。目前，商业、贸易、工业、房地产等行业中有一批股份有限公司。随着物业管理市场发展，集团化的物业管理股份有限公司将逐步出现；

（3）股份合作型物业管理企业，其原则是自愿组合、自愿合作、自愿参股、民主管理、自负盈亏、按劳分配、入股分红。这种企业股东一般就为职工，股东订立合作经营章程，按其股份或劳动享有权利和义务，企业以其全部资产对其债务承担责任。

三、物业管理企业的权利和义务

（一）物业管理企业权利

根据《中华人民共和国物业管理条例》等物业法规，物业管理公司的权利有：

（1）物业管理企业应当根据有关法规，结合实际情况，制定小区管理办法；

（2）依照物业管理合同和管理办法对住宅小区实施管理；

（3）依照物业管理合同和有关规定收取管理费用；

（4）有权制止违反规章制度的行为；

（5）有权要求管委会协助管理；

（6）有权选聘专营公司（如清洁公司、保安公司等）承担专项管理业务；

（7）可以实行多种经营，以其收益补充小区管理经费。

这些权利的得到首先必须贯彻合法的原则，要依法取得，即权利主体、权利内容要符合法律和行政法规的规定。只有符合法律和行政法规的规定，物业管理企业的权利才能受到法律的保护。如果不符合法律和行政法规的规定，物业管理企业不仅不能达到预想的管理效果，反而可能造成其管理行为产生的后果无效。物业管理企业在实施管理时，必须制定小区或大厦等管理办法，这些办法不能与法律法规和行政规章相悖，而是要在法律的范畴之内制定。如：哪些是物业使用的禁止行为？对限制性行为产生后果怎样处理？业主或使用人如果要改变住宅使用性质，如何对待？业主要进行装修有哪些注意事项？对消防设备的管理平时如何保持良好状态？各小区内各种公共设施和管线怎样管理？小区车辆停放、绿化管理等，都要依照相关法规制定管理条文。小区的治安管理也一定要纳入社会治安总的范畴，要执行行政部门颁布的治安管理条例和规章等。

其次，物业管理企业管理权利来之于合同。这里有三个方面理解：①物业管理服务合同，合同签订双方业主委员会和物业管理企业是平等的民事主体，是委托和被委托的关系。合同明确了物业管理服务的事项、权限、标准费用、期限和违约责任等，在管理服务的权限之内就是物业管理企业的服务范围。即委托后，才进行管理；不委托，不能超越权限。如果超越管理权限，事后要得到业主委员会的追认。物业管理公司行使委托之外的职权，业主委员会如不予认可，则由物业管理公司自己承担责任。例如，如果没有委托代办产权证、代办装煤气和电话等合同，物业管理公司自行其是，业主们可以予以否决，不支付费用。②对物业使用中的各种禁止行为，物业管理企业要与业主有书面约定，或用"公约"、"合约"、"办法"等这些约定、协议来得到业主的认可，并在协议中双方约定违约的责任。这样物业管理公司才能有效进行制止违章行为，使得行使制止违章的行为有效，并具有追究对方违章的权限。③关于聘请专业公司如保安公司、绿化公司，情况也是这样，一定要通过签订转委托合同，把业主委托的权限转委托给这些专业公司，并且事先要得到业主委员会的同意。

（二）物业管理企业的主要义务

根据《中华人民共和国物业管理条例》等物业法规，物业管理企业的义务有：

（1）履行物业管理合同，依法经营；

（2）接受管委会和住宅小区内居民的监督；

（3）重大的管理措施应当交管委会审议，并经管委会认可；

（4）接受房地产行政主管部门、有关行政主管部门及住宅小区所在地人民政府的监督指导。

物业管理企业的义务，首先是履行合同，对合同规定的事项要全面履行：

（1）管理服务合同一经签订，受国家法律保护，合同义务受国家法律监督。如果物业管理企业不全面履行合同，要承担相应的违约责任。

（2）不得擅自变更和解除管理服务合同，双方必须信守合同。如果发生新的情况，要经双方协议重新达成新的合同。任何一方当时人都不得擅自变更或解除合同，也不允许单方拒绝履行或者变更已经订立的管理服务合同；

（3）依法解决管理服务合同中的纠纷。一种是通过协议解决纠纷，一种是通过有关主管部门的调解解决，也可以向人民法院起诉。

其次，服从政府部门房地产等有关行政主管部门的监督，接受物业管理相关部门的指导 和监督，这又是物业管理企业的另一条重要义务：

（1）首先要接受工商管理。工商行政机关依法确定各类企业和个体工商业的合法地位，监督管理或参与管理市场上的各种经济活动，检查处理经济违法违章行为，保护合法经营，取缔非法经营，维护正常的市场秩序，保证社会主义市场经济的健康发展。物业管理公司要依法登记成立，经营范围要明确，以营业执照为准。与业主委员会订立管理服务合同要对照经济合同订立的条件：双方当事人是否具有主体资格，合同内容是否合法，是否损害国家利益、社会公共利益或第三者利益，是否超越企业经营范围，双方当事人意思是否表示真实，订立合同是否符合法定程序。根据规定，物业管理服务合同应到房地产主管部门备案。另外，物业管理公司在经营活动中使用商标、广告等，也要服从行政部门的管理。

(2) 接受行业行政主管部门和政府有关行政主管理部门的行政管理。这主要是要接受资质核准登记管理、对物业管理行为的管理、对违反物业管理有关规定进行行政处罚、社区管理规定等。

(3) 接受物业管理的价格管理。物业管理关系到千家万户的安居乐业，其收费既要考虑公平合理，还必须实行公开，还要考虑与物业所有权人、使用人经济承受能力相适应。物业管理企业要在物业管理价格政策范围之内经营。

第二节　物业管理企业的组建

一、组建条件

1. 企业名称预先审核

企业有名称，犹如自然人有姓名一样。企业的名称一般由四部分组成：企业所在地、具体名称、经营类别、企业种类等。其具体名称可考虑原行业的特点、所管物业名称特点、地理位置、企业发起人名字等，如"东湖"、"万科""××别墅"等。除叫物业管理公司外也有称物业管理有限公司、物业发展公司、物业公司等。根据国家工商行政管理局制定的《企业名称登记管理规定》的有关精神，企业名称中不得含有下列内容和文字：

(1) 有损于国家社会公共利益的；

(2) 可能对公众造成欺骗或误解的；

(3) 外国国家地区名称、国际组织名称；

(4) 党政名称、党政军机关名称、群众组织名称、社会团体名称及部队番号；

(5) 汉语拼音字母（外文名称中使用的除外）、数字；

(6) 其他法律、行政法规规定禁止的。

对于企业中使用中国、中华或者冠以国际字词的企业名称只限于全国性的大公司、国务院或者授权机关批准的大型进出口企业和大型企业集团，国家工商行政管理局规定的其他企业。在企业名称中用"总"字的必须设三个以上分支机构等。

根据公司登记管理有关规定，设立公司应当申请名称预先核准。法律、行政法规规定必须报经审批后成立的公司，例如三资公司或者公司经营范围中有法律、行政法规规定必须审批的项目的，应当在报送审批前办理公司名称预先核准，然后以核准的名称报送审批。例如设立外商投资的物业管理企业，在报经有关外经贸行政管理机关审批前必须将申请名称报工商行政管理部门预先核准。

设立有限责任公司，应当由全体股东指定的代表或共同委托的代理人申请名称预先核准；设立股份有限公司，由全体发起人指定的代表或共同委托的代理人申请名称预先核准。申请时，必须提交：

（1）全体股东或发起人签署的申请书；

（2）股东或发起人的法人资格证明或者自然人的身份证明等。

工商行政管理机关应当自收到申请文件之日起 10 日内作出核准或驳回的决定。决定批准的，应当发给《企业名称预先核准通知书》。

公司名称是企业的品牌中一部分，从开始起名的时候就要注意其合法性和效应性，一般要求简明、响亮、有寓意、有创意。

2．公司住所

《民法通则》规定，法人以它的主要办事机构所在地为住所。物业管理公司的主要办事机构所在地为物业管理公司的住所。物业管理公司设立条件中的住所用房可以是自有产权房或租赁用房。在租赁用房作为住所时，必须办理合法的租赁凭证，房屋租赁的期限一般必须在 1 年以上。有了确定的住所，就可以确定所属工商行政管辖的行政机关。

3．法定代表人

物业管理公司作为企业法人，经国家授权审批机关或主管部门审批和登记主管机关核准登记注册后，其代表企业法人行使职权的主要负责人是企业法人的法定代表人。全民和集体企业的主要负责人是经有关主管机关审查同意，当企业申请登记经核准后，主要负责人取得了法定代表人资格。法定代表人必须符合下列条件：

（1）有完全民事行为能力；

（2）有所在地正式户口或临时户口；

（3）具有管理企业的能力和有关的专业知识；

（4）具有从事企业的生产经营管理能力；

（5）产生的程序符合国家法律和企业章程的规定；

（6）符合其他有关规定的条件。

物业管理公司选好法定代表人对企业的经营管理有着至关重要的作用。"千军易得，一将难求"就是说决策人物的重要性。物业管理公司法定代表人应在合法前提下，在企业章程规定的职责内行使职权履行义务，代表企业法人参加民事活动，对物业管理全面负责，并接受本公司全体成员监督，接受政府部门、主管物业管理的行政机关的监督。

4．注册资本

公司法定的人员、住所和注册资本是公司设立的三要素，其中注册资本是公司从事经营活动，享受和承担债权债务的物质基础。一般来说，注册资本的大小直接决定公司的债务能力和经营能力。世界各国对公司的最低的资本额都有具体严格的规定。我国有关法律也对各类公司注册资本有规定。

企业法人登记管理有关规章对申请企业法人登记规定了各类公司的注册资金：生产性公司注册资金不得少于 30 万元人民币，咨询服务性公司的注册资金不得少于 10 万元人民币。物业管理公司，作为服务性企业，其注册资本不得少于 10 万元人民币。

《中华人民共和国公司法》对有限责任公司和股份有限公司的注册资本分别作出最低限额规定。有限责任公司的注册资本，生产经营为主的、以商业为主的公司为人民币 50 万元，以商业零售为主的公司为人民币 30 万元，技术开发、咨询、服务性公司为人民币 10 万元。股份有限公司注册资本最低限额为人民币 1000 万元人民币。

股东或发起人可以用货币出资，也可以用实物、工业产权、非专利技术、土地使用权作出资。股东或发起人用非货币出资时，要对非资货币作价评估，评估时要核实财产，不得高估或低估作价。对于土地使用权的评估作价，要按照有关房地产法法规、行政规章的规定办理。还应当指出：股东以工业产权、非专利技术作价出资的金额不得超过有限责任公司注册资本的 20%，国家对采用高新技术成果有特别规定的除外；同样，发起人以工业产权、非专利技术作价出资的金额不得超过股份有限公司注册资本的 20%。这些规定在组建物业管理股份有限公司都必须遵守。

5. 公司章程

公司章程是明确企业宗旨、性质、资金状况、业务范围、经营规模、经营方向和组织形式、组织机构，以及利益分配原则、债权债务处理方式、内部管理制度等规范性的书面文件。其内容一般应包括：

（1）公司的宗旨；

（2）名称和住所；

（3）经济性质；

（4）注册资金数额以及来源；

（5）经营范围和经营方式；

（6）公司组织机构及职权；

（7）法定代表人产生程序及职权范围；

（8）财务管理制度和利润分配方式；

（9）其他劳动用工制度；

（10）章程修改程序；

（11）终止程序；

（12）其他事项。

联营企业章程还应载明：

（1）联营各方出资方式、数额和投资期限；

（2）联合各方成员的权利和义务；

（3）参加和退出的条件、程序；

（4）组织管理机构的产生、形式、职权及其决策程序；

（5）主要负责人任期。

有限责任公司的章程应载明下列事项：

（1）公司名称和住所；

（2）公司经营范围；

（3）公司注册资本；

（4）股东的姓名或名称；

（5）股东的权利和义务；

（6）股东的出资方式和出资额；

（7）股东转让出资的条件；

（8）公司的机构及产生办法、职权、议事规则；

（9）公司法定代表人；

（10）公司解散事由与清算办法；

（11）股东认为需要规定的其他事项。股东应当在公司章程上签名、盖章。

股份公司章程应当载明下列事项：

（1）公司名称和住所；

（2）公司经营范围；

（3）公司设立方式；

（4）公司股份总数每股金额和注册资本；

（5）发起人的姓名或者名称，认购的股份数；

（6）股东的权利和义务；

（7）董事会的组成、职权、任期和议事规则；

（8）公司法定代表人；

（9）监事会的组成、职权、任期和议事规则；

（10）公司利润分配办法；

（11）公司的解散事由与清算办法；

（12）公司的通知和公告办法；

（13）股东大会认为需要规定的其他事项。

6. 公司人员

企业法人登记管理有关规章规定，申请成立全民、集体、联营、私营、三资等企业，必须有与生产经营规模和业务相适应的从业人员，其中专职人员不得少于8人。物业管理公司一般应具有8名以上的专业技术管理人员，其中中级职称以上的须达3人以上。

根据《公司法》设立物业管理有限责任公司，应当由2人以上50人以下股东共同出资；设立股份有限公司，除国有企业改建为股份有限公司的外，应当有5个以上发起人，且其中须有过半数的发起人在中国境内有住所。国家授权投资的机构或部门可以单独设立国有独资的有限责任公司。外国投资者包括外国的企业和其他经济组织或个人，可以独资设立外资性质的物业管理有限责任公司。

二、建立物业管理公司的步骤

1. 可行性研究

物业管理公司的成立应进行充分的论证。只有当设立物业管理公司既有必要，又有可能的情况下，才应着手建立物业管理公司。物业管理公司可行性研究包括以下三个方面：

（1）市场调查

市场调查主要是针对物业管理市场的供求情况进行调查。物业管理公司提供的是物业管理服务，所以，要针对这种劳务的需求和供给进行分析和比较。物业管理需求调查的内容包括：现有物业总量、每年增加的物业量以及对未来发展趋势的预测。物业管理供给调查的内容包括：现有物业公司的数量、规模和经营状况。

除此之外，还应了解国家和政府有关法律和法规。任何一项可行性研究都不得与国家政策和法规相悖。

（2）综合分析

对调研所获得的资料进行分析，如求大于供，且今后几年仍能维持现状，则物业管理公司的建立是可行的。另外，对成立物业管理公司应具备的条件也应进行分析，如国家和政府对物业管理公司注册资金、专业技术人员、注册及经营地点等的要求。

（3）编写可行性报告

可行性报告是可行性研究的过程和结果的文字叙述，是建立物业管理公司的主要依据。其主要内容有：市场调查情况分析，自身所具备条件的分析，建立物业管理公司的前景预测，未来经济效益的分析、结论。

2. 物业管理公司建立的筹备

（1）人才储备

按有关规定，物业管理公司的成立需要有一定数量并且具备相应专业管理技术的人员。所以，在物业管理公司筹备期间，可通过人才招聘或现有技术人员的培训，做好人才储备工作。一旦公司开始运作，各类人员，特别是骨干力量应能够迅速到位。

（2）起草管理章程

按企业登记的有关规定，必须递交企业的章程，这是企业成立的先决条件。公司章程是公司应当遵循的内外准则。公司章程一旦经有关部门批准，并经公司登记机关核准，即产生法律效力。符合章程的行为将受到国家法律的保护，违反章程的行为，将会受到干预和制裁。

3. 登记注册

根据建设部 33 号令的规定："物业管理公司需向工商行政管理部门申请注册登记，领取营业执照后，方可开业。"因此，物业管理公司营业前必须到工商行政管理部门注册登记。组建不同类型的物业管理公司，登记注册时应提交的文件也不同。

（1）设立有限责任公司应提交的文件

1）公司董事长签署的设立登记申请书；

2）全体股东指定代表或者共同委托代理人的证明；

3）公司章程；

4）具有法定资格的验资机构出具的验资证明；

5）股东的法人资格证明或者自然人身份证明；

6）载明公司董事、监事、经理的姓名、住所的文件以及有关委派、选举或者聘用的证明；

7）公司法定代表人任职文件和身份证明；

8）企业名称预先核准通知书；

9）公司住所证明。

（2）设立股份有限公司应提交的文件

1）公司董事长签署的设立登记申请书；

2）国务院授权部门或者省、自治区、直辖市人民政府的批准文件，募集设立的股份有限公司还应当提交国务院证券管理部门的批准文件；

3）创立股份公司大会的会议记录；

4）公司章程；

5）筹办公司的财务审计报告；

6）具有法定资格的验资机构出具的验资证明；

7）发起人的法人资格证明或者自然人身份证明；

8）载明公司董事、监事、经理的姓名、住所的文件以及有关委派、选举或者聘用的证明；

9）公司法定代表人任职文件和身份证明；

10）企业名称预先核准通知书；

11）公司住所证明。

当物业管理公司经过登记注册，领取了工商行政管理部门的执照后，还应到房地产行政主管部门进行资质审查的登记。当取得了工商行政管理部门的营业执照和房地产主管部门的资格证书后，物业管理公司才可开始从事物业管理经营业务。

三、物业管理企业组织机构的设置

物业管理内部机构的设置，要有利于加强管理，保障业主和用户的人身、财产安全、物业保值增值；要有利于加强为业主和用户提供优质服务，创造及提供良好的工作环境；要有利于物业管理公司自身的建设与发展，并创造一定的经济效益。

物业管理公司内部机构设置，应根据物业管理规模的大小，为加强物业管理的需要，本着实事求是的精神，在保证搞好物业管理和服务的前提下，精简机构，压缩编制定员，不断提高效率。

（一）物业管理公司机构设置的一般原则

物业管理公司的管理服务职能主要是通过管理机构来实施，因此，管理机构设置是否合理直接影响到管理服务的工作。一般说来，物业管理公司设置机构时，应遵循下列基本原则。

1. 目标任务原则

这一原则指的是机构设置与部门、层次的划分必须从实际出发，量体裁衣，服从经营管理的需要，从既定的目标入手，讲求组织功能的整体性，并强调没有适用一切条件的最佳组织形式，也没有一成不变适应环境的组织机构。

2. 统一领导与分级管理相结合的原则

这一原则是管理层次与权限划分的一条行之有效的重要原则，以便统一指挥，逐级负责，有效管理幅度适中，集权与分权相结合。

3. 合理分工与密切协作相统一原则

这一原则要求在职能机构设置以及各职能机构在处理横向协调关系时，能正确处理机构之间的分工与协作。分工是协作的基础，合理的分工有利于明确职责，提高管理的专业化程度；协作是分工的必然，只有密切的协调配合，才能充分发挥分工的优越性，各司其职，互相配合，达到提高工作效率的目的。必须指出的是，分工不能过细，不能片面强调制约，以避免出现机构增多、人浮于事，以致相互之间"扯皮"；但是，分工也不能过粗，以避免产生工作重叠，职责不清，无人负责的现象。总之，分工的合理性要以利于横向协调为限度，协作的可行性要以提高工作效率为准则。

4. 人事相宜与责权统一原则

这一原则要求在人员配置与职权划分的过程中必须注意因事设职，因职用人；人事相宜，职能相符；职责对称，责权统一。

5. 精干、高效、统一的原则

这一原则提出了在机构设置上总的目标与任务，也就是层次减少，机构精简。用人相对少，管理成本低，且上下左右之间有良好的信息沟通、明确的职责范围和紧密的协调配合。

（二）物业管理公司的主要职能机构

物业管理公司的内部机构设置，按业务、性质和职能分工，一般可设立"四部一室"。如图 4-1 所示。

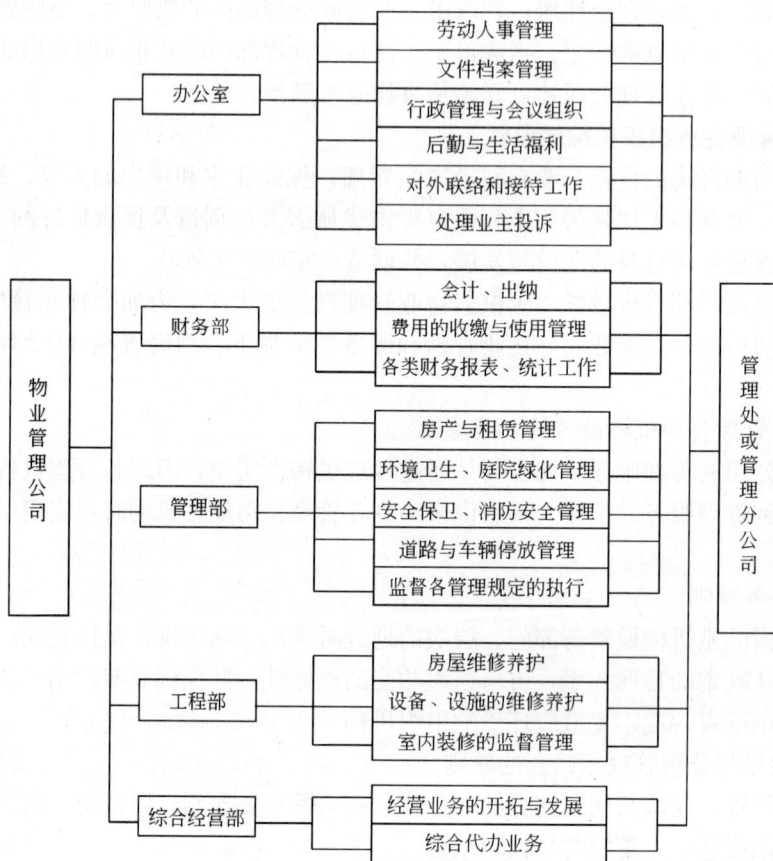

图 4-1 物业管理公司机构设置示意图

1. 办公室

办公室是在公司总经理领导下的综合性职能部门，主要负责人力资源管理；文书与通信处理；文件档案管理；行政管理；后勤与生活福利；对外联络和接待工作；接受业主投诉；协助公司经理做好会议组织及其他工作。

2. 财务部

财务部在公司经理领导下，参与企业的经营管理，搞好财务工作。一般设会计、出纳、收款员等岗位。可采取一人一岗或一人多岗、一岗多人的办法分工负责。

3. 管理部

管理部主要负责房产管理、租赁管理、区域内的环境卫生、庭院绿化、治安保卫、消防安全等工作。

4. 工程部

工程部是物业管理公司的一个重要的技术部门，其主要职能有：水、电等能源的供给及管理；房屋的维修养护与管理；设备的维修保养与管理；对业主或使用人收楼后进行的装修和改造按照有关法规、法令进行监督和管理。

5. 综合经营部

该部是负责开展多种经营与提供各类服务的经营性部门，其主要职能有：制定经营计划；开拓经营项目和管理多种经营业务；组织各类代办业务；管理物业辖区内的商业、娱乐、服务业等各类用房；履行和监督协议、合同的执行。

物业管理公司的"四部一室"的机构是根据物业管理公司基本的管理服务职能设置的。各物业管理公司可根据具体情况，有所增减，以实现公司高效管理、全方位服务的宗旨。

（三）物业管理公司组织机构设计步骤

物业管理公司组织机构设计包括确定任务，收集与分析资料，研究工作的性质、范围，拟定和提出组织结构图，确定职务、岗位、权限与责任，设计协作与信息沟通的方式，选择与配置人员，评价组织机构设计和批准组织机构设计方案等步骤。

1. 确定任务

即根据物业经营与管理的任务来确定组织机构的设计任务。

2. 收集与分析资料

包括研究同类企业的组织机构形式，结合要达到的目标，分析各类机构的优缺点。

3. 研究工作的性质、范围

按照组织机构所从事工作的性质，将企业的经营、管理、服务活动，分解成相对独立的小单元，并确定它们的业务范围。

4. 拟定、提出组织结构图

按组织机构设计要求，将各个管理工作单元有序地排列起来，形成层次化、部门化的组织机构。

5. 确定职务、岗位、权限与责任

首先确定组织机构及其各组成部门职责，然后再对部门内部进行分工，确定相应的职务、岗位和他们的权限、责任。

6. 设计协作与信息沟通的方式

规定组织内各单位之间的协作关系和信息沟通方式。

7. 选择与配置人员

按职务、岗位选配适宜的工作人员。

8. 评价组织机构设计

根据上述的组织机构设计原则，组织有关人员对组织机构进行审查、评价和修改。

9. 批准组织机构设计方案

将设计人员修改后的组织机构图和说明书上报领导审查批准。

第三节 物业管理企业的资质

资质，根据"辞海"的释义，是指人的天资、禀赋。现在借用到企业审批的过程中，物业管理企业资质主要为了界定、查验、衡量物业管理公司具备或拥有的资金数量、专业人员、委托管理物业的规模等方面的状况，是企业的实力、规模的标志。

《中华人民共和国物业管理条例》规定："从事物业管理活动的企业应当具有独立的法人资格，国家对从事物业管理活动的企业实行资质管理制度，具体办法由国务院建设行政主管部门制定。""从事物业管理的人员应当按照国家有关规定，取得职业资格证书。"为规范资质管理建设部于1999年颁布了《物业管理企业资质管理试行办法》，于2004年3月颁布了《物业管理企业资质管理办法》，自2004年5月1日起施行。

一、物业管理从业人员的资质条件

物业管理从业人员应该具备下列资质条件：

（1）经过物业管理行政主管部门指定的物业培训机构培训，并取得物业管理行政主管部门核发的《物业管理岗位资格证书》，专业技术人员应取得各有关技术职务证书或岗位证书；

（2）热爱物业管理工作，努力学习有关专业技术管理知识，不断提高管理和服务水平；

（3）严格遵守物业管理公司的各项规章制度和员工手册。

二、物业管理公司的资质条件

物业管理企业划分为一级、二级、三级三个资质等级，标准如下：

（一）一级资质

（1）注册资本人民币500万元以上；

（2）物业管理专业人员以及工程、管理、经济等相关专业类的专职管理和技术人员不少于30人，其中，具有中级以上职称的人员不少于20人，工程、财务等业务负责人具有相应专业中级以上职称；

（3）物业管理专业人员按照国家有关规定取得职业资格证书；

（4）管理两种类型以上物业，并且管理各类物业的房屋建筑面积分别占下列相应计算基数的百分比之和不低于100%：

1）多层住宅200万 m²；

2）高层住宅100万 m²；

3）独立式住宅(别墅)15万 m²；

4）办公楼、工业厂房及其他物业50万 m²。

（5）建立并严格执行服务质量、服务收费等企业管理制度和标准，建立企业信用档案系统，有优良的经营管理业绩。

（二）二级资质

（1）注册资本人民币300万元以上；

（2）物业管理专业人员以及工程、管理、经济等相关专业类的专职管理和技术人员不少于20人。其中，具有中级以上职称的人员不少于10人，工程、财务等业务负责人具有相应专业中级以上职称；

（3）物业管理专业人员按照国家有关规定取得职业资格证书；

（4）管理两种类型以上物业，并且管理各类物业的房屋建筑面积分别占下列相应计算基数的百分比之和不低于100%：

1) 多层住宅 100 万 m²；

2) 高层住宅 50 万 m²；

3) 独立式住宅(别墅)8 万 m²；

4) 办公楼、工业厂房及其他物业 20 万 m²。

(5) 建立并严格执行服务质量、服务收费等企业管理制度和标准，建立企业信用档案系统，有良好的经营管理业绩。

(三) 三级资质

(1) 注册资本人民币 50 万元以上；

(2) 物业管理专业人员以及工程、管理、经济等相关专业类的专职管理和技术人员不少于 10 人。其中，具有中级以上职称的人员不少于 5 人，工程、财务等业务负责人具有相应专业中级以上职称；

(3) 物业管理专业人员按照国家有关规定取得职业资格证书；

(4) 有委托的物业管理项目；

(5) 建立并严格执行服务质量、服务收费等企业管理制度和标准，建立企业信用档案系统。

三、资质管理权限

(1) 国务院建设主管部门负责一级物业管理企业资质证书的颁发和管理。

(2) 省、自治区人民政府建设主管部门负责二级物业管理企业资质证书的颁发和管理，直辖市人民政府房地产主管部门负责二级和三级物业管理企业资质证书的颁发和管理，并接受国务院建设主管部门的指导和监督。

(3) 设区的市的人民政府房地产主管部门负责三级物业管理企业资质证书的颁发和管理，并接受省、自治区人民政府建设主管部门的指导和监督。

四、资质的申评

(一) 申请核定资质等级的物业管理企业，应当提交下列材料

(1) 企业资质等级申报表；

(2) 营业执照；

(3) 企业资质证书正、副本；

(4) 物业管理专业人员的职业资格证书和劳动合同，管理和技术人员的职称证书和劳动合同，工程、财务负责人的职称证书和劳动合同；

(5) 物业服务合同复印件；

(6) 物业管理业绩材料。

(二) 审批受理时限

资质审批部门应当自受理企业申请之日起 20 个工作日内，对符合相应资质等级条件的企业核发资质证书；一级资质审批前，应当由省、自治区人民政府建设主管部门或者直辖市人民政府房地产主管部门审查，审查期限为 20 个工作日。

(三) 不批准的情况

物业管理企业申请核定资质等级，在申请之日前一年内有下列行为之一的，资质审批部门不予批准：

(1) 聘用未取得物业管理职业资格证书的人员从事物业管理活动的；

（2）将一个物业管理区域内的全部物业管理业务一并委托给他人的；

（3）挪用专项维修资金的；

（4）擅自改变物业管理用房用途的；

（5）擅自改变物业管理区域内按照规划建设的公共建筑和共用设施用途的；

（6）擅自占用、挖掘物业管理区域内道路、场地，损害业主共同利益的；

（7）擅自利用物业共用部位、共用设施设备进行经营的；

（8）物业服务合同终止时，不按规定移交物业管理用房和有关资料的；

（9）与物业管理招标人或者其他物业管理投标人相互串通，以不正当手段谋取中标的；

（10）不履行物业服务合同，业主投诉较多，经查证属实的；

（11）超越资质等级承接物业管理业务的；

（12）出租、出借、转让资质证书的；

（13）发生重大责任事故的。

（四）新设立物业管理公司的申评

设立的物业管理企业应当自领取营业执照之日起 30 日内，持下列文件向工商注册所在地直辖市、设区的市的人民政府房地产主管部门申请资质：

（1）营业执照；

（2）企业章程；

（3）验资证明；

（4）企业法定代表人的身份证明；

（5）物业管理专业人员的职业资格证书和劳动合同，管理和技术人员的职称证书和劳动合同。

新设立的物业管理企业，其资质等级按照最低等级核定，并设一年的暂定期。

五、对经营范围的规定

（1）一级资质物业管理企业可以承接各种物业管理项目。

（2）二级资质物业管理企业可以承接 30 万 m² 以下的住宅项目和 8 万 m² 以下的非住宅项目的物业管理业务。

（3）三级资质物业管理企业可以承接 20 万 m² 以下住宅项目和 5 万 m² 以下的非住宅项目的物业管理业务。

复习思考题

1. 物业管理企业如何分类？

2. 物业管理企业的组建条件有哪些？

3. 什么是企业的章程？包括哪些内容？

4. 物业管理企业设立的步骤有哪些？

5. 物业管理公司机构设置的原则有哪些？

6. 什么是物业管理企业的资质？物业管理企业资质是如何确定的？

7. 物业管理企业如何申报资质？申报时需提交哪些资料？

8. 物业管理企业的经营范围如何规定？

附件 1

广州市《物业管理企业资质证书》申报审核程序

1. 收件资料

序 号	资 料 名 称	份 数	是否原件	条 件	备 注
1	广州市物业管理企业资质申报表	1	原 件		
2	企业法人营业执照或企业名称预先核准通知书	1	复印件		
3	企业章程	1	复印件		
4	企业验资证明	1	复印件		注册资金30万元以上
5	企业主管经理学历证书、职称证书、物业管理岗位培训结业证书	1	复印件		中级以上职称或大专以上文凭
6	物业管理人员学历证书、职称证书、物业管理岗位培训结业证书	1	复印件		初级职称或大专以上占3%员工数
7	物业管理委托合同	1	复印件		
8	物业维修基金建立证明	1	复印件		

办理部门：广州市国土资源和房屋管理局房地产物业管理处

办理时限：15 个工作日

收费标准：不收费

2. 办事流程

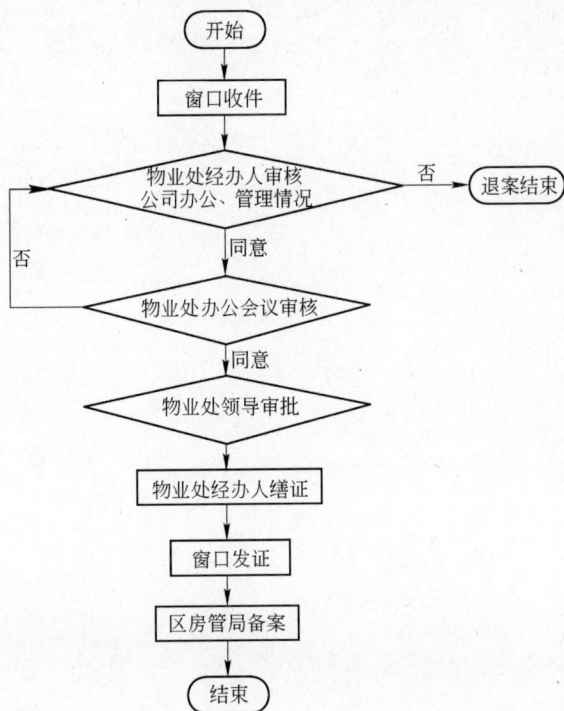

附件 2

广州市《物业管理企业资质证书》变更程序

1. 收件资料

序　号	资　料　名　称	份　数	是否原件	条　件	备　注
1	物业管理企业资质证书变更申请表	1	原件		
2	物业管理企业资质证书正、副本	1	原　件		
3	企业法人营业执照副本	1	复印件		

办理部门：广州市国土资源和房屋管理局房地产物业管理处

办理时限：5个工作日

收费标准：不收费

2. 办事流程

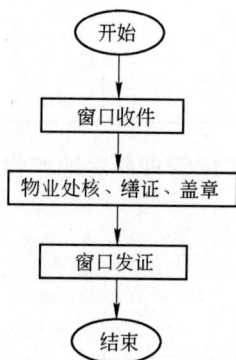

第五章　业主大会与业主委员会

目前，在物业管理实践中，业主及业主委员会与物业管理企业间的纠纷时有发生，这些纠纷有的是因为物业管理企业违反合同所致，有的则是由于业主及业主委员会行为不规范造成的。为了完成"规范发展物业管理业"的重要任务，政府有关部门正在下大力气加强对物业管理企业的监督管理，但如果忽视对业主、业主大会及业主委员会行为的法律规范，仍然不能从根本上解决物业管理活动中存在的矛盾和问题。因此，规范业主大会和业主委员会的组成，明确业主、业主大会、业主委员会的权利和义务，将业主自治活动纳入依法运行轨道，也是当前规范发展物业管理的重要方面。

第一节　业主和业主大会

一、业主

业主即物业的主人，具体来说就是①物业的所有权人；②持有空置物业的建设单位；③已办理商品房预售合同登记且所购房屋且已入住使用的单位和个人。

业主作为物业的所有权人和物业管理服务消费的主体，享有业主大会召开的提议权和物业管理事项的提案权、业主公约和业主大会章程的修改权、业主委员会成员的选举权和被选举权、对物业管理企业和业主委员会工作的监督权、对物业管理执行情况的知情权、对住房专项维修资金管理使用的监督权等。具体来讲，业主在物业管理活动中，业主享有下列权利：

(1) 按照物业服务合同的约定，接受物业管理企业提供的服务；

(2) 提议召开业主大会会议，并就物业管理的有关事项提出建议；

(3) 提出制定和修改业主公约、业主大会议事规则的建议；

(4) 参加业主大会会议，行使投票权；

(5) 选举业主委员会委员，并享有被选举权；

(6) 监督业主委员会的工作；

(7) 监督物业管理企业履行物业服务合同；

(8) 对物业共用部位、共用设施设备和相关场地使用情况享有知情权和监督权；

(9) 监督物业共用部位、共用设施设备专项维修资金(以下简称物业专项维修资金)的管理和使用；

(10) 法律、法规规定的其他权利。

业主在享有以上权利的同时，也应当承担相应的义务，如遵守业主公约和业主大会章程、遵守物业管理区域内物业共用部位和共用设施设备的使用、公共秩序和环境卫生的维护等方面的规章制度、按时交纳物业管理服务费用等。具体来讲，业主在物业管理活动中，必须履行下列义务：

（1）遵守业主公约、业主大会议事规则；

（2）遵守物业管理区域内物业共用部位和共用设施设备的使用、公共秩序和环境卫生的维护等方面的规章制度；

（3）执行业主大会的决定和业主大会授权业主委员会做出的决定；

（4）按照国家有关规定交纳物业专项维修资金；

（5）按时交纳物业服务费用；

（6）法律、法规规定的其他义务。

强调业主享有权益，同时明确业主承担相应的义务，遵循权责一致的原则，是业主大会、业主委员会规范运作的关键，也直接关系到物业管理的规范发展。

二、业主大会

（一）业主大会

业主大会是由物业管理区域内全体业主组成，决定在物业使用与管理方面事关业主利益的重大事项的业主自治最高决策组织。它是同居一楼一区的众多所有权人行使自治管理共有权的一种民主形式，其对物业区域内的各项物业管理事务有最高决策权。

业主大会应当代表和维护物业管理区域内全体业主在物业管理活动中的合法权益。一个物业管理区域只能成立一个业主大会。业主大会应当设立业主委员会作为执行机构。

业主大会自首次业主大会会议召开之日起成立。只有一个业主，或者业主人数较少且经全体业主同意，决定不成立业主大会的，由业主共同履行业主大会、业主委员会职责；当业主人数较多时，应按比例推选业主代表，组成物业管理区域内的业主代表大会。

业主因故不能参加业主大会，可以书面委托代理人出席，代理人代表业主行使投票权。如果业主不具备相应民事行为能力，理应由其监护人代理。

（二）业主大会职责

业主大会作为全体业主开展物业管理活动的最高决策机构，对事关全体业主利益的重大事项具有决策权，如业主公约和业主大会章程的制定权、业主委员会成员的选举和罢免权、物业管理企业的选聘和解聘权、物业专项维修资金的使用和续筹的决定权等。

由于业主大会和业主委员会的决策权是建立在业主对物业拥有的物权基础之上的，超出物业管理的活动范围，就失去了决策的权利基础，因此，业主大会和业主委员会不得做出与物业管理无关的决策，不能从事与物业管理无关的活动。

业主大会的具体职责：

（1）制定、修改业主公约和业主大会议事规则。

业主公约应当对有关物业的使用、维护、管理，业主的共同利益，业主应当履行的义务，违反公约应当承担的责任等事项依法做出约定。业主公约对全体业主具有约束力。

业主大会议事规则应当就业主大会的议事方式、表决程序、业主投票权确定办法、业主委员会的组成和委员任期等事项依法做出约定。

（2）选举、更换业委会委员，监督业主委员会的工作。

业主大会应当设立业主委员会作为执行机构，选举、撤换业主委员会的组成人员，监督业主委员会的工作。选举出业主委员会的组成人员是业主大会的一项重要职权，行使好这一职权，认真推选出真正能维护业主利益的业主委员会成员，业主权利的行使才有保障。否则，草率选举，把能力水平低、私心重的人选进业主委员会，业主大会就不能发挥其应有的作用，并会给后继的物业管理带来阻碍。

选举业主委员会组成人员并非是每次业主大会的例行职权，这一职权一般是在首次业主大会和召开业主委员会换届大会时行使。至于撤换业主委员会组成人员，只要有必要，确因个别组成人员不称职，任何时候的业主大会都可行使这一职权，包括临时业主大会。

(3) 选聘、解聘物业管理企业。

(4) 决定物业专项维修资金使用、续筹方案，并监督实施。

(5) 制定、修改物业管理区域内物业共用部位和共用设施设备的使用、公共秩序和环境卫生的维护等方面的规章制度。

(6) 法律、法规或者业主大会议事规则规定的其他有关物业管理的职责。

(三) 业主大会的成立

1. 业主大会的筹备

业主筹备成立业主大会的，应当在物业所在地的区、县人民政府房地产行政主管部门和街道办事处(乡镇人民政府)的指导下，由业主代表、建设单位(包括公有住房出售单位)组成业主大会筹备组(以下简称筹备组)，负责业主大会筹备工作。筹备组成员名单确定后，以书面形式在物业管理区域内公告。

筹备组应当做好下列筹备工作：

(1) 确定首次业主大会会议召开的时间、地点、形式和内容；

(2) 参照政府主管部门制订的示范文本，拟定《业主大会议事规则》(草案)和《业主公约》(草案)；

(3) 确认业主身份，确定业主在首次业主大会会议上的投票权数；

(4) 确定业主委员会委员候选人产生办法及名单；

(5) 做好召开首次业主大会会议的其他准备工作。

其中，前四项的内容应当在首次业主大会会议召开 15 日前以书面形式在物业管理区域内公告。同一个物业管理区域内的业主，应当在物业所在地的区、县人民政府房地产行政主管部门的指导下成立业主大会，并选举产生业主委员会。

筹备组应当自组成之日起 30 日内在物业所在地的区、县人民政府房地产行政主管部门的指导下，组织业主召开首次业主大会会议，并选举产生业主委员会。

2. 首次业主大会的召开的条件

从全国各地出台的物业管理条例或居住区条例看，普遍的规定是：物业已交付使用的建筑面积达到 50% 以上，业主即可以按照有关规定召开首次业主大会。针对许多大型物业交付使用持续时间长的情况，为防止发展商垄断物业管理权，使已入伙进住的业主长期不能行使对自己物业的管理权，广东省物业管理条例同时还规定物业已交付使用的建筑面积达到 30% 以上，且使用超过一年的，业主也可以召开首次业主大会。

由以上召开首次业主大会的条件可知，其主要依据是物业已交付使用的建筑面积比例，也就是说已入住户数过半或已售出物业的价值过半均不能成为召开首次业主大会的充分条件。符合以上召开首次业主大会的前提条件，物业所在地的行业行政主管部门负责指导业主召开首次业主大会。因为物业发展商和前期管理的物业管理会议掌握业主资料，便于召集业主，同时也有会务组织的起码条件(场所、人员等)，所以发展商和前期管理的物业公司有做好具体会务组织工作的义务。

（四）业主投票权的确定

投票权是业主因物业的所有权而享有的参与管理物业、表达自己意愿的权力，它也是物业所有权的派生权。业主在首次业主大会会议上的投票权，应当根据业主拥有的物业建筑面积、住宅套数等因素确定，以后的投票权数则根据业主大会章程规定的确定办法计算。

现今业主投票权的确定有的地方按建筑面积确定，如每 $30m^2$ 或 $50m^2$ 有一个投票权；有的地方按户划分投票权，即每一户享有一个投票权，投票权与该户物业的面积或价值等无关。按户确定投票权，显然未能完全反映业主在共有物业中所占的份额，有失公平。上述固定数值的建筑面积计算投票权，也有一个因取舍进位造成的不公。合理的投票权确定依据应该是业主拥有物业的价值。但由于反映物业价值的价格经常是变动的，所以以建筑面积作为投票权的依据，且每单位建筑面积作为一个投票权（例如：甲、乙业主物业的建筑面积分别为 95.6、 $61.3m^2$ ，则甲、乙业主的计票权可定为 95.6、61.3 或 96、61（四舍五入）是现实可行且相对公平的投票权确定方法。如广州市《业主大会议事规程》（示范文本）建议：业主投票权是按业主拥有物业的面积确定，每户一票，该票代表的投票权以物业建筑面积计算，每一平方米为投票权的计算份额，超出部分按四舍五入处理。

业主代表的投票权是其所代表区域内业主投票权的总和。已出售物业的投票权归买受人，未出售物业的投票权归出卖人。买受人和出卖人的议事决定投票权可委托使用人或承租人行使，但使用人及承租人不具有业主代表和业主委员会委员的被选举权。

（五）业主大会的议事方式

业主大会会议可以采用集体讨论的形式，也可以采用书面征求意见的形式；但应当有物业管理区域内持有 1/2 以上投票权的业主参加。业主应当亲自参加业主大会，积极行使自己的权利。业主因故不能参加业主大会会议的，可以书面委托代理人参加，同一物业业主超过一人的，物业共有人应当推选一人参加业主大会会议，并参与投票及选举活动。

物业管理区域内业主人数较多的，可以幢、单元、楼层等为单位，推选一名业主代表参加业主大会会议。推选业主代表参加业主大会会议的，业主代表应当于参加业主大会会议 3 日前，就业主大会会议拟讨论的事项书面征求其所代表的业主意见，凡需投票表决的，业主的赞同、反对及弃权的具体票数经本人签字后，由业主代表在业主大会投票时如实反映。业主代表因故不能参加业主大会会议的，其所代表的业主可以另外推选一名业主代表参加。

业主大会做出决定，必须经与会业主所持投票权 1/2 以上通过。业主大会做出制定和修改业主公约、业主大会议事规则、选聘、解聘物业管理企业、专项维修资金使用、续筹方案的决定，必须经物业管理区域内全体业主所持投票权 2/3 以上通过。业主大会会议应当由业主委员会作书面记录并存档。

业主大会做出的决定对物业管理区域内的全体业主具有约束力。业主大会的决定应当以书面形式在物业管理区域内及时公告。

（六）定期和和临时业主大会的召开

业主大会会议分为定期会议和临时会议。业主大会定期会议应当按照业主大会议事规则的规定由业主委员会组织召开。

有下列情况之一的，业主委员会应当及时组织召开业主大会临时会议：

（1）20％以上业主提议的；

（2）发生重大事故或者紧急事件需要及时处理的；

（3）业主大会议事规则或者业主公约规定的其他情况。

发生应当召开业主大会临时会议的情况，业主委员会不履行组织召开会议职责的，区、县人民政府房地产行政主管部门应当责令业主委员会限期召开。业主委员会应当在业主大会会议召开15日前将会议通知及有关材料以书面形式在物业管理区域内公告。住宅小区的业主大会会议，应当同时告知相关的居民委员会。

三、非业主使用人

非业主使用人是指不拥有物业的所有权，但通过某种形式（如签订租赁合同）而获得物业的使用权，并实际使用物业的人。

由于非业主使用人首先与业主发生关系，如租赁关系，非业主使用人的基本权利、义务就受到租赁合同的一定限制，即在租赁合同中，要明确阐明业主赋予哪些权利、义务，同时，作为物业的实际使用人，非业主使用人也是物业管理的对象，也应享有物业管理委托合同约定的相应权利和义务。

第二节　业主委员会

一、业主委员会

业主委员会是在物业管理区域内，经业主大会或业主代表大选举产生，由物业所有人代表组成，代表全体业主实施自治物管理的组织，是业主大会的执行机构。

业主委员会对业主大会或业主代表大会负责，维护全体业主的合法权益。一个物业管理区域应当成立一个业主委员会。

二、业主委员会的产生与换届

（一）业主委员会的产生

物业管理区域首次业主大会召开条件规定的，经业主5人以上申请，区、县级市房地产行政主管部门或区、县级市的街道办事处、镇人民政府应当指导业主召开首次业主大会或业主代表大会，选举产生首届业主委员会。

业主委员会根据物业管理区域的规模由五名至十五名委员会单数组成。委员会委员从业主中选举产生，每届任期三年，可连选连任。业主委员会由道德品质好、热心公益事业、责任心强、有一定的组织能力和必要工作时间的成年人担任。在任期内，委员的撤换、增减，由业主委员会会议通过后，提交业主大会确认。

业主委员会应当自选举产生之日起3日内召开首次业主委员会会议，推选产生业主委员会主任1人，副主任1~2人。

业主委员会应当自选举产生之日起30日内，将业主大会的成立情况、业主大会议事规则、业主公约及业主委员会委员名单等材料向物业所在地的区、县人民政府房地产行政主管部门备案。

（二）换届与变更

业主委员会任期届满2个月前，应当召开业主大会会议进行业主委员会的换届选举；逾期未换届的，房地产行政主管部门可以指派工作人员指导其换届工作。原业主委员会应当在其任期届满之日起 10 日内,将其保管的档案资料、印章及其他属于业主大会所有的财物移交新一届业主委员会,并做好交接手续。经业主委员会或者 20% 以上业主提议,认为有必要变更业主委员会委员的,由业主大会会议做出决定,并以书面形式在物业管理区域内公告。

业主委员会备案的有关事项发生变更的,依照规定重新备案。

三、业主委员会的职责

(1) 执行业主(代表)大会的决定;

(2) 召集和主持业主(代表)大会,报告物业管理的实施情况;

(3) 草拟业主公约、业主委员会章程修订案并报业主(代表)大会审议通过;

(4) 依法选聘或续聘物业管理公司,经业主(代表)大会同意后,代表业主签订物业管理委托合同并负责履行;

(5) 听取业主、使用人的意见和建议,并及时反馈给物业管理公司;

(6) 监督物业管理公司的服务活动;

(7) 监督公用设施、设备、场地的使用和维护;

(8) 审议决定物业维修基金的使用及其他有关物业管理的重大事项;

(9) 配合街道办事处、居民委员会开展社区建设;

(10) 业主大会赋予的其他职责。

另外,业主委员会应当督促违反物业服务合同约定逾期不交纳物业服务费用的业主,限期交纳物业服务费用。经三分之一以上业主委员会委员提议或者业主委员会主任认为有必要的,应当及时召开业主委员会会议。

业主大会、业主委员会应当依法履行职责,不得做出与物业管理无关的决定,不得从事与物业管理无关的活动。业主大会、业主委员会做出的决定违反法律、法规的,物业所在地的区、县人民政府房地产行政主管部门,应当责令限期改正或者撤销其决定,并通告全体业主。

业主大会、业主委员会应当配合公安机关,与居民委员会相互协作,共同做好维护物业管理区域内的社会治安等相关工作。在物业管理区域内,业主大会、业主委员会应当积极配合相关居民委员会依法履行自治管理职责,支持居民委员会开展工作,并接受其指导和监督。住宅小区的业主大会、业主委员会做出的决定,应当告知相关的居民委员会,并听取居民委员会的建议。

四、业主委员会委员的要求

(一) 业主委员会委员应当符合下列条件:

(1) 本物业管理区域内具有完全民事行为能力的业主;

(2) 遵守国家有关法律、法规;

(3) 遵守业主大会议事规则、业主公约,模范履行业主义务;

(4) 热心公益事业,责任心强,公正廉洁,具有社会公信力;

(5) 具有一定组织能力;

(6) 具备必要的工作时间。

(二) 业主委员会委员资格的终止

业主委员会委员有下列情形之一的,经业主大会会议通过,其业主委员会委员资格终止：

(1) 因物业转让、灭失等原因不再是业主的；

(2) 无故缺席业主委员会会议连续三次以上的；

(3) 因疾病等原因丧失履行职责能力的；

(4) 有犯罪行为的；

(5) 以书面形式向业主大会提出辞呈的；

(6) 拒不履行业主义务的；

(7) 其他原因不宜担任业主委员会委员的。

业主委员会委员资格终止的，应当自终止之日起3日内将其保管的档案资料、印章及其他属于业主大会所有的财物移交给业主委员会。

五、行政主管部门对业主大会、业主委员会的指导与监督

在物业管理活动中，要注意发挥房地产行政主管部门和基层人民政府对业主大会和业主委员会活动的指导和监督作用。

政府的指导和监督作用体现于业主大会和业主委员会活动的各个阶段，如业主大会应在物业所在地的区、县人民政府房地产行政主管部门和街道办事处的指导下成立，业主委员会要在选举产生后一定时间内，向物业所在地的区、县人民政府房地产行政主管部门和街道办事处备案；业主大会和业主委员会做出的决议、决定违反法律法规的，物业所在地的区、县人民政府房地产行政主管部门应当责令限期改正或者撤销其决议、决定。

政府加强对业主大会、业主委员会活动的监督管理，将业主大会、业主委员会的活动纳入依法运行的轨道，对于全面、准确地反映业主的意愿，维护业主的合法权益是十分必要的。

复 习 思 考 题

1. 什么人被称为业主？

2. 在物业管理中业主有哪些权利和义务？

3. 什么是业主大会？业主大会有哪些职责？

4. 首次业主大会召开的条件是什么？

5. 业主投票权如何确定？

6. 业主大会的议事方式是如何规定的？

7. 临时业主大会召开的条件有哪些？

8. 什么是业主委员会？业主委员会的职责有哪些？

9. 业主委员会委员的要求有哪些？

10. 业主委员会委员资格终止的条件有哪些？

案 例 讨 论

1. 买房但尚未取得产权证，我是业主吗？

我们小区在准备召开业主代表大会核定业主代表时，一些工作人员对我的代表资格存有异议，认为房子虽然可能事实上是我买的，但我没有取得房产证，没有证据证明我就是业主，请问，买房时尚没有取得产权证，我就还不能被称为业主吗？

2. 不是业主就不能参加业主代表大会吗？

某小区在准备召开业主代表大会核定业主代表时，工作人员对一位老太太存有异议，认为她不是小区的业主，不能参加业主大会。事后了解，原来这个老太太是本小区某业主的岳母，该业主认为，自己的岳母退休在家，身体也不错，平时又热心，而自己平时工作忙，由岳母代表自己参加业主代表大会，甚至参加业委员会，是完全可以的。请问，不是业主就不能参加业主代表大会吗？

　　3. 未满18岁的业主能否参加业主(代表)大会？有没有选举与被选举权？

　　某大厦(楼宇)成立业主委员会过程中，在核定产权人出席会议参加投票时，发现产权人是一位17岁的孩子，经过了解才知道，父母考虑自己年岁已高，购买的房产迟早都要留给孩子的，让孩子作为产权人，可免除以后缴遗产税等繁琐之事。请问，17岁的孩子能否参加业主(代表)大会？他(她)有没有选举与被选举权呢？

　　4. 业主没有参加业主(代表)大会投票，可以不接受大会通过的决议文件吗？

　　某大厦成立业主委员会时，某业主因病住院，因此没有参加业主(代表)大会，也没投票，等到病愈出院回到家中，得知业主(代表)大会已经开过，并通过了《业主公约》、《业主委员会章程》等有关自治管理文件。他找到了业主委员会主任及物业管理公司提出质询，声称本人生病住院，没有得到参加业主(代表)大会通知，所以以对业主(代表)大会通过的一切决议及文件概不接受。该业主提出的观点正确吗？

　　5. 业主委员会是社团法人吗？业主委员会能否替代居委会？

　　王某等是某小区的业主委员会成员，在成为成员之前，对物业管理方面的知识知之甚少，虽然在一年多时间的工作实践中，他们对物业管理增加了很多了解和感性认识，但对很多问题还是觉得了解不全面、不深入，特别是对自己的组织，每次在和物业管理公司、开发商、业主及使用人对话与交流中，总觉得心虚。为此，特希望有人能解答以下问题：①业主委员会是社团法人吗？②业主委员会的特征有哪些？③业主委员会的市场地位如何？

附件1　　　　　　　　　业主大会议事规则(示范文本)
(广州市国土资源和房屋管理局办公室 2003 年 9 月 8 日印发)

　　为维护_____全体业主的合法权益，规范业主大会、业主委员会议事活动，根据国务院颁布的《物业管理条例》及有关规定，制定业主大会议事规则。

第一章　业　主　大　会

　　一、业主大会代表和维护物业管理区域内全体业主在物业管理活动中的合法权益，实行业主自治与专业化管理相结合的物业管理体制，保障物业的合理与安全使用，维护本物业管理区域的公共秩序，创造整洁、优美、安全、舒适、文明的环境。

　　二、业主大会的决定对物业管理区域内的全体业主具有约束力。

　　三、业主大会由物业管理区域内的全体业主组成，一个物业管理区域只能成立一个业主大会。业主大会应当设立业主委员会作为执行机构。业主大会自首次业主大会会议召开之日起成立。

　　四、只有一个业主，或者业主人数较少且经全体业主同意，决定不成立业主大会的，由业主共同履行业主大会、业主委员会的职责。

　　五、业主大会、业主委员会接受物业管理行政主管部门的监督和指导。

第二章　议　事　内　容

　　一、业主大会的议事内容：

　　(一)制定、修改业主委员会章程、业主公约和业主大会议事规则；

　　(二)选举、更换业主委员会委员，决定业主委员会委员报酬，监督业主委员会的工作；

（三）选聘、解聘物业管理公司；

（四）决定专项维修资金使用、续筹方案；

（五）听取和审查业主委员会的工作报告；

（六）审议批准业主委员会年度财务预算方案、决算方案；

（七）决定物业管理区域内公共秩序和环境卫生的维护等方面的规章制度；

（八）决定物业管理区域内物业共用部位和共用设施设备的使用、收益方案；

（九）改变和撤消业主委员会不适当的决定；

（十）＿＿＿＿＿＿＿＿＿＿＿＿＿＿＿＿＿＿＿＿＿＿＿＿＿。

二、业主大会授权业主委员会的议事内容：

（一）负责组织召开业主大会，执行行业主大会通过的各项决议，并向业主大会报告工作；

（二）代表业主大会行使日常监督物业管理正常运作；

（三）代表业主与业主大会选聘的物业管理公司签定物业服务合同；

（四）制定业主委员会的年度财务预算方案、决算方案；

（五）制定业主委员会章程、业主公约和业主大会议事规则草案或修改方案，报业主大会决定；

（六）制定物业管理区域内公共秩序和环境卫生的维护等方面的规章制度的方案，报业主大会决定；

（七）制定物业管理区域内物业共用部位和共用设施设备的使用、收益方案，报业主大会决定；

（八）制定专项维修资金使用、续筹方案，报业主大会决定；

（九）根据专项维修资金使用、续筹方案，审议决定专项维修资金的使用和续筹；

（十）监督《业主公约》的实施，依据《业主公约》对违反《业主公约》规定的业主，会同物业管理公司进行处理；

（十一）及时了解业主、物业使用人的意见和建议，监督和协助物业管理公司履行物业服务合同；

（十二）＿＿＿＿＿＿＿＿＿＿＿＿＿＿＿＿＿＿＿＿＿＿＿＿＿。

第三章　业主投票权

一、业主大会做出决定，必须经与会业主所持投票权1/2以上通过。

业主大会做出制定和修改业主公约、业主大会议事规则、选聘解聘物业管理公司、专项维修资金使用、续筹方案的决定，必须经物业管理区域内全体业主所持投票权2/3以上通过。

二、业主投票权是按业主拥有物业的面积确定，每户一票，该票代表的投票权以物业建筑面积计算，每一平方米为投票权的计算份额，超出部分按四舍五入处理。

业主代表的投票权是其所代表区域内业主投票权的总和。

已出售物业的投票权归买受人，未出售物业的投票权归出卖人。买受人和出卖人的议事决定投票权可委托使用人或承租人行使，但使用人及承租人不具有业主代表和业主委员会委员的被选举权。

三、投票人必须在投票上填写业主拥有物业面积或所代表业主投票权并签名（盖章）。已送达业主的投票，业主未投的，视为＿＿＿＿＿＿＿＿＿＿＿＿＿＿＿＿＿＿＿＿＿＿＿。

四、业主委托代理人行使投票权的，选票应附带业主书面授权委托证明，代理人在授权范围内行使投票权。

五、同一物业业主超过一人的，物业共有人应当推选一人参加业主大会或者业主代表大会，并参与投票及选举活动。

第四章　议事方式

一、业主大会会议分为定期会议和临时会议，业主大会每年＿＿＿＿＿＿月召开＿＿＿次定期会议。

有下列情形之一的，业主委员会应当组织召开业主大会临时会议。

（一）50％以上业主委员会委员提议；

（二）20％以上业主提议；

（三）发生重大事故或者紧急事件需要及时处理的；

（四）业主大会议事规则或者业主公约规定的其他情况。

（五）＿＿＿＿＿＿＿＿＿＿＿＿＿＿＿＿＿＿＿＿＿＿＿＿＿＿＿＿＿。

二、业主大会会议可以采用集体讨论的形式，也可以采用书面征求意见的形式；但应当有物业管理区域内持有 1/2 以上投票权的业主参加。

三、业主应当亲自参加业主大会，积极行使自己的权利。

业主因故不能参加业主大会会议的，可以书面委托代理人参加。

同一物业业主超过一人的，物业共有人应当推选一人参加业主大会会议，并参与投票及选举活动。

四、业主大会议事采用以下第＿＿＿＿＿＿＿种方式：

（一）全体业主会议形式：物业管理区域内的全体业主直接参加业主大会，进行投票表决。

（二）业主代表大会形式：因物业管理小区（大厦）业主超过 300 名，由＿＿＿＿＿＿幢、＿＿＿＿＿＿单元、＿＿＿＿＿＿楼层为单位，推选＿＿＿＿＿＿名业主代表参加业主大会，业主代表因故不能参加业主大会的，其所代表的业主可以另外推选一名业主代表参加。

（三）书面征求意见：业主以答复调查问卷或提出书面意见表达个人意愿，并签名确认。经收集汇总表决结果，形成业主大会的决定。

五、业主大会采用以下第＿＿＿＿＿＿种形式征求、回收业主意见，进行表决。

（一）设投票箱：在物业管理区域内分设多个投票箱，由业主自行将个人意见投入意见箱内，经业主大会统计汇总，进行表决。

（二）设专人派发、回收意见：由业主委员会或者业主大会筹备组组织有关人员逐户派发、回收业主意见，经业主大会统计汇总，进行表决。

（三）已送达给业主的业主大会议事内容以及相关选票，业主在规定的时间内不返馈意见或不提出赞同、反对、弃权意见的，视为没有不同意见，认同业主大会议事内容。

六、如果业主大会决定选择业主代表大会作为业主大会会议的形式，业主代表在业主大会前采用以下第＿＿＿＿＿＿种形式，听取、收集、反映所代表业主的意愿，参加业主大会行使投票权。

（一）业主代表推选产生必须由其所代表的业主持有 1/2 以上投票权的业主通过，业主代表任期内_____年负责听取所代表业主的意见、向业主大会提出议案、征求所代表业主对业主大会议事内容意见、根据所代表业主的多数意愿行使投票权；业主代表在参加业主大会表决前，应当于参加业主大会会议 3 日前，就业主大会拟讨论的事项书面征求所代表业主意见，需投票表决的，根据持有 1/2 以上投票权的业主的意见，行使投票权，其表决的投票权是其所代表业主投票权的总和。

（二）业主代表推选产生必须由其所代表的业主持有 1/2 以上投票权的业主通过，业主代表任期内_____年负责听取所代表业主的意见、向业主大会如实反映所代表业主的意见、征求所代表业主对业主大会议事内容意见；业主代表在参加业主大会表决前，应当于参加业主大会会议 3 日前，就业主大会拟讨论的事项书面征求所代表业主意见，需投票表决的，业主的赞同、反对及弃权的具体票数经本人签字后，由业主代表在业主大会投票时如实反映。并根据持有 1/2 以上投票权的业主的意见，行使投票权，其表决的投票权是其所代表业主投票权的总和。

（三）业主代表推选产生必须由其所代表的业主持有 1/2 以上投票权的业主通过，所代表的业主授权推选产生的业主代表在任期内_____年参加业主大会，提出议案、反映所代表业主的意见，需投票表决的行使所代表业主的全部投票权。

七、业主大会授权业主委员会的议事方式：

（一）业主委员会由业主大会选举产生，是业主大会的常设执行机构，对业主大会负责。

（二）业主委员会委员由业主大会在业主中选举产生。业主委员会应当自选举产生之日起 3 日内召开首次业主委员会会议，推选产生业主委员会主任、副主任。

（三）业主委员会设委员_____名，其中主任 1 名，副主任_____名，主任、副主任在全体委员中以全体委员过半数选举产生，业主委员会每届任期_____年，委员任期届满可连选连任。

（四）每次业主委员会会议应当在会议召开 7 日前，通知全体业主委员会委员并送达有关材料。委员因故不能参加会议，可以书面委托代理人参加。

（五）业主委员会会议决定问题采取少数服从多数的原则。业主委员会会议必须有过半数委员出席，做出决定经全体委员人数半数以上同意。会议进行表决时，每位委员有一票表决权。若表决中出现赞同票与反对票相同的情况时，业主委员会主任或会议主持人有一票决定票。

第五章　表　决　程　序

一、会议提议。召开业主大会的提议有如下情形：

（一）业主委员会成立前，由业主代表和建设单位组成筹备组，筹备组作为召集人提议召开业主大会。

（二）业主委员会成立后，由业主委员会作为召集人提议召开业主大会。

（三）20% 以上的业主提议，向建设单位发出召开首次业主大会的邀请时，建设单位自收到之日起 30 日内无反对意见，视为同意召开业主大会。建设单位放弃参与首次业主大会筹备组的，由业主代表组成筹备组，组织召开业主大会。

二、大会筹备工作。召集人作好开会前的准备工作。根据业主的提议，草拟议案、制定选票、核实业主情况，并将组织召开业主大会的会议通知和有关材料告知相关居民委员会。

三、发布公告。业主大会召开会议前15日召集人应当将召开会议的时间、地点、内容以书面形式向物业管理区域内业主公告。住宅小区的业主大会会议，应当同时告知相关的居民委员会。

四、征询意见。召集人发放征询意见表和选票，将业主大会议事内容书面征询物业管理区域内业主意见。业主或者委托代理人填写征询意见表和选票，并签名有效。

五、回收统计意见。召集人通过投票箱、上门或寄挂号信回收物业管理区域内业主意见，进行综合意见或统计票数，进行表决。召集人发放和回收征询意见表和选票可分区或组团分步骤进行。

六、通报大会议事决定。业主大会会议应当由业主委员会或者首次业主大会筹备组作书面记录并存档。

召集人必须在公告栏通报业主大会议事决定的时间，通报征询意见和选票结果，接受物业管理区域内业主的查询和监督。

召集人将业主大会的议事决定自会议结束后_____日内以书面形式在物业管理区域内公告，并将有关材料送居民委员会，由居民委员会送区国土房管局备案。

七、业主委员会的议事程序：

（一）业主委员会会议有定期会议和特别会议；定期会议每_____至少召开一次；有1/3以上委员提议或者主任认为必要时，应当召开特别会议。

业主委员会会议由主任召集、主持，主任因故缺席时，由副主任召集、主持。

（二）发布公告。业主委员会将召开会议通知、议事内容以书面形式在物业管理区域内公告。

（三）审议内容。业主委员会在业主大会授权范围内进行审议。

（四）业主委员会应当作好会议记录，出席会议的委员应当在会议记录上签名。

委员应当对业主委员会的决议承担责任。业主委员会的决议违反法律、法规侵害业主合法权益，造成严重损失的，参加决议的委员应承担赔偿责任，但在表决中对决议有异议并记载在会议记录中的，该委员可以免除责任。

（五）通报议事决定。业主委员会在公告栏通报业主委员会议事情况、议事内容及其决定。

（六）决定执行。业主委员会执行会议决定或委托物业管理公司执行会议决定。

第六章 其 他 事 项

一、本规则所称业主是指物业管理区域内房屋的所有权人，包括尚未出售物业的建设单位、房屋所有权共有的夫妻双方等。

二、业主委员会应当自选举产生之日起30日内，将业主大会的成立情况、业主大会议事规则、业主公约及业主委员会委员名单等材料向物业所在地的区、县人民政府房地产行政主管部门备案。

业主委员会备案的有关事项发生变更的，依前款规定重新备案。

三、业主委员会任期满2个月前，应当召开业主大会会议进行业主委员会的换届选举。

前一届业主委员会的工作自产生新一届业主委员会起停止从事业主委员会的工作。

四、业主委员会不履行组织召开业主大会职责的，街道或区国土房管局应当责令业主委员会限期召开。

业主委员会任期届满2个月未换届的，街道或区国土房管局可以指派工作人员指导其换届工作。

五、业主大会和业主委员会开展工作的经费由全体业主承担，每一业主每月交纳_____元，或者共用部位、共用设施设备经营收益的_____％（不超过于50%）合计_____元，用作经费开支，经费开支包括：业主大会、业主委员会会议开支、有关人员报酬、必要的日常办公等费用。经费收支账目由业主委员会负责管理，业主委员会应当制定年度财务预算、决算方案，报业主大会决定，并应该以书面形式将年度财务预算、决算方案和经费收支账目于业主大会会议结束后7日内在物业管理区域内公告，接受业主的质询。

六、本规则未规定的事项如首次业主大会召开程序、业主委员会委员任职资格、业主委员会委员资格丧失的条件等，按照建设部颁布的《业主大会规程》（建住房［2003］131号）的规定执行。

七、本议事规则经业主大会通过后生效，同时报当地政府房地产行政主管部门备案。

附件2　　　　　　　　　广州市物业管理业主委员会规定

穗国房字［2002］24号

第一章　总　则

第一条　为规范本市物业管理业主委员会的产生、换届及其委员的产生、罢免，明确业主委员会的权利、义务，根据《广州市物业管理办法》，结合本市实际，制定本办法。

第二条　本市行政区域内物业管理业主委员会的产生及其成立后的行为适用本规定。

第三条　各区、县级市房地产行政主管部门负责指导本区、县级市业主管理委员会的指导、监督和管理工作。

各区、县级市房地产行政主管部门可以委托街道办事处、镇人民政府负责本街、镇业主委员会的指导、监督和管理工作。

各区、县级市房地产行政主管部门委托街道办事处、镇人民政府管理业主委员会之前，仍应承担辖区内各业主委员会的指导、监督和管理工作。

第四条　物业管理区域内的业主、物业管理公司应当配合、协助业主委员会开展工作。

第五条　一个物业管理区域应当成立一个业主委员会。

业主委员会对业主大会或业主代表大会负责，维护全体业主的合法权益。

第二章　业主委员会的产生与换届

第六条　物业管理区域符合《广州市物业管理办法》第七条规定的，经业主5人以上申请，区、县级市房地产行政主管部门或区、县级市的街道办事处、镇人民政府应当指导业主召开首次业主大会或业主代表大会，选举产生首届业主委员会。

第七条　业主投标票权是根据业主拥有物业的面积确定的对物业管理区域公共部分和

公共事务进行表决的权利。每户一票，该票代表的投票权以物业建筑面积计算，每一平方米为投票权的计算份额，超出部分按四舍五入处理。

第八条　同一物业业主超过一人的，应当推选一人参加业主大会或业主代表大会。

第九条　业主代表的产生，应获得其所代表的业主中拥有过半数投票权的业主的同意。业主代表的投票权是其所代表业主的投票权的总和。

业主代表每届任期两年，可以连选连任。

业主可以在物业管理区域内按投票的相当比例以栋、片、区为单位推选业主代表。

第十条　投票箱由会议组织者设立，粘贴区、县级市房地产行政主管部门的封条。

业主可以委托他人行使投票权，在业主大会召开前三日内将选票投入到投票箱，业主大会召开时，在区、县级市房地产行政主管部门监督下开箱点票。

第十一条　区、县级市房地产行政主管部门或区、县级市的街道办事处、镇人民政府接到成立业主委员会的申请后，应指导业主成立业主大会或业主代表大会的筹备小组。

筹备小组成员不超过 7 名。建设单位持有空置物业的，应当参加筹备小组。

区、县级市房地产行政主管部门或区、县级市的街道办事处、镇人民政府认为有必要时，可以指派工作人员作为筹备小组召集人主持筹备工作。

第十二条　建设单位应自筹备小组成立之日起十五日内将全体业主名单、联系地址及其联系电话等材料报区、县级市房地产行政主管部门或区、县级市的街道办事处、镇人民政府。

建设单位没有空置物业且相关材料已移交物业管理公司的，物业管理公司应自筹备小组成立之日起十五日内将前款所列材料报区、县级市房地产行政主管部门或区、县级市的街道办事处、镇人民政府。

建设单位或物业管理公司逾期不上报相关材料的，区、县级市房地产行政主管部门或区、县级市的街道办事处、镇人民政府给予通报批评。

第十三条　筹备小组应做好以下工作：

（一）在充分征求业主意见的基础上，草拟《业主委员会选举办法》、《业主公约》和《业主委员会章程》；

（二）将《业主委员会选举办法》书面送达全体业主；

（三）召开业主大会或业主代表大会的各项会务准备工作。

第十四条　业主大会或业主代表大会由筹备小组组织召开，选举产生业主委员会委员，审议并表决通过《业主委员会章程》及《业主公约》。

第十五条　业主委员会应当自产生之日起十五日内，持下列文件向区、县级市的街道办事处、镇人民政府办理核准登记手续：

（一）业主委员会登记申请表；

（二）业主委员会选票；

（三）业主代表选票；

（四）业主授权委托书；

（五）业主大会或业主代表大会签到表；

（六）业主委员会章程；

（七）业主公约；

（八）其他相关资料。

第十六条　业主委员会根据物业管理区域的规模由五名至十五名委员会单数组成。

业主委员会委员产生之日起三日内应当召开第一次业主委员会全体会议，选举产生业主委员会主任、副主任。

第十七条　业主委员会任期届满三个月前，业主委员会应当建立换届选举筹备小组，进行换届选举。

换届选举筹备小组由本届业主委员会委员，其他业主组成。其中其他业主人数一般不低于筹备小组人数的三分之一。

换届选举筹备小组召集人由业主委员会主任担任或筹备小组人员推荐产生。

第十八条　换届选举筹备小组应当按本规定，做好筹备工作，并在业主委员会任期届满一个月前组织召开业主委员会换届选举大会，由本届业主委员会和物业管理公司分别作任期或者聘期内的工作报告，大会投票选举产生新一届业主委员会委员，审议通过新一届业主委员会章程和业主公约。

第三章　业主委员会的职责与日常工作

第十九条　业主委员会履行下列职责：

（一）执行业主（代表）大会的决定；

（二）召集和主持业主（代表）大会，报告物业管理的实施情况；

（三）草拟业主公约、业主委员会章程修订案并报业主（代表）大会审议通过；

（四）依法选聘或续聘物业管理公司，经业主（代表）大会同意后，代表业主签订物业管理委托合同并负责履行；

（五）听取业主、使用人的意见和建议，并及时反馈给物业管理公司；

（六）监督物业管理公司的服务活动；

（七）监督公用设施、设备、场地的使用和维护；

（八）审议决定物业维修基金的使用及其他有关物业管理的重大事项；

（九）配合街道办事处、居民委员会开展社区建设。

业主委员会不得从事投资和经营活动。

第二十条　业主委员会会议由主任定期召集，并在会议召开十五日前将会议通知书及有关材料送达每位委员。

过半数委员或三分之一业主书面提议召开业主委员会会议的，业主委员会主任应自接到提议之日起十五日内召开会议。

业主委员会会议应当作书面记录，由出席会议的委员签字。

第二十一条　业主委员会会议应当有过半数委员出席，做出决定应经过全体委员会半数以上人数同意。

业主委员会做出的决定应当以书面形式向全体业主公布。

第二十二条　业主委员会召开会议时，可以邀请政府有关部门和与会议事项有关的业主或业主代表列席会议。

第二十三条　业主委员会应定期与物业公司召开会议，互通情况、协商解决物业管理服务中遇到的矛盾和问题，检查物业管理委托合同的实施情况。

第二十四条　业主委员会应当建立公章管理制度。

使用公章，由业主委员会会议决定，但业主委员会会议通知和业主委员会授权范围内的日常维修费用结算除外。

违章使用公章造成经济损失或严重不良影响的，由责任人承担法律责任。

第二十五条　业主委员会应当建立档案管理制度，以下档案资料应当编号造册，并指定专人保管。

（一）各类会议记录、纪要；

（二）业主委员会、业主大会或业主代表大会做出的决议、决定等书面材料；

（三）各届业说委员会产生、登记的材料；

（四）业主、使用人情况目录、清册；

（五）订立的物业管理服务合同；

（六）有关业务往来文件；

（七）业主和使用人的书面意见、建议书；

（八）维修基金收支情况清册；

（九）其他有关资料。

第二十六条　业主委员会成立后，自物业管理委托合同终止、解除之日起十日内，建设单位或物业管理公司应当将物业管理区域内的下列档案资料移交给业主委员会委托聘任的物业管理公司，并办理交接手续：

（一）各类物业设施的验收、接收档案(图、卡、册)；

（二）与供水、供电、供气、环卫、有线电视等单位订立的协议书、合同等；

（三）物业分户产权清册、租赁清册、业主使用人情况表；

（四）共用设备、公共设施设置清单、图纸以及运行、保养、改造、维修记录和凭证；

（五）维修基金的分户清册或资料；

（六）财务收支账册；

（七）其他物业档案资料。

物为档案资料属全体业主共有。

第二十七条　涉及到小区的物业管理体制、公用配套设施产权与管理、收益及广大业主利益的重大事项等，业主委员会与物业管理公司共同向有关方面交涉解决。

第二十八条　业主委员会应当教育并督促全体业主及使用人遵守物业管理法规和规章制度，服从物业管理公司的依法管理，按时交纳管理服务费、物业维修基金等费用。

业主委员会应督促、协助物业管理公司及时制止危害公共安全、侵犯他人权益或影响房屋外观的行为。

第四章　委员的产生与罢免

第二十九条　业主委员会委员候选人应当符合以下条件：

（一）属于物业管理区域内的业主；

（二）具有良好的道德品质、责任心强、有一定的组织能力；

（三）按时缴交物业管理服务费，规模遵守物业管理制度；

（四）未发生其他不适宜担任业主委员会委员的情形。

第三十条　业主委员会委员会应遵守物业管理法规规定和业主委员会章程；参加业主委员会委员培训班的学习；执行业主委员会的决议，努力完成业主委员会的工作；积极参加业主委员会组织的会议、活动和公益事业；向业主委员会的工作提供有关资料和建议。

第三十一条　有下列情形的，不得担任业主委员会委员，已经担任的，区、县级市房地产行政主管部门或区、县级市的街道办事处、镇人民政府疗依照规定责令业主委员会罢免其委员资格，并按《广州市物业管理办法》和业主委员会章程补选委员：

（一）不符合第二十九条有关条件的；

（二）无故缺席业主委员会会议连续三次以上的；

（三）因身体或精神上的疾病丧失履行职责能力的；

（四）被司法部门认定有犯罪行为的；

（五）兼任所辖区域物业管理公司工作的；

（六）违反物业管理法规、业主公约或业主委员会章程、决议、社会公德的；

（七）其他原因不适宜担任业主委员会委员的。

第三十二条　业主委员会委员被停任的，应当在停任之日起十五日内将由其保管的业主委员会的财物等移交给业主委员会。

第五章　附　则

第三十三条　业主委员会与业主、使用人，业主委员会与物业管理公司、物业建设单位发生纠纷的，当事人可能通过协商或者调解解决，协商、调解不成的，可以依法申请仲裁或者向人民法院起诉。

第三十四条　本规定由市国土资源和房屋管理局负责解释。

第三十五条　本规定自发布之日起施行。

第六章　物业管理的价格

物业管理的市场竞争，常常集中在价格竞争，物业管理的诸多矛盾，往往源于价格纠纷，成功的物业管理企业，往往善于成本控制、善于利用价格因素取胜，物业管理人员必须清楚了解物业管理价格的构成和核算。

第一节　物业管理价格的构成

一、物业管理定价目标

由于物业的种类很多，从宾馆、酒楼到住宅小区、别墅、普通居民楼，从车站、仓库到工矿企业厂房，物业管理公司可根据不同的对象，开展不同的服务内容，制定不同的定价目标，并从中加以选择。通常有下列几种定价目标：

1. 以获得最高利润为定价目标——针对收益性的物业管理

获取最多利润是物业管理公司最重要的目标。追求最高利润并不等于最高价格，而是追求企业长期目标的最高总利润。收益性物业管理是指以经营性房屋为主要对象的物业管理，它普遍存在于酒楼、写字楼、零售商业中心及出租公寓的管理中。收益性的物业管理是一种创造性的活动。在收益性物业管理中建筑物成了商品，但这是一种特殊的商品、随着外界环境的变化以及内部管理的优劣，其使用期限会有较大差异，市场的价格也会有很大变动。从房地产估价理论得知，房地产的物业取决于其现在和将来所能给权利人带来的利益的总计。市场价格水平的变化、物业使用期限的延长与缩短，也会使物业的价值发生较大的变化。正因为这种价格变化的敏感性，使得物业管理显得十分重要。物业管理不是简单的商品交换，而是一种寓服务之中的创造性的工作。良好的管理可以大大提高物业的使用价值，因此这类物业管理应该追求经济效益，以获得最高的利润为目标。当然，在追求最大经济效益、最高利润的同时，也要注重社会效益，为使用者提供优质服务，美化城市，造福社会。

2. 以投资收益率为定价目标——针对一些涉外住宅小区、商住楼的物业管理

它是以成本为基础的定价目标。所谓以投资收益率为定价目标就是根据物业管理所花费的投资额期望得到一定百分比的利润。这个定价目标的特点是，事先确定一个投资回报的百分比，即投资收益率，然后在定价时，以投入的成本为基础再加上事先确定的投资收益率。以投资收益率为定价目标的关键在于如何确定投资收益率；而确定投资收益率时，应综合考虑物业管理的服务内容、服务质量、环境效益、住户经济状况、风险系数等内容，对其进行研究、分析和比较，使所确定的价格消费者或用户能接受。对于一些涉外的住宅小区进行物业管理时，不能像收益性物业管理那样追求利润，也不能采取国内工薪阶层居民住宅楼物业管理的定价方式，而应采取以投资收益率为标准的定价方式。应考虑一定数量的利润，以维持企业再生产的需要，同时也要考虑到社会效益。一个收费适度、物

业管理优良的住宅小区将会吸引更多的外商来居住，为中国现代化建设带来技术与资金。

3. 侧重社会效益的定价目标——针对普通住宅小区的物业管理

由于我国目前处在经济发展之中，生产力还不十分高，老百姓收入也不很多，工薪阶层的经济承受能力还十分有限，因此对普通住宅小区物业管理费用不能收得太多。对该类小区的物业管理定价目标，应以社会效益为重，"以支定收"为原则，按照公共服务、专项服务、特约服务，不同层次制定不同的收费标准。

二、物业管理价格的构成内容

物业管理企业的产品——服务，凝结着物业管理公司工作人员的劳动，同样具有价值和使用价值。由于物业管理服务的无形性，服务的等级层次很难具体地加以描述，因此在方法上又与有形产品的定价有所区别。

物业管理服务的价值在形式上表现为物业管理服务价格，它是物业管理的效用、物业管理的相对稀缺性及对物业管理的有效需求三者相互作用的结果。也就是说，物业管理服务的价值由这三者的相互作用并通过具体价格表现出来。

1. 物业管理服务的效用

物业管理服务的效用是指物业业主或用户因物业管理公司的服务而得到满足的程度。物业管理服务如果没有效用，就不会有物业管理服务价格，业主或用户也就不会产生占有物业管理服务的欲望。

2. 物业管理服务的相对稀缺性

物业管理服务的相对稀缺性，即意味着对比业主的一般欲望。其欲望的满足由于从质和量上有限而处于不足的状态。因此物业管理服务价格被看作是稀缺性的价值反映，可以认为是在结合效用和稀缺性后产生的。

3. 物业管理的有效需求

除以上两个原因外，还须对物业管理服务形成现实购买力才行。人们把购买力所形成的需求称为有效需求；就是说，用户对物业管理服务费具备一定的支付能力。

三、物业管理价格的形式

从发展来看，我国的物业管理的价格形式可以分为政府定价、政府指导价和经营者定价三种。目前，我国物业管理的价格主要实行政府指导价和经营者定价的方式。

1. 政府定价

政府定价是一种政策性定价，是以城市居民平均生活水平为基本依据的。政府定价的目的是为了推进住房制度改革的深化，这是这关系到千家万户的切身利益、社会的安定，也关系到物业的正常使用和保值增值。1996年，国家计委、建设部联合发出的《城市住宅小区物业管理服务收费暂行办法》规定："为物业产权人、使用人提供的公共卫生清洁、公用设施的维修保养和保安、绿化等具有公共性的服务以及代收代缴水电费、煤气费、有线电视费、电话费等公众代办性质的服务收费实行政府定价或政府指导价。"政府定价的形式，在住房制度改革和物业管理市场起步阶段是非常必要的，它有助于市场的稳定，但随着物业管理市场的完善和发展，政府定价的方式正逐渐淡出。

2. 政府指导价

政府指导价是另一种政策性价格形式，是由政府物价部门会同物业管理行政主管部门，根据当地经济发展水平和物业管理市场发育程度制定并公布执行的中准价。物业管理公司与业主委员会共同协商，在政府指导价规定的幅度内确定具体收费标准。

3. 经营者定价

经营者定价是指物业管理服务收费标准，由物业管理公司与业主委员会或产权人代表、使用人代表共同协商议定，然后将收费标准和收费项目向当地物价部门报告备案的一种价格形式。这种定价形式完全体现市场规律的作用、是一种市场价格，在发展得较为成熟的物业管理市场中适宜采用这种定价形式。

四、物业管理价格的确定

1. 定价原则

物业管理公司是一种企业机制，应遵循市场经济规律，以马克思的劳动价值论为基础，结合物业管理服务的特征，来确定物业管理服务价格。

(1) 坚持权利与义务相结合的原则。按照市场经济原则，物业管理公司提供的服务与取得的费用应做到质价相符；同样，作为业主，在得到一定等级的服务之后也必须支付一定的费用。

(2) 坚持依法定价原则。依法定价必须按有关部门的政策和标准，反对物业管理公司单方面定价。

(3) 坚持遵循符合业主或用户消费规律的原则。

2. 定价方法

(1) 成本加利润法。成本一般是通过对物业管理费及其构成进行测算和处理，然后加上按目标利润率计算的利润额。

(2) 由物业管理公司与业主委员会或产权人、使用人协议定价。这种定价方法适用于造价较高的物业。

3. 定价策略

(1) 差别定价法。即针对不同的物业、不同的市场采取不同的价格；或者对同一幢物业，按不同的顾客需求采取不同的价格。

(2) 增量定价法。就是指通过计算由价格政策引起的利润是否增加来判断定价方案是否可行，如果增量利润是正值，说明定价方案可以接受；如果增量利润是负值，就是不可接受的。增量利润等于定价方案引起的总增量收入减去定价方案引起的增量成本。

(3) 物业管理服务价格与服务质量的定价技巧。不同的服务质量与相适应的价格标准组合在一起，在物业管理公司与用户或业主认可的范围内是可行的。高服务价格、低服务质量的组合不为业主所接受，高服务质量、低服务价格的组合对物业管理公司来说无利可图。一般地，在既定的服务价格水平上，业主希望得到最优质的服务，或者在既定服务质量水平上，业主希望自己支付最低的价格。

第二节 物业管理费的核算及标准

一、物业管理费的概念

狭义物业服务收费，是指物业管理企业按照物业服务合同的约定，对房屋及配套的设施设备和相关场地进行维修、养护、管理，维护相关区域内的环境卫生和秩序，向业主所收取的费用，是我们常说的物业管理费。

广义的物业管理服务费是指物业管理公司接受物业产权人、使用人委托对城市住宅小区内的房屋建筑及其设备、公用设施、绿化、卫生、交通、治安和环境容貌等项目开展日常维护及修缮，并为居民提供特种委托服务所收取的物业管理服务费。如清洁费、小区治安费等公共服务费以及对代购飞机票、代送煤气、代管车辆等委托服务所收取的特别服务费等。房屋业主或住户需定期交纳物业管理费用，享受特种服务时还要按标准交费。物业管理服务收费应当根据所提供服务的性质、特点等不同情况，分别实行政府指导价和经营者定价。为物业产权人和使用人提供的公共卫生清洁、公用设施的维修保养和保安、绿化等具有公共性的服务收费，实行政府指导价。凡是为物业产权人和使用人个别需求提供的特约服务，除政府物价部门规定有统一收费标准者外，服务收费实行经营者定价。

二、物业管理费的收费标准

物业管理费的收费标准大部分采取物业管理企业申报，政府价格主管部门逐个物业审批收费的做法。也有些地方对此方法进行了改革，采取了如下做法：

实行政府指导价的物业，其物业服务收费标准由业主与物业管理企业根据规定的基准价和浮动幅度在物业管理合同中约定；而实行市场调节价的物业，由物业管理委托双方结合实际情况，自行确定服务的深度和广度，具体收费标准由业主与物业管理企业在物业管理合同中约定。

三、物业管理费的计费方式

目前，我国各地区对物业管理费的计费方式除了按照国家的有关规定，业主与物业管理企业可以采取包干制、酬金制、组合制等形式约定计费方式，业主与物业管理企业可以根据实际情况，自主选择，使得计式更灵活。

其中，包干制是指业主向物业管理企业支付固定物业服务费用，盈余或者亏损均由物业管理企业享有或者承担的物业服务计费方式。酬金制是指在预收的物业服务资金中按约定比例或者约定数额提取酬金支付给物业管理企业，其余全部用于物业服务合同约定的支出，结余或者不足均由业主享有或者承担的物业服务计费方式。组合制是指业主根据物业服务需要，分服务项目聘请管理企业并支付费用的管理模式和计费方式。

同时，物业管理服务收费必须实行明码标价，对不执行明码标价规定的单位，将依据有关的法律、法规予以处罚。

四、物业管理费的构成

由于各地经济发展的水平不同，所以物业管理费的数额大小也不尽相同，物业管理费的测算是物业管理公司财务管理部门的一项非常重要的工作。一座物业在投入管理运行之前，物业管理公司的财务管理部门必须对其进行管理费的测算；运行一段时间后，还要根据上年的运行情况进行调整。所以物业管理费的预算方案要符合国家及地方政府的有关规定，并经物业管理公司总经理审阅后，提交业主委员会讨论通过，方可公布执行。

一般来说，物业管理费的项目构成大致是一致的，主要由以下一些项目构成：

（1）公共物业及配套设施的维护保养费用，包括外墙、楼梯、步行廊、升降梯（扶梯）、中央空调系统、消防系统、保安系统、电视音响系统、电话系统、配电器系统、给排水系统及其他机械、设备、机器装置及设施等；

（2）聘用管理人员的薪金，包括工资、津贴、福利、保险、服装费用等；

（3）公用水电的支出，如公共照明、喷泉、草地淋水等；

（4）购买或租赁必需的机械及器材的支出；

（5）物业财产保险（火险、灾害险等）及各种责任保险的支出；

（6）垃圾清理、水池清洗及消毒灭虫的费用；

（7）清洁公共地方及幕墙、墙面的费用；

（8）公共区域植花、种草及其养护费用；

（9）更新储备金，即物业配套设施的更新费用；

（10）聘请律师、会计师等专业人士的费用；

（11）节日装饰的费用；

（12）管理者酬金；

（13）行政办公支出，包括文具、办公用品等杂项以及公关系费用；

（14）公共电视接收系统及维护费用；

（15）其他为管理而发生的合理支出。

物业管理对象不同，物业管理资金来源不同，其物业管理支出项目也会有所不同，如住宅小区的物业管理和高级办公楼的物业管理支出项目和费用比例肯定有很大区别，要根据具体的管理对象进行具体分析。

五、物业管理费的核算办法

物业管理费的数额大小，可用下面一个简单公式来测算：

$$P = \sum_{i=1}^{n} Fi/S \tag{6-1}$$

其中，P 代表物业管理费（元/月·m^2 或元/年·m^2）；F 代表费用（元/月或元/年），如垃圾清理、水池清洗及消毒灭虫的费用；清洁公共地方及幕墙、墙面的费用；公共区域植花、种草及其养护费用等；i 代表费用项数（$i=1，2，3，\cdots，n$）；Σ 表示对所有费用项目求算术和；S 表示参加测算的物业总面积（m^2）。

上述物业管理费构成中列出了 15 类费用项目，但这并不表示全部费用项目都应计入。具体核算一个特定物业的管理费数额时，由于物业类型的不同，可能只涉及上述费用项目的一部分。总的来说，要想得到一个较为合理的费用数额，除了合理预算每项费用外，关键是不要漏项，应把所有发生的费用项目尽可能全部计算在内。

为了测算与收费管理的方便，一般把上述费用项目按管理服务活动和专用设备归类分别核算，即分为行政办公费、一般公共设施维护费、电梯费、空调费、环卫清洁费、绿化费、保安费、保险费、管理者酬金、税金等。

1. 行政办公费

这项费用的核算可以用全年的费用预算来折算出每月费用（全年费用除以 12）。已有物业管理经历的公司可根据上年的年终决算数据来取得这一数值。行政办公费的构成是：

（1）行政办公人员费用，包括工资、津贴、保险和服装费等 F_1（元/月）；

（2）文具、办公用品费用 F_2（元/月）；

（3）车辆使用费，包括油费、维修费和折旧费 F_3（元/月）；

（4）节日装点费 F_4（元/月）；

(5) 公共关系费 F_5(元/月)；

(6) 宣传广告费 F_6(元/月)；

(7) 其他杂项费用 F_7(元/月)。

由上述这些费用，可按式(6-1)计算出行政办公费：

$$P_1 = \sum_{i=1}^{7} F_i / S$$

其中，P_1 表示行政办公费；F_i 表示上述所列 F_1 至 F_7 代表的费用；S 表示所管物业的总面积。

由这个计算公式可见，管理面积 S 越大，则每单位面积所分摊的行政办公费 P_1 就越低。

2. 一般公共设施维护费

一般公共设施维护费的构成是：

(1) 人员费用，分为管理人员、技师、技工等，包括工资、福利、津贴、保险和服装费用等 F_1(元/月)；

(2) 公共照明系统费用，包括大厅、门厅走廊、路灯、装饰灯(含节日装点灯)。这项费用又分为：

1) 电费$(W_1 \times T_1 + W_2 \times T_2 + \cdots) \times 30 \times P_电$ F_2(元/月)

其中，W_1 表示每天开启时间为 T_1(小时)的照明电器的总功率(千瓦/小时)；T_1 表示每日开启的时间(小时)；30 表示每月天数；$P_电$ 表示电费单价(元/度)；

2) 维修费，这是一个估算的经验值；F_3(元/月)

(3) 抽送风费用，包括：

1) 电费$=W \times 24 \times \alpha \times 30 \times P_电$ F_4(元/月)

其中，W 表示抽送风电机的功率；α 表示使用系数，使用系数＝平均每天开启时间/24；$P_电$表示电费单价(元/度)。

2) 维修费，这也是一个估算的经验值；F_5(元/月)

(4) 给排水费用，包括：

1) 电费$=W \times 24 \times \alpha \times 30 \times P_电$ F_6(元/月)

其中，W 表示抽送风电机的功率；α 表示使用系数，使用系数＝平均每天开启时间/24；$P_电$表示电费单价(元/度)。

2) 维修费，这也是一个估算的经验值 F_7(元/月)；

(5) 供配电、发电系统设备维修费 F_8(元/月)；

(6) 消防系统维修费 F_9(元/月)；

(7) 公共建筑、道路维修费 F_{10}(元/月)；

(8) 以上 2～7 项的不可预见费，按 10% 计 F_{11}(元/月)。

由上述这 11 项费用，可按式(6-1)计算出一般公共设施维护费

$$P_2 = \sum_{i=1}^{11} F_i / S$$

其中，P_2 表示一般公共设施维护费；F_i 表示上述所列 F_1 至 F_{11} 代表的费用；S 表示所管物业的总面积。

由这个计算公式也可见，管理面积 S 越大，则每单位面积所分摊的一般公共设施维护费 P_2 也越低。

(9) 更新储备金：

$$P_2' = \frac{\Sigma(M_i + I_i)/Y_i}{12 \times S}$$

其中，P_2' 表示一般公共设施的更新储备金；M_i 表示各一般公共设施的购置费，包括照明系统、抽送风系统、配电发电系统、消防系统等；I_i 表示各一般公共设施的安装费用；Y_i 表示各一般公共设施的正常、安全使用年限；S 表示所管物业的总面积。

3. 电梯费

电梯费的构成是：

(1) 电费 $= n \times W \times 24 \times \alpha \times 30 \times P_{电}$ F_1（元/月）

其中，n 表示电梯数；W 表示电梯功率；α 表示电梯使用系数，由于写字楼、商厦、公寓的电梯使用时间和频率不同，因此电梯使用系数会有差别，它可以通过统计的方法进行估算，大致在 $0.3 \sim 0.6$ 这样的范围之间，$P_{电}$ 表示电费单价（元/度）；

(2) 维修费，包括材料和专门人工费，F_2（元/月）；

(3) 以上 $1 \sim 2$ 项的不可预见费，按 10% 计，F_3（元/月）。

由上述这 3 项费用，可按式（6-1）计算出电梯费：

$$P_3 = \sum_{i=1}^{3} F_i / S_{梯}$$

其中 P_3 表示电梯费；F_i 表示上述所列 F_1 至 F_3 代表的费用；$S_{梯}$ 表示带电梯的物业面积。

(4) 更新储备金：

$$P_3' = \frac{(M_{梯} + I_{梯})/Y}{12 \times S_{梯}}$$

其中 P_3' 表示电梯的更新储备金；$M_{梯}$ 表示电梯的购置费；$I_{梯}$ 表示电梯的安装费用；Y 表示电梯的正常、安全使用年限；$S_{梯}$ 表示带电梯的物业面积。

4. 空调费

空调费的构成是：

(1) 电费。中央空调的公共用电有主机和辅机（水泵、冷却塔等）两部分，所以，

电费 $= [n_{主} \times W_{主} \times b_{主} + (n_{泵} \times W_{泵} + n_{塔} \times w_{塔}) \times b_{辅}] \times T \times 30 \times P_{电}$ F_1（元/月）

其中，$n_{主}$ 表示主机台数；$W_{主}$ 表示主机功率；$b_{主}$ 表示主机负荷系数；$n_{泵}$ 表示水泵台数；$W_{泵}$ 表示表示水泵功率；$n_{塔}$ 表示冷却塔电机台数；$W_{塔}$ 表示冷却塔电机功率；$b_{辅}$ 表示辅机负荷系数；T 表示每天空调工作时间；$P_{电}$ 表示电费单价（元/度）。

(2) 水费，F_2（元/月）。

(3) 维修费（仅指公共部分，各业主户内风机由业主负责费用），包括材料和人工费用，F_3（元/月）。

(4) 以上 $1 \sim 3$ 项不可预见费用，可按式（6-1）计算出空调费：

$$P_4 = \sum_{i=1}^{4} F_i / S_{空调} \quad （元/月 \cdot m^2）$$

其中，P_4 表示空调费；F_i 表示上述所列 F_1 至 F_4 代表的费用；$S_{空调}$ 表示使用中央空

调的物业面积。

值得注意的是，由于办公室、商场的人流量是不同的，所以，它们的制冷量在设计时也不一样。在提出上述 P_4 之后，各类型物业要根据其设计数据调整费用。比如商场制冷量一般是写字间的 2 倍，所以对于商场空调费的分摊就应是 $2 \times P_4$（元/月·m^2）。

（5）更新储备金：

$$P_4' = \frac{(M_{空调} + I_{空调})/Y}{12 \times S_{空调}}$$

其中，P_4' 表示空调设备的更新储备金；$M_{空调}$ 表示空调设备购置费；$I_{空调}$ 表示空调设备安装费；Y 表示空调安全使用年限；$S_{空调}$ 表示使用中央空调的物业面积。

5. 环卫清洁费

环卫清洁费的构成是：

（1）人工费，包括管理人员及工人的工资、福利、津贴、奖金、保险、服装费用等；F_1（元/月）。

（2）清洁机械材料费，其中大型清洁机械，如大楼幕墙清洁设备、打蜡抛光等，按价值和使用年限折算出每月的价值；日常易耗品及工具，每月作预算；F_2（元/月）。

（3）垃圾桶购置费，F_3（元/月）。

（4）垃圾清倒费，F_4（元/月）。

（5）化粪池清理费，F_5（元/月）。

（6）水池清洁费，F_6（元/月）。

（7）清洁环卫所需的其他费用，F_7（元/月）。

由上述这 7 项费用，可按式（6-1）计算出环卫清洁费：

$$P_5 = \sum_{i=1}^{7} F_i / S_{环卫}$$

其中，P_5 表示环卫清洁费；F_i 表示上述所列 F_1 至 F_7 代表的费用；$S_{环卫}$ 表示上述费用所涉及的清洁区域面积。

6. 绿化费

绿化费的构成是：

（1）人员费用，包括管理人员、技师、工人等，F_1（元/月）。

（2）绿化工具、材料（如化肥、除草等）费，F_2（元/月）。

（3）绿化用水费，F_3（元/月）。

（4）园林景观再造费用，F_4（元/月）。

由上述这 4 项费用，可按式（6-1）计算出绿化费：

$$P_6 = \sum_{i=1}^{4} F_i / S_{绿化}$$

其中，P_6 表示绿化费；F_i 表示上述所列 F_1 至 F_4 代表的费用；$S_{绿化}$ 表示上述费用所涉及的绿化面积。

7. 保安费

保安费的构成是：

（1）人员费用，包括工资、福利、津贴、保险、服装费用等，F_1（元/月）。

（2）保卫系统设备，包括：

1）电费，F_2（元/月）；

2）维修费，F_3（元/月）。

（3）日常保卫器材费（如警棍、电池等），F_4（元/月）。

由上述这4项费用，可按式（6-1）计算出保安费：

$$P_7 = \sum_{i=1}^{4} F_i / S \quad （元/月 \cdot m^2）$$

其中，P_7表示保安费；F_i表示上述所列F_1至F_4代表的费用；S表示所管物业的总面积。

（4）更新储备金：

$$P_7' = \frac{(M_保 + I_保)/Y}{12 \times S_保}$$

其中，P_7'表示保安系统的更新储备金；$M_保$表示保安系统购置费；$I_保$表示保安系统安装费；Y表示保安系统正常使用年限；S表示所管物业的总面积。

8. 电视系统费用（非有线电视公司提供）

电视系统费用的构成是：

（1）电费：$W \times 30 \times P_电$ F_1（元/月）

其中，W表示电视系统的功率；$P_电$表示电费单价（元/度）；

（2）维修费，F_2（元/月）；

（3）节目租用费，F_3（元/月）。

由上述这3项费用，可按式（6-1）计算出电视系统费用：

$$P_8 = \sum_{i=1}^{3} F_i / S \quad （元/月 \cdot m^2）$$

其中，P_8表示电视系统费用；F_i表示上述所列F_1至F_3代表的费用；S表示所管物业的总面积。

（4）更新储备金：

$$P_8' = \frac{(M_视 + I_视)/Y}{12 \times S}$$

其中，P_8'表示电视系统的更新储备金；$M_视$表示电视系统购置费；$I_视$表示电视系统安装费；Y表示电视系统正常使用年限；S表示所管物业的总面积。

9. 保险费

及时投购保险是物业管理中一个不可忽视的方面，切不可怠慢或存侥幸心理，一旦由于某种灾难造成了物业总体的破坏而无资金及时修复，那将是物业管理公司的严重失职，它会因此而丧失管理资格，而业主所蒙受的损失更是无法弥补，所以必须加倍重视保险。

（1）险种选择：

险种的选择是根据所管物业的类型和使用性质来决定的，同时要考虑业主的意愿和承受能力。业主如有异议，则必须经过业主委员会或业主大会讨论决定并形成法律文件。

（2）保险费分摊：

$$P_9 = MX/S$$

其中，P_9表示保险费用；M表示投保总金额；X表示费率；S表示保险受惠物业的总面积。

10. 更新储备金

物业的配套设备都有一定的安全使用寿命，到时候就得更换（否则可能会酿成灾害）。一下子向业主筹集这笔费用，业主往往难以承担，所以物业管理公司有责任从物业投入使用开始就逐年积存这部分费用，以备不时之需，这是物业管理费重要的构成部分。从所有权关系上讲，这笔款项是业主的共有财产，所以要在银行单独立账，由业主委员会和物业管理公司共同管理。当物业管理公司更换时，此笔款项必须移交给新的物业管理公司。物业管理公司使用这笔款项，必须经过业主委员会的审批。由前面已计算出的更新储备金，可计算总的更新储备金：

$$P_{10} = P_2' + P_3' + P_4' + P_7' + P_8'$$

11. 管理者酬金 P_{11}

前述 10 项费用都是物业管理所需的实际支出，对物业管理公司来说是没有利润的。物业管理公司作为一个经济实体要有合理的利润、管理的水平，否则将失去经营的动力。管理者酬金的比率可根据管理成效，由物业管理公司和业主委员会商定，一般服务性行业的利润率在 $8\% \sim 15\%$ 之间，管理者酬金就是以前述 10 项费用之和为基数，乘上这个利润率即得。

12. 税金 P_{12}

这是一个目前尚未解决的问题。前述 $P_1 \sim P_{10}$ 项费用是物业管理的实际支出费用，对物业管理公司无利润可言。水费、电费、收视费等仅仅是由物业管理公司代收、代缴，对这部分往来收入，似乎不应该向物业管理公司征税，否则就出现了重复征税的问题。但过去税务部门对物业管理公司的全部收入计征税金，这一方面增加了业主（或用户）的费用负担，同时也带来了管理上的困难。目前，这一问题已得到解决。在对上述 12 项费用标准核算之后，就可得到物业管理费的总单价：

$$P_{总} = \sum_{i=1}^{12} P_i \quad （元/月 \cdot m^2） \tag{6-2}$$

在作每户的管理费计算时，只需用每户面积乘以单价，即可得每户的管理费数额：

$$F_{总} = P_{总} \times S_{户} \quad （元/月） \tag{6-3}$$

六、其他几种特殊的物业管理费

1. 委托管理基金

一些隶属于房地产开发公司的物业管理公司，常常受房地产开发建设单位的委托，负责某一住宅小区的管理。托管的条件一般为开发单位在将房屋建成出售或出租后移交物业管理公司时，留下一定数额的委托管理基金，作为物业管理公司的管理启动资金。一般来说，房地产开发单位从开发项目总投资中提取 $1\% \sim 2\%$ 作为物业管理公司的管理基金。同时，物业管理公司在接受房地产开发单位委托时，一般都会要求房地产开发单位无偿提供一些辅助性固定资产，如物业管理办公用房、为小区配套使用的日用杂货店粮店等，以及自用有余可供出租的商店、小吃店、停车场等经营性用房，物业管理公司通过开展租赁经营，收取租赁费，这部分收入将成为物业管理公司的重要收入来源。例如《深圳经济特区住宅物业管理条例》第四十四条规定：开发建设单位应当在住宅区移交时，按住宅区建设总投资 2% 的比例，一次性向管委会划拨住宅区的公用设施专用基金，用于购买管理用房和住宅区公用设施的重大维修工程项目。

2. 维修基金

维修基金(或管理基金)顾名思义,主要用于新建物业在保修期满后房屋、电梯、水泵、公共设施的维修、更新。设立物业维修基金的目的在于保证物业交付使用后能正常运行,或是若干年后物业自然损耗,或是物业存在较大的遗留问题,均有储备资金予以补救。物业维修基金的提留和筹措到位,必将为困扰业主(住户)的工程遗留问题或首期的维修更新问题的妥善解决,提供有力的经济保障。

房产物业的维修基金实际上包括了三个组成部分。一是房屋维修基金;二是电梯、水泵大修更新基金;三是公共设施维修基金。

随着住房商品化的推进,当房地产产权转属个人所有时,产权人应承担部分维修费用,在产权发生转移时,所有权人都是一次性交纳一定数额的资金组建维修基金,具体数额由物业管理公司根据有关规定合理制定,通常来讲,收费标准为购房总金额的1%,由产权人一次付清,永久受益。如广州市建设开发物业公司在其《综合管理服务项目及收费原则》中明确规定:"必须建立公共设备维修基金,业主在办理入住手续时,需交纳一次性公共设备维修基金300元。"按此标准,建筑面积10万 m² 的住宅小区的维修基金可达300万元。作为房地产开发单位属下的物业管理公司则常常在承接托管任务时,一次性获得一笔按管辖面积计或按管辖物业价值计的该物业的维修基金。总而言之,设立物业维修基金是物业管理公司解决资金紧张问题的有效措施之一。也是物业管理公司另一资金来源,物业维修基金应由物业管理公司集中管理、统一使用、共同受益。

从全国范围看,各地对此笔资金的称呼有所不同。譬如,广州、深圳等市把此项经费统称为管理基金。上海有不少物业管理单位则称之为维修基金。有一些地区,房产发展商从开发项目总投资中提取1%~2%的数额,划作物业管理单位的管理基金,主要用来补救工程方面的重大遗留问题和较大的紧急维修。例如,深圳市莲花二村,总投资额达12亿元,发展商从中提供120万元给深圳市莲花物业管理公司作为管理基金。也有一些地方则规定发展商划拨给物业管理单位的物业维修基金与工程质量等级相联系,提留工程总投资的数额比例为:

优质(全优)工程:提留工程总投资额1%;

优良工程:提留工程总投资额2%;

良好工程:提留工程总投资额3%;

合格工程:提留工程总投资额5%。

目前,在物业管理市场上,对这笔基金的筹措尚未形成全国统一的法规及明确规定。而各物业管理单位又因隶属关系不同,接管的物业性质、对象、提留标准不同,做法各异,尚缺乏统一的办法,这就需要人们在实践中继续探索。但也有些做法,值得研究,如有的房产开发商是以房屋建筑面积的综合造价来计算,据此确定维修保障金。有的则是以房产销售价的百分之几划作维修基金。有的以购房款的百分之几来确认维修基金,也有的则以住户入户时一次性收取相当于若干个月管理费作为维修基金。

需要说明的是,由于我国幅员辽阔,各地的经济发展和生活水平不同;即使同一地区,房产物业的建造标准、销售价格及类型也不尽相同。因此,除了国家立法规定外,各省、市、自治区、地方政府也会逐步有相应的法规、规定、办法出台。再则,物业管理的市场行情和走势也会趋于动态的变化之中。所以上述有关多层住宅或高层住宅的维修基金提取原则，今后也会随实际情况变化而变化。一般是由购房人首期多层房屋按建筑面积成本价的 2%，高层房屋按建筑面积成本价的 3% 缴纳房屋维修基金，维修基金的使用应由物业管理公司作出情况说明、使用申请和自用预算报告，提交业主委员会讨论通过后，用于实施该维修工程。也可以向业主（住户）预收若干个月的物业管理费，划作维修基金，连同发展商提供的维修基金一并专户存入银行，待房屋保修期届满后，按规定用于房屋的公共部位、公用设备设施等维修保养和更新。

俗话说，建筑物是"三分建设，七分管理"，建设是管理的基础，管理是建设的继续。从长远利益看问题，管理维护好物业，才能体现房产开发商的最终经济效益和社会效益。从这一意义上讲，房产开发商负有落实维修管理费的责任，物业产权人（购房者、住户）也有分担维修基金的义务。需要明确的是维修基金（或称管理基金）主要用于物业的公共部位。承重结构部分（楼盖、屋顶、梁柱、墙体及基础）、外墙面、过道、楼梯间、门厅等，以及房屋内部上下水管、垃圾道、共用照明、水泵、水箱、电梯、配电表箱房、消防设施等公用设备。至于业主（住户）房屋内的部分维修更新，其费用则应由产权人自理。

在管理维修基金时，应该注意以下两点：

（1）实行分类储存、专项使用。物业管理的经费筹集以后，还需妥善管理，实行分类储存、专项使用，防止计划失调，前吃后空。开发建设单位提取的维修基金，可专户储存银行，也可委托业主委员会或物业管理公司代管，主要用于房屋的修理与小区公共设施的维修。使用基金时，须经业主委员会或建设单位商定，并定期结算，公布账目。

（2）坚持量入为出、全面规划。为了使管理维修经费形成良性循环，必须坚持量入为出、全面规划。对维修基金的应用，要从实际出发，做到方便维修，节省开支，搞好维修基金的综合平衡。

3. 质量保证金

质量保证金是用于房产开发公司向物业管理单位移交房产物业后在规定的时间内被管物业的保修。其范围包括室内装饰、水电、管线、隐蔽工程及室外建筑、公共设施、共用设备等因建造质量问题所引起的返修。该项费用可留存在开发建设单位。在接受业主报修、组织施工后按实报销；亦可一次性划拨一笔经费给物业管理单位，实行包干，或在规定期限内实报实销，到期后结算，多退少补。

关于物业的质量保修期限一般为竣工后 2 年：第 1 年为建设施工单位责任保修；第 2 年为房产开发单位责任保修。

质量保证金的筹措，可避免业主（住户）入住后因报修无门、责任划分不清的弊端，从而协调好房产开发公司、建设施工单位、物业管理企业和产权人（用户）的经济关系。

质量保证金的提取可协议确定（一般视房屋建造标准、施工质量、物业多少及预测报修量而论定）；也可暂划一定量的经费，专项用于返修，按实结算，多退少补。

七、物业管理费的收取

1. 确定收费项目和收费标准

物业管理公司为业主或用户提供的不同服务项目，其收费标准是有所不同的，有些服务项目，其收费标准是物业管理公司与业主或用户面议洽谈而定；有些服务项目，其收费标准要按政府有关部门的规定执行。在具体收取物业管理费时，有些项目是一次性收费；有些项目则是定期收取；有些项目的收取方式较为灵活。

物业管理公司物业管理费收入的高低直接与其收取标准及业务量大小有关。一般地讲，物业管理费收取标准越高，则物业管理公司的收入就越高。但是，物业管理费收取标准一方面要受国家有关政策法规的制约，不能乱收费；另一方面，物业管理费收取标准还要受到用户收入水平高低的限制，也要服从优质优价的原则，因此，物业管理费收取标准的确定要遵从以下原则：

第一，不违反国家和地方政府的有关规定。

第二，与用户的收入水平相适应。这就是说要根据用户的收入水平高低来确定，收费标准过高，用户承受不了，也不容易取得用户的支持，反之，收费标准过低，则物业管理公司赔本服务，这又违背市场规则。

第三，优质优价，兼顾各方利益。这就是说所提供的服务档次越高，则收费标准越高，特约服务一般比公共服务的收费标准要高，对商业部门的收费比对机关、事业单位的收费一般要高。

第四，微利原则。这就是说物业管理服务部分的收入扣除支出略有剩余，否则服务项目越多，工作量越大，赔本就越多。

第五，公平原则。这就是说对共用公共设施不同用户的收费标准应该显示其公平性，比如，对商业大厦内的不同用户收取的公用设施（如电梯、楼梯等）管理费，应该有所区别，如在大厦底层，使用电梯及楼梯的机会几乎没有，因此，大厦底层用户所交纳的管理费用应该较少。

所以，物业管理公司在根据业主或用户的需要向其提供服务时，可收取相应的有偿服务费，从而形成物业管理收入。但是，物业管理收费数额的大小并不能由物业管理公司随意确定，而应当根据物业管理公司向业主或用户所提供服务项目的不同性质，分别实行政府定价、政府指导价和协议定价来确定。

凡政府物价管理部门没有统一规定收费标准的服务项目，物业管理公司可与业主或用户协商议定价格，并按照服务协议收取物业管理费。

由于物业所处的地理位置不同，各地的物价水平有差异；同一地区物业的档次不一样，要求提供管理服务的广度和深度差别也很大，所以物业管理收费标准不可能完全统一。物业管理收费必须以服务所发生的费用为基础，结合物业管理公司的服务内容、服务质量、服务深度核定，并应将服务项目和收费标准向当地物价部门备案，这是制定物业管理收费标准的基本原则。

2. 费用拖欠的追缴

物业公司对拖欠费用的业主、住户，要区分不同情况，采取不同措施。对于费用大户，要亲自登门，进行解释和劝导。争取其理解和支持；对于一些"钉子户"，则要严格按照法律执行；对于一些确实有困难的住户，也可以考虑适当予以减免优惠。

对于拖欠费用的业主、住户，在追缴收费时，要注意文明礼貌，同时要及时将催款通知书送达业主、住户手中。对拖欠超过规定时限的，要追加收取滞纳金。如果业主、住户经收费员多次催缴仍然拒付物管费，超过一定期限，物业管理公司可以根据管理制度以及相应的法律程序进行处理。

复习思考题

1. 物业管理定价目标是什么?
2. 物业管理价格构成的理论依据是什么?
3. 我国的物业管理的价格形式有哪几种形式?
4. 物业管理价格的确定的原则有哪些?
5. 物业管理服务费由哪些项目构成?
6. 物业管理费收取标准应遵从哪些原则?
7. 目前,业主和物业管理企业可以约定的物业管理服务费计算方法有哪几种?

第七章　物业管理与社区文化建设

物业管理除了做好基本的管理和服务外，在住宅物业管理方面，随着我国社区建设、管理工作的推进，随着小区业主文化生活需求的增加，社区文化建设日益成为小区物业管理的重要内容。

第一节　社区和社区文化

一、社区和社区文化的概念

（一）社区的含义

当世界从工业化向工业化后社会变迁之时，社会便发生一系列的深刻变化，城市社区的界限和特征变得复杂起来。结合居住区的情形，从物业管理的实际出发，我们所说的社区是指区域性的社会，是在相对独立的区域内，具有一定人口和建筑规模，能满足人们的日常文化需要，凭感觉能够感觉到的具体化了的社会。

社区作为一定的地缘性群体和区域性社会，具有四个基本特征：

（1）地域要素。指为城市干道所分割或自然界限所包围，具有生存发展的硬件设施、相对独立和稳定的地域。

（2）人口因素。指由一定规模、数量、分布状况和类型构成的人口。人口的高度集中和大规模聚集是城市区别于传统农村社区的基本特征。人口集中造成城市土地价格的昂贵，城市居住格局出现多层甚至高层建筑，导致生活空间的单元化、独立化、封闭化，改变了传统社区的人文生态，邻舍间、家族间的交往密切程度减弱。

（3）结构要素。社区由一些群体和组织所构成，如家庭、邻里、商业、学校、医院、民间团体、政府机关等。

（4）社会心理要素。群体对个体的行为产生决定性的影响，形成共同的生活方式、行为规范和心理取向。社区成员对本社区具有归属感，产生参与群体的集体意识和行为。在高度异质化的大众社会中，人们不能自然有机地结合起来，只是无机地集会在一起，在其中扮演一个特定的社会角色。个人只有在很狭窄、单调的周围环境中才能认识他人，与之发生某种交往关系。

社区可以划分为农村社区、集镇社区和都市社区，此后提及的社区主要是指都市社区，即在现代城市里，具有一定共同利益关系的人们，在同一地域内共同生活的有机体。它具有鲜明的城市特点，如地域的独立性渐趋模糊，居民需求对外部的交通、通讯和服务有更强的依赖性，人口密度调整适当，年龄结构老化，社区管理机构多元化，社区成员的归属感和参与感增强，等等。这些特点要求城市社区建设必须充分发挥服务功能、整合功能、凝聚功能、稳定功能和发展功能。

（二）社区文化

文化概念有多种外延不同的涵义，但可以作一个最基本的区分。广义上，文化是指人类社会历史实践过程中所创造的物质财产和精神财产的总和；狭义上，文化仅指精神层面的内容，像哲学、艺术、道德、宗教、礼仪、制度等。

从上述定义出发，文化显现出三个基本特征：①文化与行为有密切的关系，它在很大程度上决定着人的行为，并激励和限制行为的结果。②文化是后天习得的，可以继承，生生不息。③价值观是文化的核心。

我们的民族文化源远流长，就"文化"的属性而言，大到一个民族文化、区域文化，小到物业文化、社区文化。"文化"已经渗透到社会的每个角落，各种文化都有着自己独特的色调。

社区文化并非单纯指一些娱乐性的群众活动，而是一种整体性的社区氛围，如同一个企业的企业文化一样，对这个群体里的所有人均起着熏陶作用。随着社会的不断发展，人们已经接受了买房子是买70年生活方式的观念。而这种生活方式最直接体现于社区文化中——积极、健康、向上的社区文化反映了小区的生命力，关系到房子的保值和升值，不仅可以增加业主对楼盘的忠诚度，而且坚定潜在消费者的购买信心。

社区文化所包含的内容也日益丰富，包括物业的建筑风格、社区规划、绿化、配套设施、地段、发展商的策划、业主社会地位、物业管理服务和社区活动等等。一个社区文化氛围和格调的形成，与整个小区设计、开发、销售的各个环节紧密相关，只有在建筑设计、物业管理、营销及广告方面都有一个整体的以人为本的思路，才可能体现出物业和业主的特色，满足人性中对文化的追求，照顾到人们对于所居住物业的精神需要，进而形成小区特有的文化氛围和格调。

同时，社区文化的建立还是一个长期的过程。一种高雅的社区文化的形成，是发展商、管理机构及业主共同努力的结果。在社区文化这一园地中，发展商及管理机构更多是个园丁的角色，而全体业主，他们的生活模式、价值取向、道德观念、行为方式等最终决定了一个社区文化的面貌。

社区文化是我们物业管理行业的重要特征，是创造良好的人文环境和提高居民生活品味的重要手段，是实施物业管理工作的润滑剂。在日益规范的物业管理中，我们究竟需要什么样的社区文化呢？

首先，社区文化应以人为核心，以环境为重点，体现出无处不在的文化氛围和对人的尊重与关怀，让人在进入小区后，就马上有舒适的感觉，感受到典雅、恬静和自由飘逸的文化氛围。同时安全有序的交通管理，方便快捷的通讯信息，和管理人员的文明言行，都是社区文化最重要和最基本的东西。通过环境对文化的渗透，达到启发人们的自律意识，培养人们的文明素质的效果。这是现代住宅园区社区文化的特征与发展方向。

在生活小区，我们提倡安静、舒适的生活环境，作为一名物业服务人员，首先是提高自己的文化修养，有良好的文明习惯，还应体现在懂得关心他人，帮助他人，关注社会，做一名文明的使者。物业管理最终呼唤的是一种人文的精神，实际意义上的物业管理，是一种生活文化，是这种文化在人与人之间的归属。

从物业管理的角度来审视社区文化，社区文化应该是一个较为宽泛的概念。为了方便论述，我们将物业管理中的社区文化界定为：社区文化是指在一定的区域范围内，在一定的社会历史条件下，社区成员在社区社会实践中共同创造的具有本社区特色的精神财富及其物质形态。

从物业管理中的社区文化概念出发，可以看出社区文化具有自身的一些特点：

（1）社区文化有着浓郁的企业化色彩。社区管理者主观推动，企业在社区文化建设中扮演着重要的角色。在物业管理对小区实施一体化管理之后，物业管理企业成了社区文化的组织者、创造者与传播者。

（2）社区文化建设有潜在的功利性。物业管理企业藉此推动物业管理，节约劳动成本，提高工作效率。社区文化旨在改变问题住户，创造理想住户。

（3）社区文化具有理性化和世俗化的特征。社区成员以效率和效能作为衡量与评价日常生活的标准，对事件的处理一些人是以利益为基本准则。人们讲究实效，讲究实惠，注重切身利益，重视实实在在的好处。

（4）社区文化具有开放性特征。这种开放性一方面表现为社区文化的手段对社区外的依赖，另一方面则表现为社区成员对域外各种文化的吸纳。同时，社区成员的文化需求呈多元性，除了因年龄、素质、兴趣等因素之外，跟社区文化的内外撞击有很大的关系。

物业管理作为住宅产业链条的最后关键一环，通过运用现代管理科学和先进的维修养护技术，以经济手段对物业实施多功能、全方位的统一管理，并为物业所有人和使用人提供高效、周到的服务，使物业发挥出最大的使用价值和经济价值。物业管理是现在人们购房的一个重要参考因素，这已是不争的事实。说到底，住宅产业发展的目的就是为了改善人们的居住条件，为人们提供优良的生活环境，为全面建设小康社会打下坚实的物质基础，而这些正是物业管理得以出现的根本理由。社区文化建设也成为物业管理的重要内容之一。

二、社区文化的内容

社区文化是指一定区域、一定条件下社区成员共同创造的精神财富及其物质形态，它包括文化观念、价值观念、社区精神、道德规范、行为准则、公众制度、文化环境等等，其中，价值观是社区文化的核心。社区文化不可能离开一定的形态而存在，这种形态既可以是物质的、精神的，也可以是物质与精神的结合。具体来说，社区文化可以包括环境文化、行为文化、制度文化和精神文化四个方面的内容。

（一）环境文化

社区环境是社区文化的第一个层面，它是由社区成员共同创造、维护的自然环境与人文环境的结合，是社区精神物质化、对象化的具体体现，它主要包括社区容貌、休闲娱乐环境、文化设施、生活环境等。通过社区环境，可以感知社区成员理想、价值观、精神面貌等外在形象。如残疾人无障碍通道设施可以充分体现社区关怀、尊重生命、以人为本的社区理念。当然，怡人的绿化园林、舒心的休闲布局、写意的小品园艺等都可以营造出理想的环境文化氛围。现在很多社区积极导入环境识别系统(CIS)，用意也基于此。

（二）行为文化

行为文化也被称为活动文化，是社区成员在交往、娱乐、生活、学习、经营等过程中产生的活动文化。通常所说的社区文化都是指这一类的社区文化活动。这些活动实际上反映出社区的社区风尚、精神面貌、人际关系范式等文化特征，它如社区之"手"，动态地勾勒出社区精神、社区理想等，如"中国城市文明第一村"深圳市莲花北村的物业管理者——万厦居业公司，自1994年以来，就在该小区组织开展了300多场大中型社区文化活动，涉及娱乐、健身等各个方面，如广场交响音乐会、元旦千人舞会、重阳节文艺汇演、趣味家庭运动会、游泳比赛、新春长跑等等。

（三）制度文化

制度文化是社区成员在生活、娱乐、交往、学习等活动过程中形成的，与社区精神、社区价值观、社区理想等相适应的规章制度、组织机构等。它们对保障社区文化持久、健康地开展具有一定的约束力和控制力。制度文化可以粗略地分为两大类：一类是物业管理企业的各种规章制度，另一类是社区的公共制度。企业的规章制度和社区的公共制度都可以反映出社区价值观、社区道德准则、生活准则等。如奖罚分明可以体现出社区的严谨风格，规劝有加可以体现出社区的人性感悟，条分缕析可以反映出社区的细腻规矩等。为保障社区文化活动深入持久地开展下去，现在很多小区物业管理部门都成立了专门社区文化部，负责社区文化活动建设工作。社区文化部在引导、扶植的基础上成立各种类型的社区文化活动组织，如艺术团、协会、表演队等，同时还对社区文化活动开展的时间、地点、内容、方式、程序等予以规范。

（四）精神文化

精神文化是社区文化的核心，是社区独具特征的意识形态和文化观念，包括社区精神、社区道德、价值观念、社区理想、行为准则等。这是社区成员价值观、道德观生成的主要途径。环境文化、行为文化、制度文化都属于精神文化的外在体现。这里，特别将那些指向性强烈、精神性突出的活动等也算作精神文化建设的范畴，如社区升旗仪式、评选文明户、学雷锋演讲等。由于精神文化具有明显的社区特点，所以往往要多年积累，逐步形成。

三、开展社区文化活动的意义

在许多人看来，物业管理只是一些日常维修、园林绿化、保安、清洁等与人们日常生活相关的事务，却忽略了物业管理在精神文明建设中的重要作用，最突出的是在社区文化方面。作为物业管理的重要内容之一，社区文化开展得好与坏，不仅可以直接反映出物业管理公司的管理水平，还能够综合地反映该小区的形象和精神风貌，以及反映该小区居民的素质、精神境界和道德规范等。

在经历了房地产从盲目到理智的变化过程中，我们不难发现房地产市场发育的三个阶段：第一阶段是人们追求有楼住就行了，是房子总有相应的买家；第二阶段是追求居家的完美，装修、功能、布局、朝向等因素进入购房者的考虑范围；第三阶段是追求家之外的居住环境的优雅，规模大、配套完善、环境优雅的小区备受市场追捧。人们一旦在一个优美的环境中安置一个优雅的家这一目标达到之后，人们对社区的人文环境便会提出新的要求。社区文化是人们对高品质生活追求的一种体现。

综上所述，社区文化活动的开展和营造对于物业管理工作有着十分重要的意义，主要体现在：

（1）社区文化活动的开展有利于形成一种和睦、融洽、安宁的气氛。良好的社区人文环境是建立在相同的品位、相同的社会地位之上的和睦的社区人际关系，邻里之间守望相助、互相友爱、健康向上，现代人由此可以从普遍存在的压抑感和不安全感中解放出来，社区文化建设工作，有助于这样一种和谐的邻里关系的形成。如通过组织球类比赛、卡拉OK、运动会以及文娱活动等形式，密切了往来，为互相之间的沟通提供了渠道，能营造一种和谐、友好的气氛，也能为用户带来无限商机。

社区文化就是针对业主组织的有意义的活动，业主与开发商的共同参与，融洽了业主与开发商、业主与业主的关系，使业主与开发商由单纯的买卖关系变成一个和谐的整体，增强了业主的责任感，把自己作为小区这一集体中的一部分。同时，通过这种有意义的文化活动，开发商也为广大业主搭建了一个沟通交流的平台，使邻里关系更加融洽，有利于小区的管理，并且会使小区的整体文化素质有很大提高，因此，小区业主在这里买到的不单单是一座房子，还有附加值更大的增值服务、延伸服务。

(2) 通过开展社区活动，有利于加强用户与管理公司的沟通，化解矛盾。目前，在房地产投诉中，有相当一部分是来自物业管理方面的投诉，究其原因，一方面，固然是个别物业管理公司自身的管理上存在一定的问题；另一个很重要的原因，也在于管理公司和用户之间缺乏沟通。通过设置宣传栏及开展各种社区活动，有利于加强管理公司与用户沟通，增进相互间的了解，使物业管理工作得以顺利开展。

(3) 社区工作的开展有利于唤起全体业主的荣誉感，制造名牌效应。社区文化活动与促销活动的不同之处在于，社区文化活动的参与主体是业主，而促销活动的参与主体是潜在客户。当然，社区文化活动与促销活动也可合二为一，特别是在小区入住人口尚少、社区氛围尚未形成时，将促销活动与社区文化活动结合在一起，可以有效地节省资金。

从开发商角度来讲，社区文化起到至关重要的作用：在销售渠道中，业主介绍客户是一个不可忽视的途径，而且成功率颇高。一个有影响力的社区文化活动会让业主对小区更加满意，只有业主满意了，才会产生小区的良好口碑，而这种口碑宣传的力度很大。而让业主住得满意，除了业主购楼时的一切外部因素(地段、交通、环境、设施等)外，还有一个重要的因素，就是社区的氛围和格调，这通过社区文化活动体现出来。同时，良好的社区文化活动，往往具有新闻效应。目前，除了有偿新闻外，房地产很难有什么热点会成为新闻。但社区文化活动往往具有新闻价值，从而吸引人们的注意力，等于起到了软广告的作用，并且对于销售的作用，比直接的广告更加有效。发展商如果在社区文化建设、塑造品牌的文化内蕴等方面投入巨大的人力、物力和财力，最终总会赢得业主的心，得到买家发自内心的认同。同时良好的社区文化活动的组织，往往会使业主有一种自豪感。在组织重大活动时，他们会呼朋唤友前来参与，自豪感自然增加了忠诚度。

一个小区致力于社区文化建设工作，除了为全体业主营造一个高雅和谐的社区人文环境之外，更是从塑造产品品牌形象这一高度去开展这一工作。房地产发展到今天，早已不是盖好房子卖完了事的时代了。品牌已成为房地产市场上劈波斩浪所向无敌的致胜武器。树立一个品牌，就可以拥有一个市场。品牌的树立，当然是诸多因素综合的结果。但"品牌的背后是文化"早已在目前转型期的房地产界取得了共识，即是说，一个没有文化含量的品牌是苍白的。可口可乐之所以长盛不衰，原因就在于它是美国文化的一个载体。

俗话说"付出总有回报"。发展商如果在社区文化建设、塑造品牌的文化内蕴等方面投入巨大的人力、物力和财力，最终总会赢得业主的心，得到买家发自内心的认同，并引起共鸣，在市场上高高树起自己的品牌大旗。

(4) 通过开展社区文化，宣传社会主义法制和精神文明建设，为社会的稳定和发展奠定基础。通过举办各种各样的社区文化活动，增强用户尤其是老、弱、病、残、鳏、寡、孤、独等人士对生活的信心，并呼唤起用户热爱家园建设家园的热心。

每一个社区都是一个社会的缩影，正是由一个个的社区组成了我们的社会大家庭。因此，社区工作做好了，治安、清洁、环境、绿化搞好了，就能有效保证社会的稳定和繁荣。

(5) 社区文化活动的组织，对于营造社区高雅的文化艺术氛围，提高小区的档次，形成小区的格调有相当重要的作用。只有形成高档次和高格调的小区气氛，才有可能吸引高档次的用户，而高档次和高品位的人群，既是小区强有力的潜在消费群，同时可以提高小区的格调，相得益彰，起到良性循环的作用。

四、社区文化目前所存在的问题

社区文化虽然已搞了许多年，但它在物业管理行业中运作状况却不甚理想，因为它目前还没有得到有关政府部门的高度重视和大力支持、仅仅停留在物业管理的有限空间和思维下，为物业管理所利用。如果对物业管理没有多大创意和帮助，社区文化就形同虚设，一片空白。目前在物业管理中，社区文化存在的主要问题如下：

(1) 社区文化工作人员专业人员少。形象好、会说、会写、会跳、会唱，有组织协调能力，是社区文化工作人员基本要求。但目前许多社区文化工作人员达不到这些要求，给社区文化工作的开展带来不利的影响。

(2) 人员数量太少。社区文化工作如果全面开展起来，不是一个人、两个人就能够全面动作起来的，而是需要很多不同专业人员才能开展起来。现在许多住宅区，只配置一个社区文化工作人员，许多工作没有人干。

(3) 由于物业管理经费的吃紧，社区文化活动不得不走形式。有物业管理公司搞社区文化活动仅仅是为了达到宣传企业、树立企业形象的目的。一些公司在实施物业管理时，往往只重视物质方面的工作，而忽视了精神文明在人们生活中的重要作用。这样一来，社区文化工作任务就会加重和艰巨，物业管理工作也会越来越不轻松。

(4) 政府和社会对物业管理工作支持的力度不够。社区文化运行得比较完善的企业，如深圳万科的桃源村、万厦的莲花北、大众的松坪村等名牌住宅区，一般都是亏本运作的。计划生育工作、出租屋管理工作、"三无"人员的清理和整顿工作、地方病的防疫工作等等，实质与物业管理毫无利益和权责关系，但社会把这许多项工作交给物业管理公司做。像以上几个大型住宅区的管理处，虽然明白这不是自己份内的事，但为了一个住宅区的整体利益和住户(用户)的切身利益，他们还是不得不贴出这一笔开支。

(5) 认为社区文化就是简单的出板报或开展一些文娱活动，形式单调，无新意。出板报、宣传栏或小区内的期刊，逢节日或纪念日开展一些文娱(体)活动，内容比较单一，使居民提不起兴趣来参加，不能调动其参加活动的积极性，或者就是请专业的表演团体来表演，从而忽略了业主的参与性，开展社区文化活动的目的也就达不到。在开展活动时，不能充分利用小区或周边的配套设施，使得活动场地及设施受到限制。

五、社区文化发展前景

随着物业管理工作的发展和日臻完善，社区文化工作将会以更加崭新和诱人的面目出现在世人面前。

(1) 社区文化工作人员的素质将会越来越高。所谓文化本身就是一种精神的东西，需要高素质的人来倡导和把握。社区文化工作人员首先是有较高文化水准，有着与常人不一般的文化艺术修养和高深的造诣，既懂一门技艺，又口齿伶俐，见多识广、组织、协调和倡导能力特别强。

（2）物业管理需要如舞蹈专业、音乐专业、美术专业、文学专业、社会专业、人口专业、医学专业、管理专业等类人才，只有这样社区文化才会正常完美的运作，而不会像现在某些物业管理公司走走形式而已。

（3）政府对物业管理的社区文化工作将会越来越重视，并把它作为社会主义精神文明建设的有力武器而相应地投入一批人力和财力。

（4）由于物业管理法规的健全，住宅区社区文化工作的开展也会越来越完善。在社区文化经费范围内，任何住宅必须开展足够的社区文化活动，并时刻接受业主和管委会成员的监督检查。

（5）多元化的社区文化，带动整个社会的全民健美健身、文化娱乐活动。住宅区社区文化经费将变得多起来，开发商、政府、业主将会补偿一部分资金给物业管理公司开展社区文化活动。

第二节　物业管理与社区文化建设的关系

一、社区文化与物业管理之关系定位

现代城市住宅区规划有序、环境良好、配套齐全，既有独立的私人空间，又有交往的公共场所，住户来自各单位各行业，异质性程度强，住户更具独立色彩。住户间的陌生更加造成了交往障碍。业缘关系重于地缘关系，住户间"关上单元门，个人顾个人"，忽视人际间的交往，继而引发集体观念松散、社区关怀淡薄等不良征候。物业管理的产品主要是服务，而服务是以劳务量来衡量的。物业管理企业的管理就是充分优化人、财、物等经营要素，尽可能减少或节约劳务量的输出，实现最大化的效益和效率。除了无法节约、必须输出的绝对劳务量之外，怎样尽可能减少相对劳务量是物业公司追求的管理目标。

减少相对劳务量的一个最主要的通道就是住户的大力配合和深层理解。如果服务对象随意高空抛物、乱丢垃圾、践踏草地，甚至人为地攀折花木、损坏设施，那么，物业管理机构势必事倍功半。相反，如果住用户恪守公约、遵守公德、邻里相亲、互助友爱，甚至主动维护公共秩序和社区环境，物业管理单位就会事半功倍。

那么，怎样才能实现减少相对劳务量这一管理目标呢？

（1）除了企业自身深挖潜力、提高效率之外，社区文化建设是十分重要的手段。通过社区文化的建设，可以增强住户对居住区的归属感。市场竞争环境日趋激烈，物业管理企业在注重高水平服务的同时，也应不断加强社区文化的"感情投资"，通过各种形式和渠道增强住户对社区的归属感和社区对住户的凝聚力。

（2）以社区文化架起小区文明的"桥梁"。物业管理应开展优质服务、文明家庭、文明居住区等系列社区活动，将居民的实际利益、思想感情与住区文明联系起来，架设小区精神文明的"桥梁"。把小区内各种职业、性格的住户和社会团体连在一起，以居住区为依托、共同为居民服务、发挥各自功能的纽带，既建立良好的社区秩序，也促进了居民身心健康和文明素质的提高，形成奉献爱心、尊老爱幼的良好社会风气。

社区文化工作是物业管理公司为业主提供的一项重要的增值服务。一所物业拥有良好

的生活方式、文化氛围和文化底蕴，会使该物业的品牌知名度和品牌美誉度得到更进一步的提升，给物业注入一种强大的文化内涵。而这种文化内涵将成为物业的"灵魂"，成为该物业的特有标志。文化是一种巨大的无形资产，当这种无形资产转移到物业之中，就会带来物业的增值。

二、物业公司、发展商及业主在社区文化建设中的角色定位

1. 物业公司的角色定位

物业公司的角色从长远来说，应当逐步从社区活动的组织者过渡到社区文化的协调者与引导者，社区文化最终应逐渐发展为以业主为主，自发开展的自主式和自助式社区文化活动。

自主式社区文化：逐步将业主委员会也吸引到社区文化的建设中来，从业主自身的角度出发，尝试采取业主自主、管理处配合的方式开展一些社区文化活动，增强业主们的参与感和成就感，有利于顾客满意度的提高，同时也能引领社区文化的时代潮流。

自助式社区文化：将在某方面具有一定特长的业主组织起来，组成社区的某种社团（如合唱团、足球队、英语沙龙等），定期进行交流，可以提高业主参与社区文化活动的积极性，既能保证活动的频率及适合性，又减轻部门组织工作的压力。

2. 发展商的角色定位

发展商在未来的社区文化建设中所应承担的角色，主要是在社区前期规划及配套设施方面。发展商应充分考虑未来的社区文化开展需求，把社区文化渗透到居住环境的设计中去。如社区整体建筑风格的设计、客户（业主）的社会层次定位，同时还包括社区内各项配套设施，如休闲场所等，使社区不仅成为建筑文化和景观文化的展示地，同时也是社区文化发展的舞台。

3. 业主的角色定位

业主不仅是社区文化的参与者和受益者，更是社区文化的创造者。社区文化建设的一个重要目标就是要在社区成员中确立共同的价值目标，使全体社区成员增进对社区的认同感和归属感，共同建设新社区。而这种感召力和生命力正是来自于社区成员对社区文化的高度认同和踊跃参与。社区中部分热衷于文化活动的积极分子自然组合所形成的文化团队是社区文化建设队伍的雏形和有形体现，正是这些互利性、公益性、非营利性民间团队组织在社区中的活动吸引了其他业主对文化活动的参与，并逐步形成社区的文化氛围。从一定意义上讲，这些团队活动的内容和形式、活动的规模和质量，是社区文化建设的重要标志。

社区成员的参与度是社区文化建设的一个重要指标，是社区文化建设成功与否的重要衡量尺度。缺乏社区成员参与的文化生活，有再好的动机、再新的创意、再大的投入也只能是无用之功。

三、应充分重视各方面资源的整合利用

社区文化建设首先经历了一个从住户的自觉到管理者的自觉这样一个过程。社区文化需求是社区居民物质生活改善、环境需求不断满足以后的必然结果。居有定所、衣食无忧，社区文化活动就会在社区成员中自发地产生。社区发展到一定的阶段必然会出现社区文化，这已经成为不争的事实，关键是对这种自娱自乐的社区文化活动如何加以扶植，加以引导，加以整合。物业管理企业因为特殊的身份与角色，凝聚社区成员文化关注的目光，成了社区文化的组织者、实践者。有人预言，当标准化服务如 ISO 9002 等在 21 世纪形成物业管理同质化以后，文化的竞争将是最激烈的竞争，文化服务的水平将最能体现物业管理企业的水平，物业管理企业在社区管理工作中必然会将社区文化建设提高到一个重要的层次予以高度重视。

物业管理公司独立开展社区文化建设时，应注意充分利用自身现有资源（如会所、图书馆等现有文化设施），这样既可减少成本支出，又可通过聚集人气，使社区设施得到充分有效的使用，还可带动会所的经营，形成互动双赢的局面。

其次，物业管理公司还应充分利用社区业主的资源。一方面是鼓励业主参与社区文化的组织建设工作，另一方面可以借用业主因其社会身份所享有的资源，如场地、活动赞助等，使社区文化建设收到事半功倍的效果。

1. 重视物业公司内部的资源整合利用

（1）在组织运作方面的整合

社区文化建设定位为物业的核心竞争力之一，因而在组织运作方面必须有明确统一的战略和系统性的运作。

首先，应建立专职运作机构，由该机构负责全公司整体社区文化建设规划和系统性开展。还可建立智囊团（社区文化工作组）作为辅助。

其次，需每年制定社区文化年度工作计划指引，各部门开展社区活动须由该机构统一批准，实行全局计划性的宏观调控式工作，确保各部门按照公司统一方向行进。

第三，应统一进行宣传，简化单次活动宣传工作量，在一定程度上节省宣传工作的人力、财力、物力，对于小区社区文化氛围营造具有统一、持续作用。

（2）在部门资源方面的整合（包括对外）

社区文化建设与开展的规模效应必须要对各部门资源进行整合，以达到减少成本，增强活动成效的目的。

首先包括各部门内部资源的整合，包括以上所介绍的设施资源及业主资源，如会所、泳池等。

其次，要加强各部门社区活动间的交流与协作，可以是全公司范围的部门协作，也可根据区域划分，加强几个部门间的交流。

第三，要整合各部门资源，以公司名义统一与外部单位进行联系，享受优惠待遇，减少外部活动的成本。

2. 重视对社会资源的整合利用

业主的兴趣爱好丰富多彩，社区文化的建设也同样应该多彩多姿，但物业公司在此方面的专业度及资源调配能力存在明显的不足，因此，物业公司应善于做"集成商"——依托我们丰富的客户资源，对各方面的社会资源进行整合利用，如与专业旅行社合作组织夏令营、特色旅游；与美容机构合作举办女性知识讲座；与健身机构合办健身训练等等。同时，对于某些在专业上无法直接合作的单位，可以赞助、协办的形式介入社区活动，以补充社区文化建设经费。

四、社区文化与物业管理公司企业文化间的互动

（一）企业文化的概念

企业文化是一种以人为中心的管理思想对企业全体员工进行企业意识教育的文化体

系，目的就是要在企业中形成一种"以人为本"的价值观念和行为规范，其核心是企业价值理念，对象则是企业全体员工。

一旦企业的价值观变成企业员工共有的价值理念，企业的内聚力、向心力和能动力，还有对外的发散力就会增强。如果企业的每个成员都工作在相互信任、相互沟通、平等向上的环境中，素质得到提高、智力和潜能得到激发，人力资源得到充分开发，将人力优势转化为智力优势和生产优势，很显然企业将会获得竞争中的全面优势。

（二）物业管理行业的企业文化特殊性

由于物业管理企业的特殊性，企业文化在该行业也有着明显的特点。物业管理属于服务行业，其产品就是服务。产品质量的好坏实际就是服务质量的好坏。而这些服务的提供者和接受者都是人，因而在交易过程中不可避免会产生各种行为和冲突：一方面是在提供服务的过程中物业管理者与业主（住户）之间产生的；另一方面则是物业管理者之间的差异造成的。这些冲突，归根到底都是人的价值观冲突。要协调好物业管理者和业主的关系，物业管理企业应该有一种行之有效的处理方法和理念，同时融入到企业文化中。企业文化作为企业内部的群体意识，具有一种无形的文化力量，对内可以约束员工行为，使之更加规范合理，同时由于其对外的影响力，也为物业管理企业的生存和发展创造了更好的外部环境。

（三）社区文化与物业公司的企业文化应相互关联、相互渗透

1. 企业文化作用于社区文化

物业公司的员工在某种意义上也同样是社区的组成部分。在服务过程中，他们的服饰、言行举止、服务过程以及营造的氛围都会传递给物业使用人。好的企业文化无疑会带来好的"产品"，在提供优质服务的同时，也传递了好的企业文化，让业主感受到物业管理企业的服务意识，营造了很好的亲和氛围，可在一定程度上缓解企业在实施物业管理过程中产生的各种矛盾。置身于这些企业管理的小区或物业，管理人员的言谈举止、精神风貌、服务态度、待人接物、装束设备以及物业管理企业营造的独特氛围，如与物业配套的各种标识、小品等，人们从中都能感受到浓烈的企业文化特点，而事实上这些也同样是社区文化的重要构成。

2. 企业文化与社区文化同是物业管理企业品牌的重要组成

物业管理企业的服务品牌是企业经过长期的物业服务实践积累而形成的。

现代企业经营管理中"文化"已被推崇至一个非常的高度。物业管理工作中倡导的文化观念，是一种源于企业文化和社区文化。通过在企业内部和所管理的社区中进行循序渐进的文化建设，可以规范、影响物业管理企业公共关系链条中各个环节，发挥文化的导向功能、约束功能、激励功能，最终实现物业管理企业的社会效益、经济效益和环境效益。

作为物业管理企业，我们应当认识到，企业的文化行为必须与企业的市场竞争及企业的发展战略紧密地联系起来，从营销的角度来审视自身的文化行为，把文化上升到企业经营和市场推销的层面。同时，使企业文化与社区文化相互协调与融合，并促使二者之间实现良性互动，在社区文化中提倡人文关怀，通过科普文化、环境文化、休闲文化、视觉文化、网络文化等的营造，为社区成员提供高品味的文化服务。

第三节 社区文化建设

一、社区文化的组织原则与载体

（一）社区文化组织的原则

1. 主体对象的原则

就一般小区而言，社区文化活动的参与主体应考虑以家庭为主，尤其以老人和少儿为主，其他年龄段的业主多半忙于工作或其他，只有老人与少儿才是社区文化的最坚定的参加者。据统计，25～45岁之间年龄段的人是最强有力的购房者，他们多半上有老，下有小。组织老人与少儿感兴趣的社区文化活动，一方面安抚了老人与少儿，解决了主力购房者的后顾之忧，使售楼更容易；另一方面社区文化活动有了更多的参与者，而不是组织者唱独角戏，才会更有生命力，而不至于昙花一现，瞬间凋落。

2. 参与性原则

社区文化活动的策划和组织，应考虑尽可能增加业主的参与性，只有业主的参与，才可以体现出组织社区文化活动的目的。如果组织的活动不符合业主的兴趣，参与的人很少，就失去了组织社区文化活动的意义，所以，活动的组织应以业主为参与主体，可以充分调动业主的积极性。

3. 娱乐性原则

对于小区业主来说，活动的举行应以轻松愉悦的感官享受为参与的目的，所以，活动在策划和组织时无需与时事结合起来，只需健康、雅俗共赏、娱乐性强、参与性强。

4. 宣传价值原则

社区文化的策划还需考虑到它的宣传价值。毕竟，作为发展商，每一分钱都要有它的价值，除了间接促进销售外，社区文化活动还需具有宣传价值、新闻价值。

（二）社区文化组织的载体

1. 成为习俗的常规性活动

在一个小区的社区文化活动策划中，要将一些活动固定为习俗，这样才能给业主和潜在消费者一个印象：小区的社区文化活动是丰富多彩、永不落幕的。

2. 配合销售的活动

在销售旺季或是展销会期间，应配合销售组织一些社区文化活动，使前来看楼的潜在消费者也可以感受到、体验到小区内丰富多彩的社区文化活动和独特的氛围、格调，从而激起购房冲动。

3. 配合节庆、假期的活动

在一些大的节庆期间和长假期中，如春节、国庆、暑假等，会有一些不常住的业主回来度假，在此期间应组织一些活动，以丰富业主的假期生活。以少儿为主体的暑期活动，还可以解决家长们的后顾之忧。

4. 社团和报刊

将在某方面具有一定特长的业主组织起来，组成社区的某种社团(如艺术团、合唱团、足球队、篮球队、乒乓球队、英语沙龙等)，定期进行演出、交流或比赛，可以提高业主参与社区文化活动的积极性，使活动的组织更加容易。

办社区内小报是有效加强沟通的方式，但办报一定要注意政策，不能办成是开发商的促销广告刊物，而应该反映业主的呼声、要求，满足业主想了解的问题，成为真正的沟通桥梁。

（三）社区文化组织者

一般由发展商作为社区文化活动的组织者，并需由业主成立社区文化活动小组，从业主的角度对社区文化活动提出意见和建议。社区文化小组应由热心公益的、有一定组织能力和沟通能力的业主担任。如果有广告界的、新闻界和艺术界的业主参与组织，则更为理想。

二、社区文化建设的首要解决的问题

（一）场地问题

开展社区文化活动必须有场地，硬件设施是社区文化活动的基本保障。场地的来源首先要有规划。设计部门将社区文化活动的场地、设施纳入规划；物业管理企业在前期介入阶段要积极争取、提出合理建议。小区交付使用后，物业管理单位在资金许可的情况下，还要有计划、有步骤地对社区文化设施加以完善。条件不够的，要尽可能提高文化设施的利用率，充分发挥露天广场、庭院、架空层的作用，要做到大活动有地点，小活动有场所。物业管理企业还应动员常驻社区的企事业单位及机关、学校将其文化设施对社区成员开放。政府应进行这方面的法规政策建设，使社区文化工作有法可依，有章可循。

（二）资金问题

社区文化活动的开展需要一定的资金支持。资金的来源主要有几个方面：一是物业管理单位每年从管理经费中划拨一定的比例用于社区文化建设，这是企业办文化的重要表现。二是寻求企事业单位和个人的赞助。热心于公益事业、关心社区成长的单位和个人越来越多，物业管理单位应处理好关系，把握好时机，掌握好分寸，争取多方面的支持。三是由社区文化活动的直接受益者出资，如组织旅游等，资金的主要来源是向参与者筹措。四是以文养文，进行文化经营，将其所得再用于社区文化建设。社区文化活动经费要厉行节约，开源节流。

（三）机构设置问题

设立机构是社区文化活动得以正常开展的组织保证。物业管理单位开展得较好的城市和地区一般都要求物业管理企业成立社区文化的专门部门，负责落实社区文化活动的组织与执行。社区文化的管理部门对人才素质要求较高，很多人要能做到一专多能。能否建立一支高素质的社区文化队伍，直接关系到社区文化活动的成效。规模大的小区可以专人负责，明确分工；规模小的小区也可以兼职工作，松散合作。

（四）方案制定问题

社区文化建设的管理部门要制定好社区文化活动的计划和方案，并及时做好活动后的总结工作。有了计划与方案，在工作过程中才不会手忙脚乱，才不会影响活动的质量。方案的拟订要以调查分析为依据，科学合理，切实可行，行之有效。

三、小区社区文化活动的策划和组织

（一）社区文化建设三大要求

1. 具有人性化的服务理念

社区文化应以人为核心，以环境为重点，体现出无处不在的文化氛围和对人的尊重与关怀。使人们一进入小区，马上就能感受到典雅、舒适的人文环境和自由飘逸的文化气氛，完善统一的物业环境视觉系统，安全有序的交通管理，方便快捷的通讯信息和管理人员的文明言行。这些映入眼帘的优美的文化载体，都是社区文化最重要和最基本的东西。通过环境对文化的渗透，达到启发人们的自律意识，培养人们的文明素质的效果，这是现代住宅园区社区文化的重要特征与发展方向。

2. 具有超前性的文化视觉

随着社会的发展和新世纪的到来，我们对社区文化从概念、形式到内容也必须以新的审视角度去定义、规划和实施，从而满足居民对生活质量、生活品味的更高要求。

3. 具有宁静、祥和的文化气氛

新世纪的社区文化活动应从热热闹闹的大家乐这种群众活动方式中走向一个新的层次。在小区，我们提倡安静的社区文化，旨在将住宅园区大家乐形式的文化活动引向一个更高的层次，在安静的气氛中渲染一种现代文明，在安静的环境中营造一个精神乐园。安静的文化活动体现了对居民的尊重，同时蕴含了更为深刻的文化、情感和内涵。群众喜闻乐见的大家乐活动作为一种阳春白雪可以集中在居民会所和娱乐场地中开展，使整个园区文化活动更具有新意和档次。

（二）社区文化活动组织及创意

1. 关注不同人群的不同需求

业主是一个相对复杂的群体，年龄、性别、个人爱好各不相同，各不同社区之间业主的社会层次也不尽相同，因此不同类型物业的社区文化开展应有所侧重，要根据业主的实际需求来开展活动，不能强求一律。活动形式也要丰富多样，关注不同群体的不同需求。

2. 注重参与性

所有活动都应考虑尽可能增加业主的参与性，如果组织的活动不符合业主的兴趣，参与的人很少，就失去了组织社区文化活动的意义，所以，活动的组织应以业主为参与主体，在形式上可以充分调动业主的积极性。

3. 娱乐性、文化性和宣传价值并重

对于小区业主来说，活动的举行要以轻松愉悦的感官享受为参与的目的，所以，活动的策划和组织，需注重健康、娱乐性强，并且要和社区的整体文化氛围相符合，具有积极的意义和文化价值。同时，只有活动本身具有良好的宣传价值，才能够吸引足够的关注，达到宣传社区文化品牌的目的。

4. 传统化加创新化

在一个小区的社区文化活动策划中，要将一些活动固定为习俗，这样才能给业主和潜在消费者一个印象：小区的社区文化活动是丰富多彩、永不落幕的，如元宵灯谜会、重阳登高、新春晚会、少儿夏令营等。与此同时，也需要根据具体环境、社会风尚和业主需求，不断策划一些形式新颖的活动，以保持业主对我们社区文化活动的期待和关注。进入21世纪的公民应该提倡创造生活，而不是跟从生活，创造生活这一主题又为社区文化活动开辟了新的舞台。

5. 注重节假日的活动及氛围营造

在一些大的节庆期间和长假期中，如春节、国庆、暑假等，业主的空闲时间相对较多，还可能会有一些非常住业主回来度假。此时业主对社区的关注程度较高，应在小区内积极营造假日的文化氛围，如节日祝贺等。组织相应活动来丰富业主们的假期生活，如以少儿为主体的暑期活动，还可以解除家长们的后顾之忧。

6. 热爱地球，保护环境

社区环境文化是现代社区管理的一个重要特征，是社区文化中的关键内容。人们赖以生存的地球只有一个。因此，净化人类的生存空间，确保地球的生态平衡，保护人们的绿色环境，是每一位"地球村"村民的历史责任。

（三）广泛化社区文化

一个社区文化氛围和格调的形成，并不是简单的几个活动就可以完成的，而与整个小区设计、开发、销售的各个环节紧密相关，所以，社区文化活动其实是一个很广泛的概念。在建筑设计、物业管理、营销及广告方面都要有一个整体的以人为本的思路，才可能形成小区的文化氛围和格调，活动的组织才得以在一个丰厚的土壤中成长。

社区文化的建立是一个长期的过程，一种高雅的社区文化的形成，是发展商、管理机构及业主共同努力的结果。在社区文化这一园地中，发展商及管理机构是个园丁的角色，社区文化的基本载体是全体业主。他们的生活模式、价值取向、道德观念、行为方式等最终决定了一个社区文化的面貌。目前大家在买房子的时候都考虑它的投资价值与升值空间，而房子本身作为时代的产物，其本身是不具有投资价值与升值空间的，具有投资价值与升值空间的是地段及好的物业管理、社区文化、邻居素质等软环境。

据一份住宅市场调研报告资料，广州市民在买楼时对社区人文环境越来越重视，其在2002年下半年的购房关注度达4.16分（总分为5分）。因此，在满足住户日常生活服务需求的前提下，注重人文环境的塑造，特别是突出对住户的关怀和影响，建立起和谐融洽的社区关系，为住户创造温馨的生活环境，才能进一步满足住户对深层次精神服务的追求，才能将"以人为本"的理念延伸到深处。随着行业逐步转向规范化运作，物业管理服务水平的同质化已渐趋明显，在这种质量、价格等理性因素被普遍认同之后，文化建设已成为物管公司全方位服务中的重要角色，它所创造的价值效应也在物业管理服务和社区文化的良性互动中得以鲜明地体现。物业管理公司应把社区文化建设工作纳入服务体系设计当中，提高服务质量的整体水平，那么，如何付诸行动呢？

首先，要确立小区的主题精神，采取多种方式、多种途径向居民宣传。以丽江花园社区文化的形成与发展为例，其物业管理公司把丽江花园不仅仅看作是一个居住环境，更是一个孕育、沉淀了独特文化的社区，一个有着独特人文情貌的精神家园，从"丽江花园、美满家园"到"和谐生活新天地"；从"诗意的安居"到"一方水土一方人，美善相随丽江人"；从"园林人家"到"E生活"。其内涵包括：健康清新、积极向上的生活态度，讲文明、守秩序，睦邻友好、友善待人等。社区文化建设就这样自然地融入到物业管理服务当中。

其次，组织丰富多彩的社区活动。毫无疑问，从四合院走入楼群，人们之间的沟通越来越少，人与人之间的关怀也越来越少了，其实，这样的生活并不是人们所期待的，人们需要沟通，需要快乐的生活。于是，"大社区生活"的概念应运而生，人们迈出了建造社区文化的第一步。开发商在满足了业主对硬件感官上的要求之后，也更加注重业主内心世界的感受。社区内中心广场、公共文体设施的建设，为业主创造出更多交流的机会，使人们感受到更多的温情。同时组织一些如音乐会、游园会、物业及周边环境的历史与特色展览等，为居住者提供广泛交流的场地，以此推动和协调物业区域内居住者之间的人际交往，建立起互利互惠、增强住户对小区的归属感。

再次，社区活动必须根据小区的实际情况因地制宜地开展，因为公司可能会遇到诸如场地、设施、居民数量等基础条件的限制，此时公司应适当调整，采用灵活多样的方式，例如举办专题讲座、组织志愿者服务活动等。在组织社区文化活动过程中，发展商、管理机构与业主之间总会有一些难以调和的矛盾出现，所以，组织社区文化活动，有必要由一个较为中立的角色来进行。以丽江花园社区文化活动的组织为例，每年发展商用于社区文化活动的费用是由其二级单位俱乐部承担，俱乐部除了设置一位负责社区文化活动的副经理外，还专设"社区资源部"负责社区文化活动的策划、组织和实施。另外，物管公司在开展社区文化建设时应充分征询住户的意见，最好能获得业主委员会的支持与协助，从而调动起广大住户的积极性。

四、社区文化建设的实施

社区文化建设，不仅有利于物业管理公司服务工作的开展，而且对提高物业管理公司的品位、档次、知名度和增强小区的凝聚力，具有重大意义。在搞好社区文化建设中，首先要做的准备工作是确定工作的主要内容和明确相关负责人的职责范围，其次，要做好社区文化建设中的各个环节和步骤的实施计划。

（一）社区文化工作的主要内容

（1）管理处每年至少组织一次（或若干次）大型的社区文化活动。

（2）社区活动负责人根据以往经验和具体情况，于年初拟定本年度社区文化活动计划，报管理处主任审批。

（3）管理处主任根据实际情况予以同意或做适当调整后，报总经理批准。

（4）活动开展前，先征询各用户意见，并根据反馈的意见，拟定活动实施方案，报管理处主任审批。

（5）将具体实施方案征询业主委员会意见并报其审批或备案。

（6）物业部组织、协调其他部门完成活动前的准备工作，并负责及时向用户及有关单位发出举办活动的通知。

（7）根据开展活动的形式，物业部负责安排有关人员做好安全防范工作，防止意外事件发生。

（二）社区活动负责人主要职责

（1）全面负责社区活动工作，协助做好物业管理和精神文明建设的宣传工作。

（2）负责拟定社区活动的工作计划和工作制度，报管理处主任审核。

（3）根据工作计划制定社区活动方案，报管理处主任或总经理审核，根据审批要求，组织实施，并做好"社区活动记录"。

（4）负责组织开展与业主、租户的联谊活动和体育比赛，加强与业主的沟通。

（5）负责对文体场所及其设备设施进行管理，落实各项管理规定和员工岗位职责，协助办公室对本部门工作人员进行专业培训。

（三）社区活动工作人员主要职责

（1）负责对文娱体育场所及其设备设施进行管理。

（2）负责对活动场所的宾客进行登记和指引，按标准收费并及时上缴营业款。

（3）负责完成公司和管理处安排的参观、来访以及各类会议的准备工作。

（4）负责监督检查社区活动场所及设备和器具的清洁、绿化工作。

（5）负责登记每天服务项目的营业情况。

（6）服从社区活动负责人的工作安排。

（四）社区文体活动的实施

1. 社区文体活动的意向调查

（1）每年的年中及年底，分别向住户做一次文体活动意向调查，并分析、总结调查结果。

（2）文体活动意向调查主要采取以下方式进行：①投递文化活动调查表；②电话采访；③预约采访。

（3）文体活动意向调查具体操作应按照有关住户意见征集、评价作业规程进行。

2. 制定实施计划和方案

（1）根据开展的每半年一次的居民活动意向调查结果，结合社区文体活动设施情况，于每年的 6 月及 12 月前，制定出社区文体活动计划与实施方案。

（2）计划与实施方案应包括以下几方面：

1）举办文体活动的目的；

2）开展文体活动的项目与活动方式；

3）需要配置的文体活动设施的情况；

4）开展文体活动所需经费的预算；

5）开展文体活动的组织及实施方案。

（3）文体活动计划与实施方案应报管理处主任审核后，汇入管理处半年度、年度工作计划，报公司总经理审批。

（4）根据审批过的文体活动计划，主管于每次活动前半个月，制定出一个详细活动组织方案及相关物品采购计划，呈报管理处主任、公司总经理审批。

（5）管理处主任应召集各部门主管讨论文体活动组织方案的可行性、奖品设置情况及活动经费的落实情况。

（6）管理处主任应提前 10 天召开有关组织人员的筹备会议，落实文体活动组织的具体事宜，如各类比赛的裁判工作会议、文艺演出活动的主持人会议等。

（7）应提前 1 个星期，将举办文体活动通知以海报形式张贴在社区公告栏、宣传栏内，对于重要文体活动，应做到每家每户均通知到。

（8）提前 1 个星期做好以下准备工作：

1）文体活动场地准备；

2）奖品及所需物品准备；

3）组织人员分工准备；

4）活动场地所需设施设备的准备。

（9）管理处主任于每次活动举办前 2～3 天，召集相关组织人员，做一次模拟组织安排或相关演练工作，确保文体活动组织工作无漏项。

（10）文体活动举办当天，管理处人员应全部调整好班次，相关组织人员均应进入活动场地，进行现场布置及相关工作安排。

（11）在整个文体活动组织与进行过程中，管理处主任必须亲自抓各项工作，确保组织工作质量。

（12）应在每次文体活动结束后，及时做好本次文体活动的总结工作，找出存在的缺点与不足之处，并填写社区文体活动检查与处理记录及社区文体活动总结报告。

（13）应将每次社区文体活动的相关资料及记录分类归档保存。

五、社区文体活动注意事项

（1）举办各类文体活动必须选定有经验、活动能力强的主持人。

（2）社区文体活动举办时间一般安排在周六、日或重大节日来临前 2 天。

（3）保安主管应制定详细的人流组织与疏散方案，并亲临现场具体落实。

（4）机电维修主管应确保活动场地的设施设备良好，并做好应急方案与处理措施。

（5）开展文体活动时应注意防火、防盗、防打架斗殴或其他治安防范工作。

（6）文体活动一般在晚上 10：00 以前停止，以不影响小区居民正常休息为原则。

（7）社区内举办的各项文体活动应确保内容健康、积极、合法，有益于住户身心健康。

复 习 思 考 题

1. 什么叫社区文化？社区文化建设有什么意义？
2. 社区文化与物业管理的关系是怎样的？
3. 请说说物业公司、发展商及业主在社区文化建设中的角色定位是怎样的？
4. 社区文化建设在场地、资金、组织等方面有什么要求？
5. 社区文化建设有哪些特征？
6. 请制定一份关于组织社区文化活动的方案。

第八章　物业管理的智能化

随着科技信息技术的发展，智能化物业已成为当代高层楼宇建设的主流，物业管理的手段和方式也逐渐转向智能化，尽快掌握智能化物业和物业管理智能化的组成和要求，成为物业管理从业人员新的课题。

第一节　物业智能化发展概述

在人类文明已进入信息时代的今天，建筑再不限于是遮风避雨之所，也不仅是栖息聚居之地。一种将现代计算机技术、自动控制技术、通信技术、多媒体技术与现代建筑技术高度集成的智能物业，使得人们足不出户便可安享舒适生活，通连世界各地，知晓天下大事。对各种电气设备进行自动控制，家中办公、网上购物、投资、学习、娱乐、询诊等许多前所未有之事均在智能物业中变成现实。

智能化的浪潮席卷了世界的每一个角落，成为一种势不可挡的历史大趋势。智能化物业是建筑艺术、生活理念与信息技术、电子技术等现代高科技的完美结合。智能化物业为用户提供了一种更加安全、舒适、方便、快捷和开放的智能化、信息化生活空间，同时，它依靠高科技，实现了回归自然的环境氛围，促进了优秀的人文环境发展，并依托先进的科学技术，实现小区物业运行的高效化、节能化和环保化。

一、智能化物业的产生和发展

世界上第一座智能大厦1984年诞生于美国康涅狄格州的哈特福德市。当时，一座旧式大楼出租率很低，于是，美国联合科技集团UTBS公司着手对大楼进行改造，采用综合布线技术和计算机网络技术对大楼的空调、电梯、照明和防盗设备进行监控，并对办公客户开设了语言通信、文字处理、电子邮件和资料检索等信息服务，这些改造大受办公用户欢迎，租金虽提高20%，大楼的出租率反而大为提高。由此世界上第一智能大楼诞生，并显示了其极强的生命力。

此后，智能大楼在世界各地迅速发展，美国拥有的智能大厦已逾万座，日本实现智能化的建筑近60%。

我国智能物业虽起步较晚，但却以惊人的速度蓬勃发展，智能物业在我国始于20世纪90年代以后，最早建成的有国家科委大楼、国家体委办公楼、广州的国际大厦等。随后各地兴建的高级饭店、宾馆、商贸、金融大厦等多具有智能物业特征。时至今日，智能物业已不局限于高级商贸、办公大厦，现在新上的大中型公共物业项目多数有不同程度的智能化成分，范围已扩展到机场候机楼、车站、博物馆、图书馆、医院、学校、商场、娱乐场所、住宅小区以及水利、电力、邮电枢纽工程等，特别是住宅小区及其物业管理智能化发展速度更是惊人。据初步调查，我国内地已建成的具有一定程度智能化功能的建筑已超过千座、小区近百个，近年国内建成的一些按国际智能物业标准设计的知名智能物业有北京的恒基中心，上海的证券大厦、金茂大厦，广州的中信广场，深圳的赛格广场，厦门的中闽大厦等。

二、智能化物业的发展趋势

在我国步入信息社会和国内外正加速建设信息高速公路的今天，智能物业将成为城市中的"信息岛"或"信息单元"，它是信息社会中最重要的基础设施之一。随着社会的进步、科技的腾飞以及人类的需求，智能物业在我国的发展将呈现以下趋势：

（1）业主已把建筑设计中智能部分的设计列为其基本要求之一，而政府亦高度重视，在科研、资金和政策等方面积极地进行支持和引导，使智能物业正朝着健康和规范化的方向发展。

（2）采用最新高科技成果，向系统集成化、综合化管理以及智能城市化和高智能人性化的方向发展。

（3）正在迅速发展成为一个新兴的技术产业。政府和各大学、科研机构以及有关厂商等正将智能物业作为一个新的研究课题和商业机会，积极投入力量，开发相关的软硬件产品，使智能物业实施便利、成本降低。据统计，智能物业中智能系统的成本回收期在 3 年左右，远快于建筑的其他部分投资回收期，其技术和产品已成为一个迅速成长的新兴产业。

（4）智能物业的功能朝着多元化方向发展。由于用户对智能物业功能要求有很大差异，智能物业的设计也分门别类，有针对性地设计出符合用户使用功能的智能物业。

智能物业不仅限于智能办公大楼，且已在向公寓、医院、学校、体育场馆等建筑领域扩展，特别是智能住宅的出现，将使智能物业未来有更广阔的发展天地。随着以"三金"工程（金桥、金关、金卡）为代表的国家经济信息网的全面启动，中国公用计算机互联网骨干工程（CHINANET）的兴建，我国的智能物业必将得到进一步的发展，成为 21 世纪的龙头产业，前景辉煌。

三、智能化物业的概念及特点

（一）智能化物业

在人类文明进入到电脑时代、信息时代的今天，"窝"已不仅限于居住性质，它已成为生活、学习、工作的场所。足不出户便知天下大事，手不提笔便能完成设计、科研或商贸交易，在智能物业中已变成事实。

智能化物业又称智能物业，目前主要指的是智能大厦，也包括智能化住宅和小区。智能化物业是信息时代的必然产物，它是多学科、多种高新技术的有机结合，也是现代物业发展的一大方向。

概要地说，智能化物业是指拥有集成的楼宇自动化控制系统与现代化通信网络设施，能对物业的保安、消防、环境等许多方面进行自动监控，能为用户提供信息传输便利和良好环境、具有高度综合管理功能的现代物业。

（二）智能物业与传统建筑的区别

智能物业与传统建筑最主要的区别，在于"智能化"。也就是说，它不仅具有传统建筑物的功能，而且具有智能（或智慧）。"智能化"可以理解为，具有某种"拟人智能"特性或功能。建筑物的智能化意味着：

（1）对环境和使用功能的变化具有感知能力；

（2）具有传递、处理感知信号或信息的能力；

（3）具有综合分析、判断的能力；

（4）具有作出决定、并且发出指令信息提供动作响应的能力。

普通的建筑设备管理系统和光缆并不能造就建筑物的智能化。智能物业是建筑技术、计算机技术、信息技术、自动控制技术等多种技术彼此交叉、综合运用的结果。因此，智能物业具有传统建筑无可比拟的优越性，不仅可以提供强大的功能，而且可以最大限度地节约能源，能够按照用户要求灵活变动、适应性极强，备受青睐。

（三）智能化物业的优点

对于智能化物业来说，智能化不是目的，而是手段，通过智能化系统，来营造良好的小区环境。具体地说，智能化物业应提供具备以下优点：

1. 创造了更安全、健康、舒适宜人的工作、生活空间

现在，不少大厦的中央空调系统不符合卫生要求，往往成为传播疾病的媒介。在国外，把引起居住者头痛、精神萎靡不振，甚至频繁生病的大楼称之为"患有楼宇综合病"（SickBuilding Sydrome)的大厦。而智能物业首先确保安全和健康，其防火与保安系统要求智能化；其空调系统能监测出空气中的有害污染物含量，并能自动消毒，使之成为"安全健康物业"。智能物业对温度、湿度、照度均加以自动调节，甚至控制色彩、背景噪声与味道，所有这些为人们带来了更加安全、健康、舒适的生活工作环境。

2. 节约能源

以现代化的宾馆、商厦为例，其空调和照明系统的能耗相当大，约占大厦总能耗的2/3。在满足使用者对环境要求的前提下，智能物业可以利用自然光和大气冷量（或热量）调节室内环境，以最大限度减少能源消耗。例如，根据"工作"或"非工作"时间，对室内环境实施不同标准的自动控制，下班后自动降低室内照度与温湿度控制标准等。利用空调与控制等方面的最新技术，最大限度地节省能源是智能物业的主要特点之一，由此带来的经济性也是该类建筑得以迅速推广发展的重要原因之一。

3. 能满足多种用户对不同环境功能的要求

旧式建筑是根据事先给定的功能要求做好设计建造的，建成后难以改造。而智能物业要求其建筑结构设计必须具有智能功能，除支持 3A(5A)功能的实现外，还必须是开放式、大跨度框架结构，允许用户迅速而方便地改变建筑物的使用功能或重新规划建筑平面。室内办公所必须的通信与电力供应也具有极大的灵活性，通过结构化综合布线系统，在室内分布着多种标准化的弱电与强电插座，只要改变跳接线，就可以快速改变插座功能，如变程控电话接口为计算机通信接口等。这些为灵活运用建筑空间，最大限度地发挥物业价值创造了条件。

4. 现代化的通信办公条件可以极大提高人们的办公效率

当今社会，时间就是财富。智能物业可以大提高工作效率，智能物业中，企业可以利用物业局域网，统一调度各部门运作，实现信息共享、互访和传递，极大体地提高内部工作效率；同时，用户可以通过国际互联网进行多媒体信息传输和收集，及时获得全球性金融、商贸、科技情报和市场信息，随时与世界各地的机构进行商务往来，处理各种事宜。这些为企业赢得商机、高效决策和取得竞争优势创造了条件。

5. 极大地丰富、方便人们的生活，提高生活质量

智能物业可以通过总线技术实现对家中通信、家电、安保等设备的监视控制，可以实现水、电、煤气多表自动计量、自动收费，可以通过网络提供社区服务，网络医疗、教育、娱乐、购物、投资理财等各类服务，从根本上改变人们的生活、工作方式，提高生活质量。

6. 方便管理

智能物业或以自动进行安全和灾情报警，集中智能门禁管理，自动监控水、电、空调等设备，显示设备运转情况，进行故障诊断，提醒及时维护；智能物业可以实现车辆出入，水、电、煤气自动计费收费，快速报修，网上传递服务信息、提供服务等。

四、智能物业的基本结构

智能物业是由五个基本要素结合，即 BAS、FAS、SAS、CAS、OAS。

1. 建筑设备自动化系统(BAS)

建筑设备自动化系统用于对大厦内的各种机电设施进行自动控制，包括供暖、通风、空气调节、给排水、供配电、照明、电梯、消防、保安等。通过信息通信网络组成分散控制、集中监视与管理的管控一体化系统，随时检测、显示其运行参数；监视、控制其运行状态；根据外界条件、环境因素、负载变化情况自动调节各种设备始终运行于最佳状态；自动实现对电力、供热、供水等能源的调节与管理；提供一个安全、舒适、高效而且节能的工作环境。

2. 防火监控系统(FAS)

防火监控系统是贯彻以防为主、防消结合的方针，及时发现并报告火情，控制火灾的发展，尽早扑灭火灾，确保人生安全和减少社会财富的损失。近年随着微电子技术、自动控制技术应用到消防技术领域，逐步形成了以火灾探测与自动报警为基本内容，计算机协调控制和管理各类消防灭火、防火设备，具有一定自动化和智能化水平的火灾监控系统，即智能防火系统。

3. 保安监控系统(SAS)

保安监控系统必须对物业的主要环境，包括内部环境和周边环境进行全面有效地全天候的监视，对物业内部的人、财产、文件资料、设备等的安全起着重要的保障作用。智能物业的保安监控系统一般由三个部分组成：一是出入口控制系统，即在物业的入口处、金库门、档案室门、电梯等处安装出入口控制装置，如磁卡识别器或密码键盘等，只有持有有效卡片或密码的人才允许通过。二是防盗报警系统，即用探测装置对建筑内外重要地点和区域进行布防，一旦有报警，要记录入侵的时间、地点，同时要向监视系统发出信号，让其录下现场情况。三是闭路电视监控系统，这系统除起到正常的监视作用外，在接到报警系统和出入口控制系统的示警信号后，还可以进行实时录象，录下报警时的现场情况，以供事后重放分析。

4. 通信网络自动化系统(CAS)

通信网络系统用来保证大厦内、外各种通信联系畅通无阻，并提供网络支持能力。实现对话音、数据、文本、图像、电视及控制信号的收集、传输、控制、处理与利用。通信网络包括：以数字程控交换机(PABX)为核心的、以话音为主兼有数据与传真通信的电话网、电缆电视网、联接各种高速数据处理设备的计算机局域网(LAN)、计算机

广域网(WAN)、传真网、公用数据网、卫星通信网、无线电话网和综合业务数字网(ISDN)等。借助这些通信网络可以实现大厦内外、国内外的信息互通、资料查询和资源共享。

5. 办公自动化系统(OAS)

办公自动化系统是服务于具体办公业务的人机交互信息系统。办公自动化系统由多功能电话机、高性能传真机、各类终端、PC机、文字处理机、主计算机、声像存储装置等各种办公设备、信息传输与网络设备和相应配套的系统软件、工具软件、应用软件等组成。综合型智能大楼的OAS系统，一般包括两大部分：一是服务于建筑物本身的OAS系统，如物业管理、运营服务等公共管理、服务部分；二是用户业务领域的OAS系统，如金融、外贸、政府部门等专用办公系统。

建筑设备自动化系统、防火监控系统、保安监控系统、通信自动化系统和办公自动化系统，通常人们把它们称为5A。这五者是有机结合的，是一个综合性的整体。也有人从4C角度讨论智能物业，所谓4C是指：现代计算机技术(Computer)、现代控制技术(Control)、现代通信技术(Communication)和现代图形显示技术(Cathode Ray Tube，CRT)。4C不仅是实现智能大厦的技术手段，而且是主流方向。

在国际上，智能物业的综合管理系统通常又被分解为若干个子系统，这些子系统分别是：

中央计算机管理系统(Central Computer Management System，CCMS)

办公自动化系统(Office Automation System，OAS)

楼宇设备自控系统(Building Automation System，BAS)

保安管理系统(Security Management System，SMS)

智能卡系统(Smart Card System，SCS)

火灾报警系统(Fire Alarm System，FAS)

卫星及共用电视系统(Central Antenna Television，CATV)

车库管理系统(Car Parking Management System，CMS)

综合布线系统(Premises Distribution System，PDS)

局域网络系统(Local Area Network System，LANS)

智能物业可以这样理解：它运用系统工程的观点，对建筑物的结构、系统、服务和管理四个基本要素以及它们之间的内在联系进行优化组合(系统集成)，从而提供一个投资合理、高效、舒适、安全、方便的环境。智能物业在物理上可分为四个基本组成部分：结构——建筑环境结构；系统——智能化系统；服务——住、用户需求服务；管理——物业运行管理。这四个基本组成部分缺一不可，它们既相互关联、又相互依存，组成一个完整一致的智能物业体系。

五、智能物业的基本目的、要求和功能

(一) 建设智能物业的目的

(1) 能够提供高度共享的信息资源；

(2) 确保提供舒适的工作环境；

(3) 节约管理费用，实现短期投资、长期受益；

(4) 适应管理工作的发展需要，做到具有可扩展性、可变性，适应环境的变化和工作性质的多样化。

（二）智能物业的基本要求

（1）对智能物业管理者来说智能物业应当有一套管理、控制、运行、维护的通信设施，只需花较少的经费便能及时地与外界取得联系（如消防队、医院、安全保卫机关、新闻单位等）。

（2）对智能物业的使用者来说，应有一个有利于提高工作效率、有利于激发创造性的环境。

（三）智能物业提供的环境

智能物业提供的环境应该是一种优越的生活环境和高效率的工作环境，包括有：

（1）舒适性。人们在智能物业中生活和工作，无论在心理上还是生理上均感到舒适。为此，空调、照明、噪声、绿化、自然光及其他环境条件应达到较佳和最佳状态。舒适服务功能包括：空调通风、供热、给水排水、电力供应；闭路电视、多媒体音响、智能卡、停车场管理以及体育、娱乐管理等。

（2）高效性。提高办公业务、通讯、决策方面的工作效率以及建筑物所属设备系统使用管理方面的效率，节省人力、时间、空间、资源、能耗以及所需的费用。

（3）方便性。除了办公设备使用方便外，还应具有高效的商业和信息服务功能。便捷服务功能包括：办公自动化、通信自动化、计算机网络、结构化综合布线、商业服务、饮食业服务、酒店管理等。

（4）适应性。对办公组织机构的变通、办公方法和程序的变更以及设备更新等适应性强，对服务设施的变更稳妥迅速；当办公设备、网络功能发生变化和更新时，不妨碍原有系统的使用。

（5）安全性。安全服务功能包括：防盗报警、出入口控制、闭路电视监视、保安巡更管理、电梯安全与运控、周界防卫、火灾报警、消防、应急照明、应急呼叫等。除了保证生命财产、建筑物安全外，还要防止信息网中发生信息的泄漏和被干扰，特别是防止信息、数据被破坏、被删除和篡改，以及系统非法或不正确使用。

（6）可靠性。尽早发现系统的故障，尽快排除故障，力求故障的影响和波及面减至最小程度和最小范围。

（四）智能物业的功能

（1）应具有信息处理功能。智能物业必须有对有效信息进行采集、判断、分析、处理的能力。

（2）各种信息应能进行通信。信息通信的范围不局限于建筑物内部，应有可能在城市、地区或国家间进行。

（3）要能对建筑物内照明、电力、暖通、空调、给排水、防灾、防盗、运输设备等进行综合自动控制。

（4）能实现各种设备运行状态监视和统计记录的设备管理自动化，并实现以安全状态监视为中心的防灾自动化。

（5）建筑物应具有充分的适应性和可扩展性。它的所有功能，应能随技术进步和社会需要而发展。

第二节　物业管理智能化

一、物业管理智能化

现代物业管理的概念已不是传统的管理方式，随着智能物业的迅速发展，对智能物业的管理越来越受到人们的重视，为了适应形势发展的需要，学习国外先进管理经验，结合我国实际情况，尤其是随着我国物业管理行业的迅速发展，掌握现代化的管理手段不仅可以帮助从事智能物业的管理人员解决实际工作中遇到的各种问题，对进一步提高我国现代建筑的智能化水平，促进我国经济建设的发展也是有益的。

（一）物业管理智能化的概念

物业管理智能化也称物业管理自动化，是指在物业管理工作过程中以现代先进的科学技术为手段，对物业管理活动进行科学的组织和对物业进行有效的管理。物业管理智能化包括物业管理企业的办公自动化和业务管理自动化两大部分。

物业管理自动化系统的物理构成包括：

（1）物业概况管理系统。物业概况管理系统以图文并茂的形式综合介绍物业的规划、配套和管理规程等。

（2）房产管理系统。房产管理系统对楼宇、单位、车位等原始的物业资源进行全面的管理。

（3）业户管理系统。业户管理系统对业户的档案、变更状况、投诉、维修和装修等事项进行管理。

（4）财务管理系统。财务管理系统以各种方法完成用户的收费业务，对收费结果、拖欠情况进行统计，保存所有个人的缴费历史。

（5）治安管理系统。治安管理系统管理治安人员、治安排班等事宜，实现对日常的治安事件进行监控。

（6）保洁管理系统。保洁管理系统对保洁人员及日常保洁排班等事项进行管理。

（7）设备管理系统。设备管理系统对设备档案、维修保养计划、日常保养安排及出勤情况进行管理。

（8）绿化管理系统。绿化管理系统对各种绿化植被、绿化带、绿化工程进行管理。

（9）办公管理系统。办公管理系统对物业管理公司自身的人事、文件、财产等事项进行管理。

（二）智能物业为物业管理提供了新的发展空间

目前来看，智能物业与智能社区的发展方向，可以概括出四大特点：

（1）网络化。目前流行的家庭的办公、网上购物、远程教育等等正是通信与计算机网络化的现实表现，离开了网络，也就不可能有物业的智能化。

（2）智能化。住宅或商业建筑的智能化是把住宅的单一居住功能或纯商业办公功能引向休闲、娱乐、购物、教育、家庭办公等多项功能；把住宅小区的狭小、封闭空间变为可触及世界的开放地域。

（3）人性化。智能物业是迎合人的需要而产生和发展的，因此，在规划、设计阶段，就已充分考虑了用户的各种现实与各种需要要"以人为本"。

（4）综合化。智能物业具有很多复杂的功能，这些功能含盖通信、安防、物业管理、家庭智能化、办公智能化等几大方面，综合性很强。

具备四大特点的智能物业的产生，给了物业管理一个发展的空间，也给物业管理一个展现价值的机会。智能物业的出现，给物业管理增加了很多新的、技术含量较高的管理服务内容，如网络服务等等，使物业管理真正的有了"用武之地"，间接地也提升了物业管理的形象。

同时，物业管理的参与也才能真正实现智能物业的智能功能。一方面，物业管理智能化系统是智能物业智能系统的组成部分，没有物业管理的智能化，就没有完整意义上的智能化物业；另一方面，只有物业管理的参与，并通过物业公司管理服务人员对智能化设备设施的管理，及通过提供多种信息为用户服务，用户才能真正感受到建筑物业的"智能"，也才能感受生活和办公的便利、安全、舒适与丰富多彩。

二、智能住宅小区物业管理

在社会信息化进程日益发展的今天，人们对自己住宅的关注已不再仅仅局限于居室面积、周边自然环境、交通等方面，而是把更多的兴趣和注意力放在与外界沟通、信息服务、安全防范、物业管理等方面，正是适应这种社会需求，智能小区应运而生。

目前，国内正在进行小康住宅示范小区的建设。由于通讯技术和产业的迅速发展，建设部对小康住宅总的要求是希望小区进行综合布线，网络的引进将给小康示范小区增加新内容，而小康住宅不仅会成为建筑材料业、房地产业新的经济增长点，还会成为竞争激烈的 IT 行业一个新的战场。

今天，当我们谈及智能网络住宅小区时，很多人已经不会认为很稀奇了。的确，智能化小区已经离我们越来越近了。可是要真正实现一个完全的智能网络的社区，还有待科技和管理水平的提高。目前，国内一些经济较发达的城市已经越来越看重这方面建设，很多新的住宅小区正在向全智能化网络小区的方向发展。而更多新近的精品小区在规划设计的时候，就已经以完善的智能化网络社区为目标了。虽然小区智能化建设，在国内出现也只是近几年的事，但随着国家信息产业的发展和建筑功能的改善，人们之间相互交流的需求增强，智能化网络小区的概念更加深入人心。随着信息产业的的改革，不久的将来三网合一的实现，智能化网络小区的发展会走得更远。

（一）智能化住宅小区

所谓的智能化住宅小区，是指通过综合配置住宅区内的各功能子系统，以综合布线为基础，以计算机网络为区内各种设备管理自动化的新型住宅小区。如图 8-1 所示，包括安全防范、信息网络和信息管理三个部分组成。

（二）智能住宅小区的出现，对物业管理提出了一系列新的要求：

第一，从业人员要了解智能住宅与智能物业的不同，努力从物业管理的各个方面入手搞好物业管理工作。智能住宅是智能物业技术的发展和延伸，但它又有不同于智能大厦的特点。从其智能化的内容来看，重点是生活服务、安保和物业的管理维护；系统结构具有适应众多服务对象与服务内容的分散性、多样性、灵活性、控制对象分散，信息传输距离长，布线复杂等等。因此，从业人员要真正把智能住宅小区与智能大厦从管理观念和管理服务的具体内容方面区别开来，从住宅小区的角度，向居民提供优质高效的管理服务产品，同时，积极做好智能化设备设施的维护工作。

小区智能化系统

安全防范子系统
- 出入口管理及周界防越报警系统
- 闭路电视监控系统
- 对讲控制系统防盗门
- 住户呼救系统报警
- 管理保安巡更系统

信息网络子系统
- 有线电视网系统
- 高速宽带数据网系统
- 宽带光纤接入网系统
- 电话网系统
- 其他网络系统

信息管理子系统
- 多表现场计量与远程传输系统
- 车辆出入与停车场管理系统
- 设备监控系统供电照明等公共
- 紧急广播系统景音乐系统与背
- 物业管理计算机系统

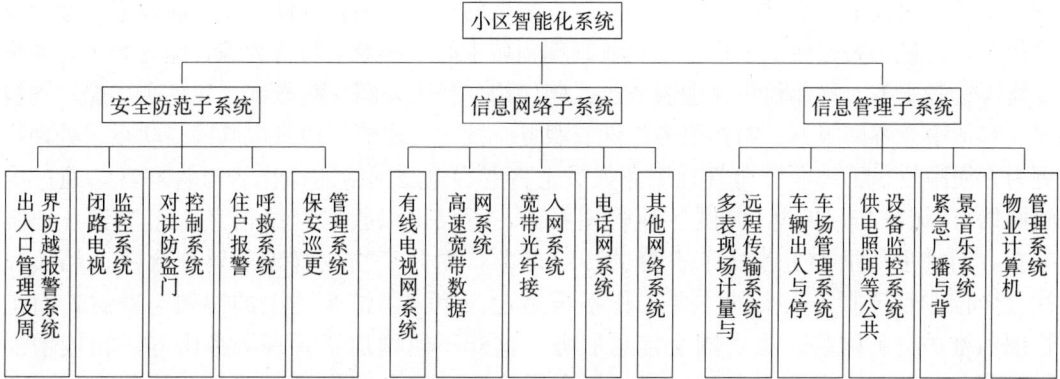

图 8-1　智能化小区构成示意图

第二，必须强调和切实督促物业公司对智能住宅小区物业管理的早期介入。一方面物业公司要从思想上把早期介入真正重视起来，并切实付诸实施；另一方面，政府有关部门也要从维护人民生命财产的角度出发，强调和督促物业公司对智能住宅小区物业管理的早期介入。

第三，必须加强智能住宅小区管理服务人员，特别是智能化系统维护管理人员的培训培养工作。物业公司应选派相关专业的技术人员参与智能化系统的设计与实施，进行岗位培训，掌握智能化系统管理的技能，并将系统过程、数据全面存档，作为智能化系统启动的初始条件，以确保智能化系统正常运行，并能保证管理服务人员正常利用该系统为广大居民服务。

第四，努力做好智能小区物业管理的组织实施工作。智能住宅小区物业管理具有普通住宅小区物业管理的一般内容，包括：①公共管理服务。具体内容有：房屋维修管理、房屋设备管理、安全管理、道路交通管理、环境环卫管理、供暖管理以及公众代办性质的服务等等。②综合经营服务。包括专项服务和特约服务两个方面。具体内容有：衣着、饮食、居住、行旅、娱乐、购物、文教体卫等方面的服务。另外，智能住宅小区物业管理比普通小区物业管理也多了一些新的管理服务内容，如网络信息服务等等。同时，智能住宅小区物业管理的主要工作也将变为管理和维护电脑网络，而不是以前那种主要是依靠人力来发现和解决物业管理问题。

这样，组织和实施智能住宅小区物业管理，就主要是操作电脑网络、监测各种智能化仪器设备传送的各种信息，并给以及时处理。智能住宅小区物业管理的微观模式已经由主要是人工运作的模式，转变为主要是机器动作的模式。

（三）智能住宅小区物业管理的特点

（1）智能化程度高。传统住宅小区由于其建筑、设备设施等硬件缺乏智能性，充其量也就作些住宅小区智能化的改造，在物业管理方面使用一些计算机，但使用范围相对狭窄。智能住宅与智能住宅小区由于其先天优势，给物业智能化管理创造了条件，不仅在计算机的使用上，还是在管理的智能化上，都比普通住宅小区范围要宽、程度要高得多。

（2）效率高、内容多、便于管理。主要表现为：①物业管理中的一些传统收费项目，如房租、水电、煤气、暖气等的收费因为可以使用电脑管理而变得一目了然。房租、水、电、煤气的用量也能通过专门的传感器进行数据的精确采集。这样可以提高效率，减少收费纠纷，而且大大方便了住户。②物业管理领域中的一些专项与特约综合经营服务，如快餐盒饭送餐服务、物业租售代理服务、代聘保姆、代为介绍家庭教师、代订车、船、飞机票、其他中介咨询服务、购物服务、洗衣服务、社区厨房等，通过电脑网络联系与处理将更为方便高效。③物业公司管理服务人员也将变为电脑网络的操作者与管理者，通过电脑网络(广城网与局域网)提供各种管理服务，不仅可以收取网络信息使用费和各种服务费，而且也从根本上改变了自身的传统形象，提升了物业管理的科技含量、档次和社会地位。管理服务人员的主要工作不再是走门串户、忙于嘴上的协调与劝解，而是管理和维护电脑网络，提供网上信息服务。这样不但增加了管理服务内容，相应增加了物业公司的收入来源和利润，而且因为网络管理服务的高效而使物业管理变得更有效率，更容易管理。

（3）管理人员素质要求高。智能住宅小区物业管理人员要在智能结构方面不但具有普通住宅小区物业管理人员的知识结构，同时还应熟悉和掌握计算机的基本知识和网络知识，了解计算机的管理维护知识，熟练进行计算机的各种操作，包括文档处理的网络操作等等。

三、智能商业大厦物业管理

（一）智能化商业大厦的技术特点

随着高新技术的发展和社会的进步，人们逐渐将科学技术中的最新研究成果——智能化设施用于人们日常工作的场所——商业建筑。不同性质的商业建筑，比如纯办公楼、纯商场、宾馆、高级住宅楼、综合型商务楼，由于需求的差异，因而其所含的子系统和建立的功能也不可能千篇一律。

然而，无论何种性质的商业智能物业，必须具备以下四个条件：

（1）一套先进的楼宇设备控制系统，能够对大楼的各种电器设备进行自动控制，营造一种温馨、舒适、高效的工作环境。

（2）一个现代化的通讯系统，能够提供全方位的、立体的、大容量的、高速率的双向通讯条件，满足现代信息社会瞬息万变的工作和通讯要求。

（3）一套结构化布线系统，将整幢大楼或整个小区的语言通讯、数据通讯、多媒体通讯融为一体，为高效率的通讯和系统管理提供硬件条件。

（4）一个系统集成平台，能够对大楼或小区的强电设备和弱电系统进行统一监视与管理，能够在各子系统之间进行数据交流，做到信息共享，从而为客户提供良好的物业管理和一流服务。

（二）智能化商业大厦物业管理的特点

一幢高度智能的商业楼宇，其具体的功能可能千变万化，但它给物业管理所带来的特点是设备的先进性，信息的开放性，环境的安全性，工作的舒适性，功能的多样性，费用的经济性和人力资源的高级性以及以此带来的现代高效率。

1. 设备的先进性

如前所述，智能物业是现代建筑技术与高科技的完善结合，其设备具有众多高科技含量，以梁振英测量师物业公司(以下简称梁行)在上海全权管理的智慧广场而言，其结构化布线采用美国 SIEMON 公司的产品，平均每 $5\sim6m^2$ 有一个信息点，其 VSAT 系统是新一代卫星通讯系统，通过一中心站和许多远端小站集成通讯网。VSAT 系统能够实时接受上海和深圳的证券信息，国内外财政经济信息，期货信息等，同时可以和远端网站进行收发，进行多媒体通讯。

2. 信息的开放性

传统的物业管理信息交流缓慢，如以往的工程管理需要通过众多报表逐级统计。现在通过信息平台系统在网上根据不同权限了解有关维修、保养和故障情况，信息的流通速率以秒计算。另外，传统的物业管理的停车管理很大程度靠人来执行收费制度，现在通过 IC 卡直接与管理处财务电脑连接，无论什么人没有办法作弊，增加了透明度。

3. 环境的安全性

智能物业的安全设施是比较完善的，它包括防盗系统（SA）、防火系统（FA）和其他各种安全防范系统和事故处理系统，改变了传统物业管理领先人力的方式。目前，通过监控和设备来控制事故及防范各类灾害，使人的眼、耳、鼻等功能，借助设备有了超视距、超嗅觉、超听力的功能，同时也使技术人员摆脱脏、臭等恶劣工作环境，使物业管理的安全性极大提高。

4. 工作的舒适性

智能物业应当提供舒适宜人的室内环境，给物业管理人员带来舒适性的是几乎所有的电气设备都可以自动设置或者远程控制。如智慧广场的公共区域照明用电、送新风的时间安排、泛光照明等均可以由 BA 设定，污水处理机房、水泵房等均由电脑监控。传统的初级工作由工程师在电脑中设定，显而易见物业管理的舒适性较普通商业楼宇为高，使物业管理的"蓝领"概念变成"白领"。

5. 功能的多样性

目前其服务功能有接收沪深证券，国内外财政经济信息，期货信息，同时可以和远端网站进行收发，进行多媒体通讯，接受卫星电视和闭路电视，利用 ISDN 综合业务网进行多方可视会议，背景音乐控制切换；BA 采用直接分散控制，集中管理的监视的计算机网络系统，在物业管理内部形成局域网，大楼图纸、资料、使用说明、设备清单均输入电脑，做到了无纸化办公。上述设施的功能又增加了物业管理的服务内容，展现在我们面前的是个多维的物业管理和服务世界。

6. 实用的经济性

传统的物业管理费用中人力资源和能耗占据很大比例，谁降低上述费用谁就获得成功。这是由于物业管理的特性所决定的。如今，使用了智能化系统的物业管理使人力需求数量极大地下降。如智慧广场目前工程人员主管仅有 15 人维持 24 小时运转，虽然工资比传统的管理人员有提高，但总量还是有大幅度下调。另外，能源的控制是卓有成效的，如空调变风量的控制，电力功率因素的调整，空调主机的模糊。控制技术的运用，使电力得到有效的控制，从而使物业管理的整个费用下降。目前智慧广场的管理费低于同类楼盘 20%～30%。

7. 人力资源的"白领化"

物业管理向来属于第三产业中以吸收过剩劳动力的行业，除极少数专业人员外，大部分工种均需要一般学历的人员充任。而商业智能化楼宇需要的管理人员要既懂电脑又懂英语又会管理。培训的方式主要是如何使用设备，而不是简单的经验传授。普通的保安、车库管理员也要在电脑面前工作，所以"白领化"的趋势日趋明显。综合上述，智能商业建筑给物业管理所带来的是工作效率的革命。第一时间处理问题，第一时间获取信息，第一时间降低成本，第一时间营造服务。

四、智能物业的管理人才的培养

每座智能物业都类似一个完整的世界，它涉及到几乎全部最新高科技成果与产品。昔日普通建筑手工业作坊式的维修与管理体制已不能满足要求，必须变革。

智能物业的宗旨就是将结构、系统、服务与运营统一并优化组合。智能物业提供了安全、舒适、高效、便利的环境和足够的现代化管理设备与手段，为搞好信息管理与服务提供了良好的物质条件。要完成上述高技术含量的任务，需要专业化的管理机构。

为适应现代化建筑的需要，物业管理公司的首要任务是建立一支专业化、高水平的管理队伍，实现对设备与系统建立档案，智能预测，定期维护，贯彻以防为主的方针，既提高系统可靠性，又减少了维修工作量。在智能物业的管理工作中，应十分重视先进维修设备的研制与应用，要由过去主要依赖个人技能发展到靠先进技术、设备与管理，以提高生产率和管理质量。

过去，缺乏先进的设备和现代化的管理技术，使大厦的经济价值很难体现。最简单的实例是，未联网的普通饭店往往出现旅客很难找到合适的旅馆，而旅馆又找不到足够的旅客；虽然大厦内各种管理机构与人员很多，但办事效率却不理想。智能物业发展后，物业管理水平的提高直接关系到经营效益，是缩短投资回收期的关键之一。物业管理公司首先要求管理人员必须意识到竞争的压力，明确用户是上帝的服务宗旨，具有管理先进计算机系统的技能，建立符合与国际经济接轨及智能物业需要的整套管理体系。实力不足的小公司逐渐被大公司取代。如美国江森自控有限公司目前在世界各地管理的上万幢大厦面积已达 1 亿 m^2，其中有商业楼、政府楼，包括医院、军事基地、工业建筑、特殊构筑物（如处理有毒物或核废料的构筑物），内容从机电设备保安至承包租赁与经营管理。

我国的智能物业发展速度属世界一流，但专门管理与工程技术人员却十分缺乏。解决供需矛盾的现实办法就是培养人才。信息社会对人才的需求空前迫切，智能物业更体现出科技是第一生产力，其设计、施工与管理需要高层次的专门人才。原有的建筑队伍无论从科技知识，还是管理能力诸方面明显不能满足要求。因此，要采取多种教育、培训手段，使现有设计、施工与管理人员迅速提高水平，以解决智能物业发展的燃眉之急。

五、智能化物业管理应注意的问题

现阶段建设智能化物业中存在有以下问题：

（1）目前不少智能化小区致力于小区电子银行、小区虚拟商场、证券行情和交易委托等全方位社区服务。事实上，由于小区受到人口的限制，其负担的功能和职责是十分具体而有限的，不考虑建设规模就难以实现经济规模效益，甚至会吃力不讨好。

（2）智能物业的建设必须坚持以人为本的原则，有些智能物业安装了太多的摄像机，使用户感觉生活得很不自在，个人隐私得不到必要的保护和尊重，用户的私密性得不到保障。

（3）智能小区作为工程建设项目，必须采用成熟的技术和标准化的产品来构建其智能化系统，处于实验阶段的技术和产品不宜用在工程建设中，智能小区的经济承受能力远低于智能大厦，有些项目不能盲目超前。

（4）小区智能化系统的发展应紧紧围绕以家为中心来做文章，不能将其延伸为高度自动化和现代化的办公室，应本着实事求是的精神，将智能小区的真实面目展现出来，推动智能小区建设的健康发展。

（5）智能化系统的维护保养除了传统的清洁、完整性保养外，设施具有高度集成化，运行具有隐蔽性，检测手段高级性，所以一般维修均委托施工单位来负责。由于无竞争方式下签订合约，所以往往价格居高不下，维保质量难以保证，若有损坏，动辄上千元或万元也不足为奇。根据这种情况，物业管理公司一般提请发展商准备备用模块或严格验收程序。另外也希望工程公司相关人员能转入物业管理队伍中，以保障设备运营。

（6）许多智能化系统是建立在大量数据模型基础之上，而每幢楼无论结构还是配置均有不同，所以，再开发问题就是物业管理的难点问题。针对这种现象，物业管理公司可要求业主在合同中留有再开发的条款并将相关费用计入建设安装成本，由物业公司在项目验收后参与一起再开发，使管理公司掌握再开发的深度和广度。

（7）传统物业管理将工程管理人员分为给排水、电、暖通、万能工等相关工种，如何与智能化专业人员协调，谁为主次就在工作中产生了矛盾。物业管理公司一般在智能化大厦中设立弱电工程师和弱电技术员，大型楼宇中设立弱电主管人员，一般在实际动作中作为当班主管（领班）的副手，由主管（领班）发出指令，弱电人员按专业内容进行合理化修正，在维保和专业技术环境中，由弱电工程师负责，其他人员服从指挥，这种矩阵管理模式有效地协调了各方关系，但也有扯皮现象，需在实践中进行深化。

（8）任何设备都有瑕疵，智能化的高级程度某种程度上取决于信息点的多少和软件的编程，电脑死机，探测点失灵，模块进水，甚至老鼠、蟑螂的行动，都对弱电系统有不同程度的影响，还有电脑病毒等问题。针对这种情况物业管理公司主要依靠建立规章制度和应急计划作为补充。但无论如何，即使有最新的技术和设备，也需要人去操作和实施，所以不断地研究问题去解决矛盾，开拓传统管理的内涵，将成企业文化的一个组成部分。

复习思考题

1. 什么是智能化物业？它有什么显著的特征？
2. 智能物业的基本结构及特点是什么？
3. 分别从性能及投资方面举例论述比较智能物业与传统物业的区别。
4. 什么是 3C+5A 技术？分别论述。
5. 什么是智能化物业管理？
6. 根据我国物业管理行业现有状况，论述智能化物业管理的人才培养。

第九章　物业管理者

第一节　物业管理者的角色

一、物业管理者

任何组织或设施的管理都是与管理者密切相关的。一个组织的成功与失败，一套设施的完好与破损，在相当大的程度上取决于管理者的素质及其努力程度。就物业管理而言，即使是在黄金地段上设计优美实用、用料优质高档、配套设施完备、周边景色宜人的房屋，但是若没有一群敬业、乐业、专业的人士为之提供优良的管理与服务，那么这也不能说是一个好的物业。搞好物业的管理和服务，要靠硬件的设施条件以及严格的规章制度和管理服务的措施，但这一切首先还是靠人。在计划经济时代，人们重建不重管，致使房产使用寿命大大缩短。这固然有体制上的原因，但也与当时没有比较专业的具有物业管理意识和技术的管理者有关。现在，许多人已经意识到专业物业管理人员的重要性。许多研究和描述物业管理的著述，尽管对物业管理的内容、特点、方法等作了详尽的论述，但对物业管理的操作者仍然重视不够，物业管理者是一个什么样的群体？物业管理者在物业与业主、使用人之间扮演什么角色？怎样才是合格的物业管理者？诸如此类的问题，即使在物业管理研究者、物业管理从业人员、广大的发展商及业主当中都存在着模糊的认识。其实，随着现代物业科技含量的增加以及人们对物业管理期望值的升高，物业管理所面对的环境、人群也日趋复杂，物业管理从业人员的作用愈加突出。

2003年9月1日起实施《物业管理条例》，物业管理的内涵发生了质的变化，它不再是传统、单纯、静态(只管物)的物业管理者的模式，它会将传统、单纯、静态的物业管理者的模式与动态的物业管理服务相结合，形成高标准、高质量、全方位的服务网络体系，并要得到广大业主的认可及社会公认的新型物业管理模式。建立一支素质优良、管理和服务水准较高的员工队伍，是物业管理公司完成所负使命的重要条件。如何不断提高物业管理者的素质与水平，也就成了现代物业管理者必须面对和研究的一个主要课题。

首先，我们要知道什么是管理者？美国著名管理学家德鲁克在《有效的管理者》一书中给管理者下的定义是：在现代组织里，如果知识工作者凭借他的职位和知识，对某项贡献负责，而该贡献又实际影响到组织能否履行职责并取得成果，这样的知识工作者就是一位"管理者"。也就是说，管理者是负责"某项贡献(工作)的人"。物业管理者是处在这样的环境中从事"某项贡献"的。具体体现在：

第一，物业管理者在提供服务过程中按工作范围可分派担任不同岗位的工作，例如行政管理、工程管理、事务管理、保安管理、财务管理、人事管理等。

第二，物业管理者必须对物业及其运作进行维护和管理，并承担物业及其配套设施不受损坏并不断增值的责任。

第三，物业管理者必须对物业的所有人、使用人提供规定的或附加的服务，而物业所有人、使用人对其服务的评估反馈决定着物业管理者的工作价值。在相当多的情况下，某一项"贡献"（服务）的失误，都会给物业管理者造成巨大的压力。

根据上面的分析，在物业管理公司内部，有从总经理到主管这样的管理者，这是一般意义上的"管理者"。但是，面对物业及其所有人、使用人，物业管理公司每一岗位上的人都可被称为管理者。因此，我们认为，物业管理者就是物业管理组织内从事维持物业及其配套设施的正常运作，并为业主、用户提供相关服务的各种岗位的人。

二、物业管理者担任的角色

按照现代物业管理的要求，物业管理人的自我角色定位从传统的物业管理者的角色转变为物业管理服务者的角色，并且要把服务上升到第一高度。这种角色定位的转变必然会带来职业心理的变化，物业管理人要重新调整职业心态已是迫在眉睫之事。服务是一种极为个性化的复杂行为，服务心态对服务行为起着极为重要的影响作用，不同的服务心态就会产生不同的服务效果。

（一）物业管理者的类型

根据上述对物业管理者的分析及其定义，物业管理者置身于横纵两种关系和环境中。横，是指物业管理者在物业管理公司内部的阶层、职位和职责；纵，是指物业管理者既要管理物业，又要服务于业主、用户。因此，物业管理者的类型按照管理层次可划分为：高层管理人员、中层管理人员、基层管理人员、岗位管理人员四种。

（1）高层管理人员

高层管理人员是站在物业管理公司的立场上，对整个公司实行综合指挥和统一管理的人员。高层管理人员所考虑的管理问题和所从事的管理活动，都是与管理公司的正常运作和实际效果密切相关的。高层管理人员的主要职责是制定物业管理的管理目标和服务思想，以及物业管理过程中的经营发展策略；根据管理与服务的需要配备人力资源；主持日常工作，定期召开部门经理或有关会议，布置工作，检查各部门的工作情况；考核部门经理以上人员的工作。

（2）中层管理人员

中层管理人员的职责主要是执行高层管理者所作出的决策和大政方针，并使高层管理者制定的目标、思想付诸实施。中层管理人员要为他们所负责的部门制定旨在达到管理公司总目标的次一级的管理目标；策划和选择达到目标的实施方案；按部门分配资源；协调管理公司内各单位的活动；制定对偏离目标行动的纠正方案。他们向最高管理层直接报告工作，同时负责监督和协调基层管理人员的工作。物业管理公司的中层管理人员一般包括行政部、会计部、工程部、管理部、保安部、人事部等部门的负责人。

（3）基层管理人员

基层管理人员是指主管、组长一级的管理人员。其主要职责是按中层管理者指示的程序，去组织、指挥和从事物业管理的具体管理活动，如给下属人员分配工作，监督下属人员的工作情况等。

（4）岗位管理人员

岗位管理人员是指在一线上从事管理与服务的人员。这部分人员占整个管理公司的绝大多数。他们虽然没有管理下属，但他们是对物业的运作情况进行监控和维护，同时直接面对业主、使用人并提供服务，他们是物业管理与服务的最终执行者和实现者。岗位管理人员包括管理员、保安员、电工、清洁工等。

（二）物业管理者的角色

物业管理者在物业管理公司内部扮演的角色和所起的作用是多方面的，不同层次的管理者扮演着不同的角色，起着不同的作用。

1. 对于物业管理公司来说，高层管理者扮演着三个方面的角色

（1）人际关系方面：①公司的象征性代表。一言一行体现公司企业形象。②联络人的角色，对外起着管理公司与业主、客户及政府部门的联系作用，对内起着沟通上下级之间、纵向联系与横向联系的作用。

（2）信息沟通方面：①"神经中枢"角色。管理者必须准确获取到有关业主（使用人）信息。并向有关领导者及相关部门进行汇报。②信息传播者角色。在了解各类信息之后，经过处理及时把有关信息情报传给有关人员，做好各种服务工作。

（3）决策方面：①制度制定者的角色。主要是根据管理公司的管理理念和目标制定的有关规章制度，以规范管理与服务行为，并从自身做起。②投诉处理者角色。针对一些重大的带有普遍性投诉，采取正确的行动，化解矛盾和意见。③资源分配者角色。管理者要根据计划和需要进行调整人力、物力，使资源得到优化。

2. 中层管理者的角色

（1）工程设备管理角色。控制各设备系统在最佳状态下进行，向用户提供安全舒适的生活环境。

（2）人力资源管理角色。对人才进行有效的培训和合理使用，建立业绩评估、晋升、奖励、惩罚及报酬制度。

3. 基层和岗位管理人员的角色

（1）专业服务提供者的角色。如提供家政、代办服务，为业主提供周到、舒适的生活环境。

（2）管理的角色。对管辖物业的治安、消防、保洁、环境保养、公共秩序、设施运行、接待投诉等方面管理，处理各类突发事件。

第二节　物业管理者的专业素质

物业管理所提供的服务很广，包括建筑物本身的结构，以及建筑物以外的环境、场地和附属设施，还有保安、通讯等方面的内容。特别是在建立和谐的人际关系和公共关系、形成良好的工作环境和居住环境方面，有着许多深层次的工作需要去做。因此，凡是从事物业管理工作，尤其是高层次的管理人员，需要有广博的知识，应是一位复合型人才，这样才能够胜任。国外十分重视物业管理公司管理人员的文化素质。香港规定，物业管理行业中的中高层管理人员必须具有大专以上的文化水平。除必须具备这一条件以外，还需要进行2年至3年的职业培训，取得证书后方可进行工作。所以我国的物业管理工作要想健康地发展，必须转变认识观念，必须加强人才培养。

一、物业管理者的知识结构

谈到物业管理，许多人并不十分了解其内涵，甚至有些人把物业管理误认为是"扫扫

地"、"种种花"、"看看门"、"收收水电费"，不需要文化，不需要技术，只要出点儿劳动力就行了。正是由于存在这些错误的观念，许多物业管理公司不重视技术人才的引进与使用，导致技术力量薄弱，管理水平较差，服务质量低下，住宅小区的业主（使用人）对其意见很大。实践证明，物业管理运作过程中涉及的知识面很宽，从大学科目来讲，有行政管理学、心理学、公共关系学、经济学、系统工程学、法学等，这些学科主要属于管理范畴；城市规划学、建筑学、建筑结构以及设备、电气、水暖、煤气、空调、电讯、计算机等学科或专业，技术成分占据了主要地位。无论从管理角度，还是从技术角度，这些学科、专业与物业管理的生存和发展都息息相关。

由此可见，搞好物业管理工作，不仅要有全心全意为住户服务的思想，而且还要有过硬的专业技能知识。物业管理工作范围广泛，涉及多方面的专业知识。对物业管理人员来说，其岗位必备知识主要可分为两大部分：

（一）工科技术类的学科知识

（1）建筑知识。对房屋的结构和建筑，必须有一定的了解，懂得房屋维修养护知识，有向住户宣传如何使用和养护物业的能力。

（2）机电设备维修养护知识。能保持物业各种设备的正常运行，及时解决处理设备运行故障。

（3）物业建设规划知识。能注意公共设施的维修、保养、清洁、美化，保持物业环境的合理布局、景观和风貌。

（二）管理类知识

（1）房地产经济理论知识。例如房地产的资金投入、产出、出售、出租、成本回收、固定资产折旧以及房地产市场的运行机制等知识。

（2）物业经营管理知识。例如管理的机构及职能，管理的内容、特点、手法以及方法等。

（3）法律知识。例如城市房地产管理法、民法、经济法等法律知识；懂得宪法、土地管理法、城市规划法等对房地产有关的条款内容；对经济合同、租赁合同等的内容和格式有较准确的理解和运用；掌握有关物业管理法规、条例等。

（4）物业管理公文写作知识。能正确撰写物业管理公文，在接、撤管，订、退租，物业产籍管理中能写出具有一定专业水平的公文。

（5）公共关系知识。懂得良好公众关系对企业生存和发展的重要性，善于和各类公众，诸如住户、政府行政管理部门等打交道、能协调好各方面的关系，创造出一种宽松和谐的环境。

（6）财务会计知识。能进行租金测算，制定管理费和有偿服务费收支计划，积累房屋共用部位设施维修基金，编制工程预算，注意资金的合理运用。

（7）其他诸如治安、交通、绿化、环境科学、心理学、服务学、社会学等知识。

二、物业管理者的能力结构

物业管理者想把管理与服务的决策与设想付诸实践，实现管理目标；除了掌握基本知识、方法外，还需要具备必要的能力，具体如下：

（一）创新能力

创新是一个民族灵魂。创新使一个企业永远保持活力。一个优秀物业管理者应在平凡的物管活力中,不断创新,不断提出新服务思路,并在管理过程中不断解决新问题。

物业管理服务发展至今天,纵横两方面都取得重大突破:从横向来讲,物业管理服务已涉及商业物业、工业物业、市政工程物业等多种物业的服务;从纵向来讲,物业管理服务不断锐意创新进取,先后推出一体化服务、酒店式服务、管家式服务、个性化贴心服务等服务模式。随着人民群众生活水平的提高,业主的需求越来越高,给物业管理服务也带来无限发展机遇。

（二）决策能力

决策能力是一种综合能力,物业管理者要做好决策,必须做到"三个善于":

（1）善于判断——是指在错综复杂情况下具有预见性,能判断出事态发展因果关系,在出现意外问题时,能当机立断,并勇于负责。

（2）善于分析——是指管理者能透过现象发现问题,抓住关键,分清轻重缓急,从而找出解决问题思路。

（3）善于创造——是指管理者对新事物、新情况敏感、思路开阔、不因循守旧、善于提出新设想、新办法。

即使管理服务的提供有一套标准的流程,但因提供者个人素质不同和接受者的心理感受不同,再加上环境与时间的瞬息万变,在服务没有完成之前,谁也不能对服务的结果作出预测。所以决定服务质量高低的关键在于服务者的素质和技能,其中对服务者的判断决策能力是一个考验。

（三）组织能力

管理者善于运用企业力量,综合协调人力、物力、财力,充分调动所有成员积极性。在物业管理工作中不断开拓进取。

（四）自制能力

物业管理者经常要面对各式各样业主,这些业主经常以各式各样问题来咨询管理者,甚至有不遵守《管理公约》,无理取闹者。在这种情况下,要求物业管理者多听、多记,同时克制自己的情感,在弄清楚问题真相后,一切以管理与服务有关规定为准绳,心平气和面对业主的质询。

（五）活动能力

物业管理者必须具有较强的活动能力,尤其要善于了解对方（业主、使用人）的情况和需求,站在对方立场上想问题,力求客观、公道、公正。

三、物业管理者的专业素质

一个模范小区的物业管理质量,除了"硬件"（住房、公共设施、设备等）是一流的,而且"软件"也应该是一流的。"软件"包括规章制度、服务态度、服务质量等内容,最终要落实在物业管理队伍的素质上,即人才质量上。具体来说,就是要求全体员工的思想素质、文化素质和业务素质要高水平,每一位工作人员应具有强烈的事业心、责任感。在工作中要牢固树立"服务观念"、"道德观念",要有"宁可自己多流汗,不让住户一时难"的"住户至上"的思想觉悟,这样的服务质量才是一流的,才能受到业主（使用人）的欢迎。例如深圳中海物业管理公司"硬件"与"软件"同步,高标准、严要求地培养出一支作风过硬、业务技术精通的管理队伍。它要求每一位员工强化服务意识,改善服务态度,提高服务质量,使得小区内每一位住户都十分满意。

（一）物业管理人员应具备的素质与能力

一个优秀的物业管理人员应具备多方面的素质和能力。它包括：

1. 政治素质

物业管理人员要有良好的政治素养、正确的经营思想、强烈的事业心，能全心全意为业主(使用人)服务，能为本公司利益着想，有很强的法制观念。当前我国正由过去的传统计划经济转轨到市场经济中来，房屋管理也由过去的行政管理转到社会化、专业化、企业化的物业管理上来，因此过去所制定的方针、政策不能再照搬照套，而新的法制又尚未健全。在这种情况下，在开展物业管理工作时，一定要本着对国家、对业主、对公司负责的精神，遵守国家的有关法规。能否按照国家法规办事也体现着管理人员的政治修养。

2. 良好的职业道德

物业管理人员的职业体现在：高度的责任感、事业心；业主至上，服务第一；实事求是，严谨细致；艰苦创业，任劳任怨；尊重住户，礼貌待人；遵纪守法，不谋私利。

3. 身心素质

身体好、精力旺盛、仪表端正、热情大方、知难而进、不怕挫折、心理承受力强，这些将是物业管理工作得以开展的基础。

4. 具有较强的管理能力

所谓管理能力要强，一般体现在"五勤"，即脑勤、眼勤、口勤、手勤、脚勤。具体反映在：管理工作动脑筋要勤，观察发现问题要勤，说服管理指导要勤，巡视检查管理要勤，动手参与管理要勤。

（二）物业管理经理、部门经理应具备的素质

物业管理经理、部门经理不仅应具备物业管理人员应具备的基本素质和能力以外，而且还要有领导能力和方法。

1. 领导能力

领导能力包括五种能力：决策指挥能力、组织协调能力、创新应变能力、信息捕捉能力和语言表达能力。

2. 基本领导方法

物业管理领导者要坚持使用"从住户中集中起来，到住户中坚持下去"的领导方法。"从住户中集中起来"，就是领导者要深入到住户中去，广泛倾听住户的意见，把来自各方面的分散的零碎意见集中起来，经过分析研究、整理概括，化为集中的系统的意见，形成切合实际的管理方针、计划方案。这个过程，也是领导者从个别指导中概括出一般意见的过程。"到住户中坚持下去"，就是要把集中起来的群众意见，即领导者作出的决策、指示，让物业管理公司全体人员贯彻、服务于住户(即回到住户中去)，通过住户的评价，进一步检验管理方针。计划方案要放到群众中，让其修改、补充。从住户中集中起来又到住户中坚持下去，从个别到一般，一般到个别，是无限循环的过程。在这个过程中，领导的意见才能一次比一次更正确、更生动、更丰富。

四、物业管理者专业素质的培养

"万事人为本"，要实现物业管理公司的经营战略，必须要有一大批专业人才通力协作，建立一支素质优良、管理和服务水平较高的员工队伍，这是完成所担负使命的重要条件。从目前物业建设发展的情况看，高智能综合功能的楼宇建筑越来越多，物业管理人员

正面临着城市建筑、工程施工、房产法律、社会管理、公共关系、公众心理以及物业经营等各种专业知识的挑战。因此，要实现物业管理公司的经营战略，必须把培训人才作为经营战略的重要条件。

（一）专业知识培养

物业管理专业人才由于其工作范围不同，在知识和能力结构培养方面会有所不同：

1. 基层人员

对于基层人员培训内容主要着重在操作性上，应学习有关物业管理法律法规，房屋结构营造和保养维修基本知识以及员工工作范围内的专业知识，如治安保卫、清洁卫生、绿化园艺、服务技能、水、电维修和机电设备维修养护等技能。

2. 中层管理人员

对于中层管理人员的培训内容，除了物业的保养和维护、设备维修、园林绿化等知识外，更要对企业经营管理、物业管理法律知识，有较全面的了解，还需要掌握相关的专业知识，如经纪中介专业知识、房产估价知识、财务专业知识等。

3. 高层管理人员

对于高级管理人员的培训内容，应重点培训掌握邓小平建设有中国特色社会主义理论、社会主义市场经济理论、企业管理学、城市社会学、房地产经济学、房地产法律、房产经纪、金融保险学以及国家有关法律法规。

（二）专业素质培养

物业管理专业人才虽然在其工作范围领域里所需要的知识和能力有所侧重不同，但是在公平竞争、优胜劣汰的市场运行机制下，物业管理工作要想创造出更辉煌的成绩，必须全体管理人员都要转变认识观念，注重自身素质培养，具体应着重从以下四个方面来进行素质培训：

1. 思想建设

引导全体管理人员把"服务第一，住户至上"当作企业的生命，全心全意为业主（住户）服务。具体表现在 16 个字上：文明礼貌，合理规范，及时快捷，完好满意。教育倡导"创业敬业，爱我物业，管理服务，住户至上"的企业精神。

2. 作风建设

作风反映企业的形象，是检验员工队伍管理和服务质量的一个重要尺度。因此，在工作时间内，管理人员应该统一着装，统一挂牌，统一用语；接待业主（使用人）以及宾客，应做到态度和蔼可亲，举止端庄，谈吐文雅。只要住户需要服务，物业管理公司就应尽可能地满足住户的要求，使全体住户真正体会到"处处方便，事事放心"。

3. 业务建设

业务水平的高低，直接关系到管理和服务的质量，关系到企业的效益，因此，公司在选聘使用员工时应注意严格把关。选聘员工应本着德、才标准，着重考核思想素质和业务能力，兼顾年龄、学历、专业等条件。同时，应通过不同形式的培训工作，提高在职人员的素质。常采用的形式有：业余学习、岗位培训、专题培训、脱产进修等。

4. 法制建设

社会主义市场经济是法制经济，要求每一位员工自觉地遵守法纪。要学法用法，物业管理公司要在国家颁布的各项法规的基础上，根据国家制定的各项规章制度开展物业管理工作，积极为住户服务。

五、物业管理公司员工素质培养的形式

（1）上岗培训。以1个月至3个月为期，为新聘员工提供基本的入职知识和操作的培训，较为系统地讲授物业管理知识及物业管理操作技能，经培训认定其上岗资格。

（2）在职培训。为在职员工学习履行职务所必须的知识和技能进行的培训。

（3）专题讲座。根据物业管理公司员工的工作状况及特点，有选择地进行专题讲座，以提高他们的业务能力及实际操作技能。

（4）技能竞赛。为促进全体员工提高技术，钻研业务，可以通过各种技能比赛、选拔先进的方式来推动学习技术的高潮。

（5）学历教育。这是较为长期的系统学习。根据员工的不同层次、不同条件、不同水平，选拔那些热爱物业管理工作，又有培养潜力的员工进行学历教育，培养物业管理专业人才。例如，广州有多所高校学府根据市场需求，开设了物业管理专业，为社会培养了全方位的知识型人才。

物业管理发展需要高素质人才，而高素质人才队伍根本在于教育。培训与教育又称"人力资源开发"，对一个企业来讲就是要建立一个学习型企业。对员工来讲，要在职业生涯中充分发挥自己的能力，挖掘自己潜力，在管理与服务中做出贡献，在激烈竞争中赢得主动，必须不断学习和接受培训。

第三节　物业管理者的职业道德

物业管理发展飞速，管理人员不断增加，加上人才培训跟不上，致使物业管理人员的整体素质跟不上行业发展要求。满足不了业主的需要。在众多业主投诉中，除了管理和服务的质量外，便是管理人员的道德规范问题。作为一个物业管理人员应具备怎样的职业道德呢？

一、物业管理者职业道德的基本内容

职业道德是指从事一定职业的人，在职业活动的整个过程中必须秉承和遵循的职业思想、行为规范和行为准则。职业道德是意识形态领域，职业道德建设应划归思想政治范畴。也就是人们常说的，是"虚"的东西，在有些人看来，企业的硬头货当然是各项经济指标，可是我们要是追根溯源，各项指标靠什么完成的呢？谁也不能否认广大职工是主体，那么，谁又能说职工全员素质情况，队伍觉悟高低不会对指标产生直接影响呢？职业道德在企业中就是要直观地表现为职业活动主体在职业活动中的职业行为。企业生存与发展都要靠经济效益来维系，而职业道德则与企业的经济效益有密不可分的联系，这种联系主要是通过道德的规范作用和行为主体的不懈努力，不断提高企业活动的质量，从而使企业信誉等级提高来实现的，市场经济条件下，职业道德与经济效益这种难以割舍的关联，就使得企业职业道德建设成为企业实现持续健康发展的原动力。

树立物业管理者的服务理念，规范物业管理者的服务行为，提高物业管理者服务水平，为人民群众创造一个良好的居住和工作环境，推动物业管理行业的精神文明建设，树立物业管理行业的新形象、新面貌。要建立职业道德规范、加强职业道德教育、严格职业管理、严肃处理违规行为，切实把"以德治企"、"以德兴业"作为一件大事来抓。要把职业道德作为物业管理者岗前和岗位培训的重要内容，把遵守职业道德的情况作为考核、奖励的重要指标，促使广大从业人员形成良好的职业习惯。

物业管理行业，应注重对物业管理者的职业道德及素质的培养，给公司的每一位员工提供岗前培训及在岗培训的机会，通过鼓励自学，自办培训班，外派学习培训、理论研讨和专题研讨等各种形式提高员工整体素质。只有树立起新型的现代服务观，才能主动地、创造性地开发服务工作，并以此获得职业的满足感。要不断提高文化素质，这是物业管理者提高职业道德修养的主要途径。没有较高的文化素养，良好的服务意识就无法贯彻到具体的服务行为中。作为服务者，也无法将自己的服务精神提高到更高、更完美的境界。没有高素质，没有好修养，便没有好的管理，更没有好的服务。

（一）应培养物业管理者的职业思想

一个人的职业思想，指引着他在职业活动中的一言一行。只有深刻认识到职业的特性、特点和要求，并经过不断的实践磨炼，才能形成正确的职业思想，才能在日常工作中把每一件事做好。物业管理的产品就是服务，它的价值与凝固的实物因素是无法相比的，服务更多地是通过思想意识、职业道德、业务技巧等无形的东西来体现的，服务的非实物性质决定了服务行业，无法以实物配置的形式来完成，而主要是通过意识、道德、技巧等个性化行业操作来完成的。物业管理要提供良好的服务，服务者的心态对服务质量起着重要影响作用：

1. 调整服务心态是克服心理障碍的有效途径

业主委员会的产生，是静态物业管理者模式与动态物业管理服务者模式之间的主要临界点，业主从被管理者的角色变成了服务的对象；物业管理人从管理者的角色变成了服务者，两者的地位变化必然会产生出两种炯然不同的心态来。传统管理者角色的心态已不能适应新型的服务者角色的心态了。所以必须及时调整心态，摆正自身的位置，处处以服务者的面貌出现，以适应新型的服务环境，服务对象，才能克服心理障碍，坦然面对被指责的被动局面，甚至是被谩骂也能处之泰然。

2. 调整服务心态，适应特殊的服务群体

调整服务心态有利于业主认可你的服务行为。物业管理人以服务者的面貌出现，经常与业主进行互动式的沟通，听取他们的要求，提供自己的服务，以业主的需要作为自己的服务宗旨，一切使他们满意。业主也就会很自然地认可了你的服务行为。

物业管理人的服务对象是特殊的服务群体，它有别于一般服务行业的服务对象。一般行业的服务对象大多数是一次性或阶段性的，具有不确定性，往往打上一次交道就不再见面或很少见面了。物业管理人的服务对象基本上是固定的群体，具有长期性，稳定性的往来关系，与他们建立有效的沟通渠道，具有深远的意义。

要以人性化的管理来感化这一特殊群体，与业主交朋友。在长期的工作实践中，感到有些员工，特别是一些文化、技术素质较高的员工，他们面对有些业主的无理发难就沉不住气，往往是很激动地据理力争，因而激化了矛盾，体现不出良好的效果。他们的这种心态按一般常人来说是可以理解的，但他们忘记了自己面对的是特殊的服务群体，对这些特殊的服务对象要有较大的承受能力，要有包容性，能够兼容各种各样的性格、特点，要能"放下架子"，收起"牛脾气"训练自己的"职业服务心态"，用"职业的服务心理"来思考处理问题。对一些难以容忍的因素看成是服务过程中正常出现的问题来处理，你就会对形形色色的服务不感到困惑了。

3. 正确认识适时调整心态的重要性，积极寻求调整心态的有效方法

适时调整心态是贯彻落实"物业管理条例"的必然要求，必须寻求调整心态的有效方法：

(1) 要认识到服务于人只是我的工作职责，不是生活的全部，这样我的生活就不会因工作带来压抑感。

(2) 虽然因工作受了点委屈，但只要把服务做好了，得到了业主的赞赏，证明服务策略的正确性，就会有了成就感与满足感。

(3) 包容了有些业主的刻薄，却增强了自身的心理承受能力，自行化解委屈情绪，却增强了自身气度的博大，心胸的宽阔度。

(4) 加强对行业的认识与研究，物业管理的内涵很丰富，需要我们去创新与开发。物业管理行业前景很美好，还需要孜孜不倦地进行探索，增强敬业精神，为职业心态寻求平衡点。

(二) 物业管理者的行为规范和行为准则

行为规范和行为准则是根据职业思想的要求而制定的、用以约束员工言行的基本准则和要求。物业管理者行为规范和行为准则一般包括仪表仪容、言行举止、来电来访、投诉处理等。如要求员工处理投诉时必须做到：①所有工作必须以业主为中心，必须高度重视业主的投诉；②细心、耐心地聆听业主投诉，让业主畅所欲言；③认真用书面形式记录业主投诉内容，并作为业主投诉处理的第一责任人迅速而妥善地解决业主所投诉的问题或转报有关部门；④投诉事项中，若涉及本人的作业行为，不得隐瞒，更不得伪造；⑤业主投诉经调查属实，可作为员工奖励或处罚依据；⑥对投诉业主应表示感谢，对由于管理和服务不当、不周而对业主造成的不便或损失表示歉意。处理完投诉后，应主动报告业主，了解业主的满意程度。

二、加强物业管理者的职业道德修养

随着物业管理的发展及从业人员的增加，应制定全面可行的物业管理道德规范，进一步约束和规范物业管理者的行为，从整体上提高物业管理者的职业道德水平。因此，物业管理人员只有不断提高职业道德修养，才能适应不断发展的物业管理业及其新要求。

修养，是指个人在人生目标、思想品质和知识技能等方面，经过长期的有目的的锻炼和培养所达到的一定水平，以及逐渐养成的在待人接物方面的正确态度。

物业管理职业道德修养，是指管理者在物业管理与服务过程中，坚定自己的职业选择，不断加深对物业管理行业特性、准则的认识，树立忠诚意识、服务意识、质量意识、利人意识，并以此指导、规范、升华自己的言行，从而达到使管理公司满意、业主满意、管理者自己满意的理想境界。

那么，物业管理者怎样才能加强职业道德修养呢？

1. 加深行业认识

物业管理的目的是为业主创造一个整洁、舒适、安全、宁静、幽雅的工作和生活环境，并且其基准还随着社会的不断进步而逐步拓展和提升。人们生活水平的改善，生活内容的充实和丰富，无论从物质上还是精神上都离不开工作和生活环境的优美。高质量的物业管理不仅仅是单纯的技术性保养和事务性管理，而且还要在此基础上为业主创造一种从

物质到精神，既具有现代城市风貌，又具有个性特色的工作和生活环境，形成一个以物业为中心的"微型社会"；既充分发挥物业的功能，又能在充分保障业主的合法权利的同时，增加业主的睦邻意识，创造相互尊重、和平共处的群居关系。物业管理者要充分认识到物业管理对城市功能的完善及对城市精神文明建设的重要性，明确自己在城市建设与发展中所担任的重要角色，自觉地把自己的工作与人们美好的生活环境联系起来，把自己视作美好生活的创造者和维护者。

2. 树立服务意识

物业管理在中国大陆还是一个新兴的行业，既有生机勃勃、前景美好的一面，又有经验不足、有待完善的一面。惟其不完善，物业管理业才充满机会、充满挑战。但是，物业管理者一切工作都是服务，一切努力都是为了服务。只有树立起新型的现代服务观，才能主动地、创造性地开展服务工作。一个成熟的物业管理者，总会自觉地把为业主、使用人提供优质的服务作为职业的追求，并以此获得职业的满足感。可以说，是否树立了服务意识，是物业管理者职业道德修养的主要内容。

3. 提高文化素质

刻苦学习，不断提高文化素质，是物业管理者提高职业道德修养的主要途径。没有较高的文化素养，良好的服务意识就无法贯彻到具体的服务行为中；作为服务者，也无法将自己的服务精神提升到更高、更完美的境界。因此，管理者必须广泛地涉猎各种文化知识，汲取优秀的人类文化成果，丰富自己的精神世界和职业思想。记住：没有高素质，没有好修养，便没有好的管理，更没有好的服务。人员素质决定服务品质。

三、职业道德行为养成的途径和方法

道德教育和道德实践是相辅相承，相互结合的。以活动为载体，吸引职工广泛参与，是新形势下职工道德教育和实践的有效途径。教育的目的在于提高职工素质，在提高职工素质的同时，结合本行业特点，运用多种形式和手段，紧紧抓住影响人们道德观念形成和发展的重要环节，通过开展各项活动，坚持不懈地对职工进行思想道德教育，使之懂得什么是对的，哪些是错误的；什么可以做，哪些不可以做；什么是必须提倡的，哪些是坚决反对的。使物业管理者在自觉参与中思想感情得到熏陶，精神生活得到充实，道德境界得到升华。管理公司要实现管理目标并高效地运作，要求管理公司全体员工都要有相对集中的理念。意志和行为准则不可自发地产生，管理者必须主动地、经常地对员工加强教育，向其灌输管理公司的目标、理念，使管理公司管理与服务的精神、观念为全体员工理解和接受，并转化成日常的行为规范和准则，为实现管理目标而共同努力。

（1）是要开展创建文明行业活动。党的十四届六中全会指出：要以服务人民、奉献社会为宗旨，开展创建文明行业活动。服务人民、奉献社会，既是坚持党的全心全意为人民服务的具体体现，也是坚持社会主义道德原则的必然要求。实践证明，开展创建文明行业活动，对于提高职工道德素质，促进企业发展，有着不可估量的作用。

（2）要开展职业道德教育。职业道德是职业行为所应遵循的基本规范。开展职业道德教育，要以为人民服务为核心，集体主义为原则，"五爱"为基本要求，"三德"为主要内容。要有计划，有重点、有针对性地抓好道德教育，并要把职业道德教育作为岗前和岗位培训的重要内容，帮助从业人员熟悉和了解与本职工作相关的道德规范，使职工树立正确的价值观和道德观。

（3）是要推行优质规范服务活动。优质规范服务是创建文明行业的基本内容。它是通过规范服务的约束而起作用，使职工自觉遵守规章制度、行为准则，促进优质规范服务活动的开展。

1）在日常生活中培养。从小事做起，严格遵守行为规范。从自我做起，自觉养成良好习惯。

2）在专业学习中训练。增强职业意识，遵守职业规范。重视技能训练，提高职业素养。

3）在社会实践中体验。参加社会公益，培养职业情感。学做结合，知行统一。

4）在自我修养中提高。体验生活，经常进行"内省"。学习榜样，努力做到"慎独"。

5）在职业活动中强化。将职业道德知识内化为信念。将职业道德信念外化为行为。

物业管理企业只有通过各种优质、高效的管理和服务获取酬金，并以此建立起自己的人才队伍和行业声誉。这既是人才的竞争，也是管理服务中技术含量的比拼，是工作态度和服务意识的较量，培养出一支踏实肯干、业务精通、具有良好服务意识和职业道德的物业管理队伍，是企业具备核心竞争力的有力保障。随着物业管理市场的发展、完善，业主与物业管理企业之间进行双向选择，实行优胜劣汰。要使物业管理企业不被市场淘汰关键在于高效、周到的服务和先进的管理手段，而实现这一切的关键在于具备良好的职业道德的、优秀的物业管理者。

复 习 思 考 题

1. 物业管理者在现代物业管理中处于什么角色和作用？
2. 物业管理服务者的心态对服务质量起着什么影响作用？
3. 物业管理者应具备哪些知识、能力和专业素质？
4. 物业管理者职业道德的主要内容是什么？
5. 如何培养物业管理者的职业道德？

第十章　先进的物业管理经验借鉴

物业管理的对象包括了土地、建筑物以及其他为人们的生活和工作提供便利的所有物业设施。各国不同的土地制度也就必然影响到其物业管理。这里我们介绍我国香港地区和新加坡、美国的先进物业管理经验。

第一节　香港的物业管理

一、香港物业管理的概述

香港的专业物业管理源自英国，始于 20 世纪 60 年代。在实施公共房屋计划的同时，香港不仅从英国引进物业管理人才、管理理论和方法，而且根据本地的实际情况又有所发展，并于 1966 年成立了英国皇家物业管理学会香港分会，香港物业管理的主要法规是香港立法局于 1970 年制定的《多层建筑物(业主立案法团)条例》，香港当局直接负责物业管理的机构是房屋署。

随着香港房地产业的发展，大量楼宇的兴建，对物业管理的要求也不断提高，专业型的房屋管理成为香港房地产业中日显重要的一个分支。香港物业管理公司协会成立于 1989 年。目前，香港物业管理公司约 500 家，其中规模较大的有 100 多家。在香港房屋委员会和房屋协会所建的屋村，都有一位房屋事务经理作主管，并有一组受过训练的职员协助管理屋村。他们经常与居民的互助委员会及其他居民组织开会，商讨有关屋村环境的改善及治安等问题。房委会和房屋协会也为各屋村制定一个维修及改善计划，维持各项服务的水准，以防止楼宇结构恶化情况的发生。在香港，由于对住房的需求量很大，发展商积极投资大型建筑。当一个大型私人屋村向政府申请规划许可时，政府一方面乐意采纳这种建屋请求，另一方面又担心人口如此密集的大型屋村一旦建成，如无良好的管理，后果将不堪设想。于是，在批准其发展计划时附上若干条件要求发展商承诺在批地契约下的全部年限妥善管理该屋村。因此，也就出现了由发展商为私人楼宇提供专业化管理的形式。

二、香港的物业管理运作模式

（一）物业管理的内容

1. 公共屋村的管理

公共屋村是香港政府拨款，以低价批地和低息贷款资助，由香港房屋委员会兴建，用于出租给低收入家庭的住宅小区。公共屋村由房屋委员会下设的管理委员会管理。物业管理委员会在每一个公共屋村设一个办事处，办事处由房屋事务经理主管。

（1）屋村办事处的管理功能。①屋村的接管验收。在正式交楼前两个月，屋村办事处即着手接管工作，如果楼宇不合格，则限期改正。②实施屋村一般日常管理事务，维修、保养物业设施。③留意屋村内环境并且适当加以改善，协助维护屋村内秩序与治安，管理

130

小贩及停车设备，维护与完善屋村内部环境。④处理住户投诉及帮助住户解决疑难问题。⑤促进邻居和睦关系及加强居民互助精神。

（2）屋村办事处的日常管理项目与工作。屋村办事处管理的项目包括：入住管理、住所装修管理、安排住房和设施维修保养、收取租金以及安排屋村财务收支。此外，还有清倒垃圾及终止租约等项目与工作。

（3）屋村办事处的收入来源。屋村办事处的收入来源主要靠租金。各项开支要先作预算，每年的预算在执行中可作适当调整。

2. 居屋苑的管理

居屋苑由房屋委员会或房屋协会建造，系用于出售给中等收入者的成套住宅。居屋苑的日常管理、保养、清洁及看守服务，大部分是由香港房屋署负责，各居屋苑均设有办事处，由屋域物业经理主管。所有业主每月需交管理费，以支付各项开销，如公用电灯、保安、电梯的保养维修、公共部位的保养等。所有居屋业主需签署一份《大厦公共契约》，在法律上规定各自的权力、利益、责任和义务，以确保楼宇的有效管理和达到管理标准。根据《大厦公共契约》，房屋署应承担居屋交付使用后 5～10 年的管理责任。管理期满后，可以聘请私人物业管理公司代理。选择私人物业管理公司必须符合"认可物业管理代理登记册"的基本条件，即不少于 5 年管理经验和正在实施不少于 2000 个单位的管理。

房屋委员会代表业主为其住房单位投购保险，所需保险费按年向业主收回。为了鼓励居屋业主最终接手负责居屋苑的管理工作，香港房屋委员会推行了一项居屋物业代管计划，聘请有品牌的物业管理公司，在其监督下代为管理若干居屋苑。

私人参建居屋苑的管理与保养服务则由发展商聘请物业管理公司管理，房屋委员会代表政府对其进行监察。为确保管理质量，私人参建居屋苑聘请的物业管理公司，须经房屋署批准，并向房屋署交纳保证金，为在一年保修期内楼宇维修提供保证；同时，提交一份银行保证书，作为 10 年内妥善管理与维修的保证。

居屋苑管理的主要工作范围是：居屋的保养与维修、居屋的安全保卫、居屋的清洁服务以及居屋的物业保险。

3. 私人楼宇的管理

香港当局对私人楼宇管理所采取的方针，是以尊重私有权和"大厦自治"为原则，务求业主主动管理自己的楼宇。香港当局通过立法，引导业主成立群众性社会组织，在办理注册登记后成为社团法人，进行自我管理，也可再通过订立合同，实施楼宇的社会化管理，以保障业主、租户、发展商、管理公司的应有利益。私人楼宇管理的法规主要有两个：一个是公契，一个是业主立案法团条例。

4. 其他楼宇的物业管理

（1）商场的物业管理。香港的物业管理公司往往订立一套装修守则，选择有市场竞争力的商户，以优惠租金招徕著名商号，并保持商场舒适洁净的环境，争取公共汽车就近设站，甚至自备小客车在公共汽车站和商场之间往来接送顾客等等。

（2）工业大厦的物业管理。香港物业管理公司往往制定各种条例来保证能源供应通畅和大厦内部运输系统的顺畅。当然，工业大厦的物业管理也包括建筑物及其设备设施的维护保养。

（3）办公写字楼的物业管理。香港物业管理公司对办公写字楼的管理是高标准、高质量的，一般都配备具有专门知识与技术的人员来操作与养护办公写字楼的设备设施。为保持办公写字楼高贵的气派和洁净典雅的环境，物业管理公司往往确保有可靠的保安人员和恪守职责的清洁人员。

（二）物业管理机构

1. 房屋署。

香港当局直接负责物业管理的机构是房屋署。它主要为香港房屋委员会管理公屋、商场、工业大厦及居屋苑，负责执行房屋委员会的决策。香港房屋署下设房屋管理处。处的组织机构如下。

（1）房屋事务经理：主持日常工作与对外联络，包括日常事务监管；财务安排；员工培训；租赁事务的处理及租金的交付管理；屋村大型维修保养工作计划的安排；负责与当局各管理部门及各非政府组织与民间团体等对外关系的联络、协调。

（2）房屋事务副经理：协助房屋事务经理处理相关的日常事务。

（3）房屋事务主任：每人约管理一幢楼宇，负责监管维修工程及清洁工作、收取租金、处理住户投诉等日常具体工作。

（4）房屋事务助理员：是房屋事务主任的助理人员，协助其处理各类具体事务。

（5）技工：负责屋村的小型维修，如筑漏、排堵、养护花木、粉刷、装饰之类。

（6）市容整洁队：负责公共区域的清理、非法设摊的排除与车辆乱停乱放的管理等。

2. 业主立案法团和楼宇互助委员会

香港私人开发商零星开发的单幢大厦被个别住户一个个单位买去的物业多由业主立案法团自主管理。但《多层建筑物（业主法团）条例》的 2A 条规定，如果发展商已承诺担负所开发经营之屋村的管理工作，则单位业主就不能再成立业主立案法团来自行管理物业。

多层建筑物业主立案法团是通过召开业主大会而组建的。业主大会可以由通过购买楼宇时各业主签订《公共契约》而授权管理者召集，也可以由拥有楼宇产权 5% 及以上的业主联合举行，或拥有楼宇产权 20% 的业主向地方法院申请，由法院指定的业主召集举行。业主大会推选业主委员会。业主委员会在其成立之日起 14 天内必须向香港当局田土注册处申请注册，领取注册证书，成立业主立案法团。业主立案法团按程序注册成立后，便承担各业主对楼宇的责任，由业主委员会具体办理法团事务。法团通过业主委员会，为各业主处理一切有关业主利益的事务，如投保、安排财务收支、招收管理员工、安排维修工程、主办联谊集会及各种其他活动等等。

对那些不符合成立多层建筑物业主立案法团条件的楼宇，可成立楼宇互助委员会。楼宇互助委员会是群众性、志愿性的组织，由楼宇住户组成，可代替业主立案法团。香港当局于 20 世纪 70 年代初推广互助委员会计划，只要楼宇的 20% 住户同意，便可成立楼宇互助委员会。互助委员会以携手单位为代表单位，每一个单位可有一名住户代表。互助委员会如果根据规定程序制定章程，有序运作，则可免受社团条例管制，其成立条件简单，组织灵活。

3. 物业管理公司

香港物业管理公司分为以下两类：

（1）附属于大型发展商的物业管理公司。香港当局在批出大幅土地给发展商兴建私人屋村时，都要求发展商同时承诺必须承担屋村管理工作。《多层建筑物（业主法团）条例》规定，如果发展商已承诺担负所开发经营之屋村的物业管理工作，则单位业主就不能再成立业主立案法团来自行管理物业。发展商为了履行自己对政府的承诺，也出于经济上的考虑，往往成立附属公司来管理物业。这类公司一般规模较大，专业分工明确，也有能力承担母公司以外其他业主的委托管理任务。

（2）不附属于任何发展商的物业管理公司。这类物业管理公司以独立身份承接委托管理业务，它们向业主提供专家意见；有些公司还把业务范围扩大，如从事代理经租、房地产估价与交易代理等业务。

（三）物业管理费用

香港物业管理行业认为，"量出为入"是物业管理公司筹集管理资金的基本原则。香港的物业管理公司在安排下一年度工作内容后，往往编制相应的财务安排加以保证。其财务安排主要有以下几个方面。

1. 编制管理预算方案

编制管理预算方案是为楼宇、屋村管理提供财力保证。预算方案应贯穿于财务管理的全过程。管理是了解楼宇的结构、成新、编制管理预算方案，首先公共地方的界定、公用设施的种类、数量和分布，业主对管理的要求和管理机构所应承担的责任等等，然后对各项职责进行经济分析，核算所需经费开支，最后按所需的经费开支再确定应有的收入。所有收与支的核定，就构成了楼宇、屋村管理的财务预算方案。

2. 管理费的核定

香港政府一般不规定，也不直接干预物业具体的收费标准。具体收多少管理费，由业主（委托方）与物业管理公司（受托方）双方视市场供求状况、地区环境、房屋数量与质量、服务内容多少与深浅等商讨决定。

物业管理公司的经费全部来源于屋村内各业主的管理费。管理费的收取标准完全按照管理工作的实际支出而定。管理公司的收支账目必须定期公开，接受业主的监督。一些较大规模的维修工程，牵涉大笔费用支出，须征询业主立案法团的意见方能进行。如未获准，物业管理公司不得坚持。

财务预算往往是提前安排一年工作的大纲，然后就其工作量再来计划需要的开支，因此，财务预算实际上是以数字形式表述的工作计划。

三、香港物业管理的主要特点

（一）法律法规健全，可操作性强

香港的市场经济发展成熟，法制健全，一切均有章可循。香港在物业管理方面已经建立起一个较完整的物业管理法律法规体系。其根本大法是《香港建筑物管理条例》。除此之外，香港还颁布了一系列条例来规范大厦及小区的物业管理。有关的法律主要有：①房屋条例；②业主与租客条例；③多层建筑物（业主法团）条例；④规划条例；⑤建筑物条例；⑥消防条例；⑦公共卫生条例；⑧保安及护卫员条例；⑨《噪音管制条例》（第327章）；⑩《空气管制条例》（第435章）等。这些法规清楚地规定了在物业管理中业主、物业管理公司、租户各自的权利和义务，以及违反条例的处罚等内容。因此，香港的物业管理是在一个比较完备的法律体系中运行的。

香港的法规可操作性很强。物业管理中发生的任何问题，均能在法律条文上找到答案，有强制执行的力度。

此外，香港各界人士对物业管理的了解和认知程度也是非常高的。在香港，20 世纪 60 年代到 70 年代的房屋比内地 80 年代到 90 年代的房屋还要新；业主与物业管理公司的关系明确，且平和相处。这不仅因为香港有较高的物业管理水平，而且因为香港全民对物业管理的重视程度高，认同率高。

（二）物业管理招投标非常普遍

在香港，物业管理公司只需经工商登记就可以承揽业务，还没有对管理公司采取发牌制度（类似资质证书）。物业管理公司的权力来源于大厦公契或物业管理委托合同。业主委员会成立后，业主立案法团通过招标选聘物业管理公司，并监督管理公司的运作。如果管理公司的服务水准太低，业主立案法团可以在合约期满后，选择其他管理公司代替。香港的物业管理已形成一套完善的招投标制度。

（三）业主立案法团权力最大

香港的业主委员会有三种组织方式：业主立案法团、业主委员会、居民互助委员会。在这三种组织中，由于业主立案法团成立条件较高，而且是法人组织，权力很大，对负责人的专业水平要求较高，所以，全香港成立业主立案法团的大厦不多；广泛成立的是业主委员会；而居民互助委员会相当于内地的居民委员会，处理的主要是社区互助事务。

（四）人员配置合理，财务方面透明度高

在香港，有专门的清洁公司、保安公司、电梯公司。这些"分包公司"专业性强，不用培训便可以直接入手。小区管理部门针对不同的服务项目，将小区内的具体服务分包给这些公司。此外，香港物业管理公司在财务方面也具有高透明度，物业管理公司会定期向住户公布收支账目，消除住户对收费的怀疑。

（五）服务意识强，主动与客户沟通

在香港，物业管理公司会定期清洗被污损的外墙表面。物业管理公司有专门的计划表，包括大修表、小修表，将应该处理的问题都涵盖在内。香港物业管理公司还常常主动与住户沟通。它们会定期送上问卷调查表，询问住户对物业管理有什么意见和要求，并在节日时给住户送上一些小礼物，以增进双方的感情。

（六）服务收费依法行事

一般大厦公约都会详细列明每个单位所占的应付管理费的比率及交款日期。如果业主将该单位出租，就算在租约上列明由住客支付管理费，管理公司仍有权向业主追讨欠款。总之，业主有责任准时交付管理费，管理公司亦有责任代表其他业主向欠交管理费的业主追讨。

第二节 新加坡的物业管理

一、新加坡的住宅区概述

新加坡全国面积 620km²，人口 270 万，是一个土地资源有限的岛国。1959 年独立时，因房荒严重，40% 的人家住在棚户区内。政府为充分利用土地资源解决住房问题，一方面按土地征用法令规划土地的使用，另一方面填土造地，增加土地面积。与此同时，政府从1960年起开始执行住宅建设的五年计划，设立建屋发展局，为中、低收入家庭提供住房。1964年作为国策和政纲，又提出了"居者有其屋"的政策，鼓励居民逐步拥有(购买)自己的住房。经过30年的建设，目前87.5％的新加坡公民居住在65万单位组屋内，市中心区的旧房都已改造，人均居住面积已在20～30m²，是香港的2倍，比日本高出30％以上，居亚洲之首。而且在这些居民中，90％是居住在自己所拥有的组屋内。

新加坡建造的住宅分公共组屋和私人住宅两种，其中私人住宅又分为共管式公寓和独立式、半独立式的花园洋房。

二、新加坡的物业管理运作模式

(一)物业管理内容

新加坡居住小区的物业管理范围很广，除购房和转销直接邀在建屋发展局申请外，其他业务都在物业管理公司办理，其业务范围包括：房屋维修养护，商业房屋的租赁管理，出租住宅的租金缴纳与售房期款的收取，公共场所的出租服务及管理，居住小区内停车场的管理，居住小区的环境清洁、园艺绿化管理等。此外，还负责介绍居民就业，配合治安部门搞好治安工作。

新加坡居住小区的管理制度完善，执行坚决。为了加强对居住小区的管理，物业管理公司编制了《住户手册》、《住房公约》和《防火须知》等(大多数都经政府部门批准)，把搬进新居后注意的事项和有关知识，详尽地告诉住户，以明确住户的权利和义务，物业管理公司的权利和责任等。

1. 对出售、出租的公共住宅内部装修的管理规定

在新加坡，政府出售的公共组屋一般室内不装修，住户可根据自己的经济能力和爱好自行装修但有其严格规定，为减少装修对邻居的干扰，住户在领到钥匙之日起三个月内必须完成装修工程，且此后三年内不得再进行第二次装修。住户装修住宅须向建屋发展局申请装修许可证，然后才可由领有建屋发展局颁发的施工执照的承包商装修，工程装修完毕后，由住宅稽查员根据申请装修内容进行工程检查验证、并由住户向物业管理公司缴纳一笔建筑材料搬运费和废物处理费。

为了保证建筑物的结构完整性和外观统一性，以及保证安全，又对室内装修项目作了严格规定，如不得改变住宅主体结构，厨房和卫生间的磨石地坪和墙壁面砖在头三年内不准更换，不准改变窗子外观，阳台上不准装窗，等等。此外，对改装电线和电源开关等项目也有严格标准，要求必须符合电气操作规范和电器使用安全的规定。

政府规定所出售的公共组屋从领取房屋钥匙之日起保修一年，住户领取钥匙后限期提出缺损报告。保修期满后，室内设施的修理费由住户自己负责，物业管理公司负责住房的楼梯、电梯、走廊和屋顶等公共部位的维修和保养。

2. 居住小区内公共设施的保养与提供的服务

(1)住宅楼的维修：建屋发展局规定每五年对整幢楼房的外墙、公共走廊、楼梯、屋顶及其他公共场所进行一次维修。

(2)电梯的保养与维修：所有住宅楼的电梯都由物业管理公司例行维修和日常检查，一旦电梯发生故障，乘客受困于电梯内，只要按响警铃，5分钟内电梯维修人员就会到来

进行抢修。

（3）户内水电卫生设备的保养服务：建屋发展局设有"热线"电话，与各物业管理公司保持联系，为居民提供 24 小时服务，各物业管理公司都有维修车，以便及时赶到工作现场，这类维修实行有偿服务。

（4）公共电视天线，每幢住宅楼均设置公共电视天线为住户服务以保证取得良好的收视效果。

（5）公共住宅楼下旷地的管理：新加坡一般高层住宅楼的底层没有围护，是敞开的空间，叫做"楼下旷地"，它平时作为老人、儿童的活动场所，遇到居民需要举行婚丧喜事及其他庆祝活动时可以租用，但须向建屋发展局下设的管理部门申请准用证。

（6）停车场的管理：小区的停车场都由小区物业管理公司统一管理，并具备完善的制度，任何拥有车辆的住户必须向物业管理公司申请"停车季票"，每户只准申请一个停车位，属于建屋发展局的店铺租户、公共住宅租户和房主，有优先获得"停车季票"的权利，夜间停车必须申请，并办理"夜间停车固本"。外来车辆一律执行按钟点收费，此外，停车场还提供洗车服务。

（7）垃圾的处理：为了确保小区整洁，避免有难闻异味，全面推行垃圾袋装化，垃圾必须装入袋内，方可投入垃圾桶并规定太大和太重的垃圾（箱子、瓶子）实行定期处理，直接送到垃圾站，不准投入垃圾桶。同时，还规定易燃、易爆、易碎物不准投入垃圾箱以确保防火防爆安全。

（二）物业管理机构

新加坡的公共住宅（所有的组屋区和新市镇）的管理与维护服务都由建屋发展局负责提供，在其所属 36 个区办事处根据管理工作的需要下设若干个业务组，负责对所管辖的住宅进行管理。

建屋发展局于 1960 年 2 月成立，隶属于国家发展局。建屋发展局是根据新加坡《建屋与发展法令》组建的政府法定机构，其职能由《建屋与发展法令》、《土地征用法令》和《拆置法令》等规定。它行使公共住宅区的管理职能、政府组屋建设职能和住房分配职能，其宗旨是协助社区发展和提供标准的、适合国民购买力的住房。具体任务是：制定住宅发展规划、计划，以及住宅法规、标准；征用土地，拆迁旧屋；负责各住宅区、新市镇的详细规划；接受政府贷款，建造组屋；基本建设项目投资和管理；对外发包或承包工程；房屋出售、出租；住宅区的管理，房屋的养护和维修；等等。

建屋发展局的主席、副主席和 6 名委员由部长任命，下设行政与财务署、建设发展署、产业土地署、安置署和内部审计署。在全国设 36 个地区办事处，每个办事处一般管理 2~3 个邻区单位（邻区单位又称邻里单位，近似我国统称的居住小区），约有 1~1.5 万套（户）。地区办事处在业务上接受建设发展署、产业土地署和内部审计署指导。建屋发展局共有员工 13 万人，属国家公务员，其中大部分官员都具备很高的职业素质，级别高、薪水高，以吸收优秀人才，保证廉洁和有效管理。1988 年 5 月，住宅管理进行机构调整，原建屋发展局管理的公共住宅由新成立的市镇理事会接收。建屋局只扮演一个在发展与研究工作上提供支援性服务的角色。

市镇理事会是一个法人组织，成员至少 6 位，最多 30 位。选区内国会议员为市镇理事会主席，其他成员由建屋发展局委派和选区内的住户选举产生。市镇理事会有严密和规范的组织机构与规章制度，主要职责是管制、管理、维护改善管辖区域内的公共产业，除组屋区的公共场地、商店、市场外的组屋区内部的管理，业务上受建屋发展局的指导，但在实施管理中又具备相对的独立性，目的在于加强居民和政府的合作，让更多的居民参加该区的管理工作。市镇理事会的主要宗旨是支持、配合、监督物业管理部门搞好住宅区管理；维护业主或住户的合法权益；对公共设施的兴建、更改、扩充、改善以及房屋的维修等与业主或住户利益有关的事宜做出决策；开展各种有益于住户身心健康的活动。

根据新加坡的长远规划，居住在私人住宅的人口将达到总人口的30％。私人业主必须依法组建管理理事会，其目的是为了更有系统及有规划地负责大楼的保养与管理工作。管理机构设立管理基金及备用金。管理基金用于日常的开支，例如保险费、清洁费、公用水电费和保安等业主所应缴的费用，具体金额的提供取决于业主所拥有产业的分享价值的高低；备用金则用于较大项目的维修及机械装置的更换。

无论是市镇理事会，还是私人住宅的管理理事会，都通过委托物业管理公司来负责日常的工作。物业管理公司根据管理范围分设下列部门及人员：

（1）财务组，负责各项费用的收缴、各类计划与统计等，设财务监督、出纳员、收租员、打字员、信差；

（2）工程维修组，负责公共设施与设备的维修、房屋的维修与工程预算、业主房屋装修的监督等，设高级住宅稽查员、中级住宅稽查员、稽查员、电梯援救员、维修技工；

（3）市场管理组，负责治安和消防安全、车辆的保管与管理、各类商业与文化娱乐业等，设高级管理员、市场监督员、停车场监督员、管理员；

（4）环境清洁组，负责环境卫生，设中级清洁管理工、清洁工人和清洁工头；

（5）园艺组，负责园庭绿化，设中级园艺员、园艺员和园艺工头；

（6）服务组，负责综合代办服务、交通运输等，设电话服务员、司机、外勤人员；

（7）文书组，负责行政管理、后勤工作等，设公关助理、速记员、打字员、内勤人员。

另外，物业管理公司还可根据所管辖区的具体情况，设监督部门，以监督各类法规执行情况和接受住户的投诉，从而提高服务水平和管理水平。

（三）物业管理经费

管理资金问题是物业管理面临的最大难题之一，也是管理正常运行的基本保证。新加坡物业管理的资金主要来源于以下途径：

（1）政府津贴。住宅区内的公共设施是城市公用设施的一部分，其正常运行和维护管理，理应由国家的建屋发展局承担，不会因为住宅综合管理而削弱甚至取消城市建设费在住宅区管理上的投入，新加坡政府为实施安居乐业的计划，每年在政府开发预算中划出一定资金作为住宅区管理赤字的补贴。

（2）建屋发展局在售屋、再售屋及租屋的利润中留下一笔费用作为物业管理资金，保证管理正常进行。

（3）管理费。住宅区管理费用主要途径取之于业主租户，一般按单元收费，管理费一般由以下几个部分组成：①聘用管理员工的薪金及福利补贴等，约占管理费总额的25％～40％；②机电设备、消防系统的维修与保养；③公共设施维修与保养；④住宅区内清洁、保安及庭院绿化管理；⑤公共部位电、水费、办公用品费等杂费；⑥建屋发展局下设的物业管理处(不指基层管理单位)出租商业中心，商务的租金收入及服务收入；⑦物业管理单位开展便民服务等收入。

三、新加坡物业管理的特点

由于新加坡的房屋建设存在着非常明显的政府主导的特点，物业管理上作的很大一部分也就由政府机构承担，政府机构再将其工作的一部分发包给私人公司。新加坡以它的清洁卫生、草坪绿化、环境优美誉满全球，这主要因为其管理工作很有实效。新加坡物业管理的主要特点如下：

1. 房屋建设和物业管理的一体化

这典型地体现在公共组屋的建设和管理中。建屋发展局既是房屋的开发机构，也是负责实施物业管理的机构。这种组织特点使它得以将物业使用过程中出现的问题不断总结，并不断提高公共组屋的建设和管理水平。由于多年经验的积累，建屋发展局的物业管理在国际上获得了极高的声誉。香港公共屋村的管理机构也将新加坡建屋发展局列为自己员工培训的重点海外机构之一。

由于对房屋建设和物业管理一体化的好处的深切体会，如今新加坡的物业管理通常都会在房屋开发计划的早期就介入。几乎每一项开发计划都会在很早就落实了物业管理机构并征询它们的意见。

2. 物业管理由政府主导，同时强调住户的积极参与

新加坡物业管理的发展与建屋发展局所领导的公共组屋的开发与管理密切相关，所以体现出明显的政府主导的特点。同时新加坡的物业管理还强调住户的积极参与，如其市镇理事会的组织就很有特点，它是一个由政府行政机构、议会(立法机构)和住户共同参与的一个组织，共同参与有关物业政策法规的制定、对物业管理机构的委派等，有效地调动相关各方的积极性。

3. 强化法治管理

新加坡政府物业管理有着非常严明的法治。新加坡的《地契分层法令》(Land Titel Act)《建筑物与一般不动产维护与管理法》(the Building and Common Property Act)强调对居住小区进行法治化管理。

居住小区管理制度完备，执行坚决。新加坡为了加强对居住小区的管理，物业管理部门编写了《 住户手册 》、《住房公约》和《防火须知》等(大多数都经政府部门批准)。对公共住宅室内装修、室外公共设施保养及室内装修项目都作了严格规定等，为物业管理法治化奠定了基础。

4. 提供优质的保养与服务

新加坡政府对住宅小区公共设施(设备)保养维修十分重视，要求物业管理企业提供最优质服务。

新加坡的物业管理范围很广，包括：房屋维修养护(包括电梯等电器维修养护)；商业房屋(小贩中心、购物中心)的租赁管理；出租住宅的租金缴纳与售房期款的收取；公共场所的出租服务及管理；居住小区内停车场的管理；居住小区的环境清洁；园艺绿化管理。此外，还负责介绍居民就业，配合治安部门搞好治安工作。

5. 创新、不断优化物业资产的观念

无论是政府的物业管理机构，还是私人的物业管理公司，新加坡的物业管理非常强

调通过创新、不断优化物业资产，以使物业资产保值增值。所以物业管理者还经常需要对物业资产进行评估，制定物业计划等。物业管理公司的这种专业化程度很高的服务常常是在激烈的市场竞争中立足的核心竞争力，而保安、工作常常可以通过外包方式来加以解决。

第三节　美国的物业管理

一、美国物业管理的概述

20 世纪 30 年代以前，由于放任市场自由调节，美国政府对住房建设袖手旁观，广大中低收入的居民无力购房，"住房难"在当时的美国成了一个相当严重的社会问题。为缓解社会矛盾，同时为了摆脱 1929 年开始的世界性的经济危机，从 20 世纪 30 年代初开始，政府借鉴了英国的经验，强化自身在住房问题中的角色。由此实现了住宅供应由供不应求到基本平衡的重大转变。在这一过程中，物业管理日趋社会化，各地大大小小物业管理公司或类似专业公司、协会等纷纷建立，并逐渐形成了一个有较广泛社会影响的专门性的职业门类——物业管理。

物业管理在美国已有 60 年左右的历史，其发展已日臻成熟。美国物业管理的法规制度比较系统，组织机构稳定，从业人员数量可观素质较高。应该说，这与美国房地产业在整个国民经济占的重要地位是分不开的。

二、美国物业管理运作模式

（一）物业管理宗旨

在发育成熟的物业管理市场中，竞争十分激烈，优质服务是企业的生命。这一点在美国体现得十分明显。物业管理公司必须以优质服务求生存、求发展。

物业管理公司为顾客提供优质服务，具体体现在以下几个方面：

（1）服务体系严密。尽管有些小型物业管理公司未必部门齐全，但必定功能齐全，有专职人员分别负责会计、保安、工程等项工作。小公司无力承担一些项目时，总有专业公司及时到位，业主不必为此操心；各部门工作都十分认真，如工程部门会不定期测试火警系统，并及时对电力、暖气等设备进行维修和保养。

（2）除日常管理工作之外，物业管理公司还在努力创造一种舒适、有人情味的环境上作文章。如在住宅区内，购进一流的管理设施，开设超市、图书馆、餐厅、理发室，在此基础上还较重视开展人际交往，吸引人流。例如纽约小星城住宅区的管理机构，为招揽住户，宣传本区的独特优越性，开拓房产经营事业，在普遍缺乏人情味的美国社会，推出"我们有缘同住"之类的口号，在住宅区组织各种各样体育比赛、举办舞会及文艺演出等。使住户之间、住户和管理机构之间有必要的沟通和理解。他们在住宅区还办有周报和独立的闭路电视系统，介绍有关信息，宣传住宅区制度，这样虽远离都市，但居民们并不感到生活单调。这种类似于中国的社区活动，反过来又为物业管理赢得了声誉。

（3）服务至上还具体体现在对物业管理从业人员素质的高要求上。在美国，物业管理经理人员或工程师需要专门的资格证书。必须大学毕业，还必须接受必要的课程教育，因此，虽然公司人员很少，但都有很强的责任心，讲究工作效率。

（4）管理资料齐备。电脑管理系统中，不但对物业本身的资料，甚至各种图纸、管线资料非常详尽，同时对业主和租住户的资料也应有尽有。这样，一旦需要查询，公司便可迅速作出反应。为了掌握丰富资料，提供优质服务，物业管理公司一般在物业开发时就已成立，有的甚至在项目规划时就提前介入，以便在设计时向业主或开发部门提出合理的建议，如对绿化计划、停车位设计提出建议，以便物业有更高的管理水准。

（5）为了使业主和租住户放心，物业管理往往还在物业保险上作较多投资。

美国现代房屋保险主要有产权保险和房屋保险。其中，产权保险的保险标的是房地产产权，保险费通常按投保物业的价值确定。一般为物业价值的 0.075%。房屋保险又分三种：一是屋主保险，二是住户保险（前者按物业内外的损害情况赔偿，后者指除了水灾、地震等意外灾害之外的各种赔偿），三是地震险（如在加州，地震频繁，此险就被政府强制规定购买）。一般的物业管理主要涉及如下保险：火灾险，保险金额为保险总额的 0.151%；台风险，为住宅总值的 1.68%；地震险，为住宅总值的 0.18%。其他险，为住宅总值的 0.021%。按住房建筑每套 10 万美元计算，每户 2032 美元/年。如愿意将保险金额加大为 15 万美元/套，则每户为 3048 美元/年。适当的保险，对吸引住户是极为有利的，业主和住户会更加放心地选购和租住。

（二）物业管理合同

美国是一个典型的契约社会，像物业管理这样专业性的职业，自然也离不开契约。美国属联邦制国家，50 个州各有自己相对独立的法规体系，合同法在各州也不尽一样，它主要从属于州法。各州合同法皆以合同双方意思表示的一致和真实为前提。物业管理合同双方都必须严格依照合同享有权利、履行义务。物业管理合同的最终目的是保证物业管理的质量。这对业主而言意味着物业本身的保值和增值；对管理公司而言，则意味着公司的形象、信誉和收入的保证。

根据用途划分，美国的物业管理主要为办公楼物业管理和住宅物业管理。其中，有的管理客体只属于某一个投资者，房屋是出租给客户的，有的则是用户买下了楼面或单元，这样用户直接成了公司的客户。一般情况下，一个多业主的项目，会由业主组成物业管理协会。协会是一个独立法人。物业管理合同是公司与协会之间签订的。此合同不仅对所有业主，而且对未来业主都有法律约束力，也即未来业主买房后，不需另签合同而以原来合同为依据与物业管理公司发生关系。当然，当物业只有一个业主时，合同就由该业主与物业管理公司之间订立。

物业管理合同的内容，包括合同双方的权利与义务、费用的收取与管理、违约责任等等。主要条款内容如下：

（1）物业管理公司的职责和义务。物业管理公司除了接受业主委托收取管理房租等费用外，必须监督、管理及定期或不定期修理楼面的主要设施。在楼面均对外租赁的情况下，物业管理公司应对所有设施负责。当有些单元被用户买下的，有关一些设施由物业管理公司负责，并由合同具体确定。

（2）房东的义务。房东除了保证管理费用，还必须为物业管理公司提供办公用房等。

（3）管理合同的期限。较大的物业管理项目一般期限要长一些，因为物业管理在运转之初需要较多投入，期限过短，会损害物业管理公司的利益。因此，一般合同都明确规定业主在两年内不可调换物业管理公司。

（4）收费。这个问题在物业管理合同中占有显著地位。由于所处地区、环境、设施的条件不同，各地物业管理合同对计费的规定往往十分复杂。一般而言，物业管理公司具体负责物业日常开支，物业管理费要由业主或业主协会不断补充。

（5）违约责任。任何一方违约，都必须依法承担相应的民事责任。这一点一般在合同中作明确规定。

（三）物业管理机构

美国物业管理作为一个盈利性的专门职业，有很多专门机构及从业人员全国性的物业管理协会和组织也很有规模和影响。例如，有主要代表对物业设施管理的国际设施管理协会(IFMA)，其成员主要管理物业的设施，如电话传真、清洁工具、消防器具等。分布全国各州、各地区，甚至还包括一些跨国公司；再如全国物业管理人员协会，主要负责培训以优化从业人员的知识结构，培养其职业道德；还有一个全国性协会 BOMA，代表在物业管理过程中业主、房东的利益；等等。业主们十分乐意与此类组织打交道。这不仅仅是因为这里有很多信息，有资料和书籍出版。同时，还因为业主们或物业管理公司在这里可以互相交流，并可以得到其他公司的信息和经验。许多协会还办有定期刊物，开设教育性专题讲座和课程，颇受欢迎。

物业管理公司内部机构，一般设有若干具体职能部门和专门负责人员，以保证管理工作的正常运转。这些部门主要包括：

（1）管理与维修部门，主要负责房产经营与房屋维修，包括租赁管理、定租收租、检修房屋及其设备系统、房屋档案材料的管理，维修人员的日常管理。这一部门一般具有独立的诉讼权。较大的维修项目，由于自身力量所限，一般采用对外发包的办法。

（2）能源管理部门，负责管理住宅区的冷暖气供应，以及动力设备的管理和维修，在较大的住宅群，还需具体负责污水处理系统及发电设备等。

（3）财会部门，负责制订住宅区的预算计划及做好会计出纳、经济核算、租金及其他费用的管理工作，以及一切雇员的工资奖金的发放工作。

（4）治安保卫部门，负责住宅区的安全保卫工作，包括消防安全、防盗防窃、地区巡逻和地区交通管理工作。这一部门并不从属于国家警察系统，而由公司直接领导，其聘用、考核、薪水均由公司负责；但在业务上，他们还是要接受国家警察系统的指导，并协助做好有关工作。

此外，还有清洁部门等。当然，许多物业管理公司往往会把清洁工作承包给其他专业公司承担。

在美国，成立物业管理公司手续比较简便，只须符合一些基本的法定条件。由于美国的物业管理公司绝大多数为私人开办，故只要具备申请资格，几乎任何人都可以申请成立此类公司。公司成立，必须取得营业执照。如在加利福尼亚州，规定取得执照的物业管理公司必须每 4 年接受 45 小时的专业课程的培训教育，方可被认为主体合格；国际设施管理协会等，不仅对物业管理公司，而且对具体人员均有一些要求，如有的管理岗位必须取得相应的专业证书，公司管理人员必须持有大学毕业证书，有 5 年以上的物业管理经验，并在接受了一些专业课程的教育后，才能取得协会发给的合格证书。

物业管理公司的从业人员一般分成两个层次：第一个层次是经理人员；第二层次是操作人员。公司对全体成员，不论是经理，还是清洁工人，都一视同仁，在员工与公司的聘用合同中，明确规定了各自的职责规范、权利和义务，包括奖惩标准，做到奖励、处罚明确有据。

（四）物业管理的经费

由于所处地区、环境、设施的条件不同，各地物业管理合同对计费的规定往往十分复杂。一般而言，物业管理公司具体负责物业日常开支，物业管理费要由业主或业主协会不断补充。业主协会委托物业管理公司代为收取所有的房租、管理费。在操作上，物业管理运作需要的银行账户资金，属于业主但由物业公司掌握经营，收入（如租金）先存入账户，物业管理公司用这部分钱支付开支。账户资金不足，业主、租住户有义务要补充。当然，物业管理公司的开支，原则上必须根据公司与业主之间达成的预算，在此基础上，物业管理公司有一定机动权。

对于物业管理公司的服务收费，目前在美国流行两种计算方法：一是根据物业管理公司与业主之间的年度预算数额的百分比收取，按月收取年度预算百分比的十二分之一作为管理费；二是根据利润来计算管理费，这种计算方法可以鼓励物业管理公司的积极性，因此业主和物业管理公司都乐于接受此种方法。

物业管理服务收费由委托方与物业管理公司（机构）视市场的供求状况、地区环境以及房屋的数量与质量自由协商而定，一般无统一的标准。物业管理公司的管理费来源有多种渠道，如租金收入、服务费、甚至政府补贴等。

三、美国物业管理的特点

（一）专业化和专门化

美国的物业种类繁多，不少类型的物业由于自身经营和使用的特点，配备有专门的物业管理机构及专业管理人员，如酒店、连锁零售商店和一些特殊工业厂房的管理等，但大多数物业与工商业没有内在的紧密的联系，在管理中具有更多的共性，它们为专业化的物业管理提供了一个广阔的市场需求。

美国的专业物业管理者可以是自由人，可以是一个专业物业管理机构的受雇职员，也可以是一个专门从事不动产开发经营的公司的物业管理部门员工，还可能是某些公共财务机构信托部门或大型公司、公共协会房地产部门的雇员。到 1998 年全世界约有76 万物业经理，而其中约 29 万在美国。物业管理者需要接受专门的培训并取得相应的证书。

物业管理作为房地产业的一个快速发展的特殊分支，已被归结为管理科学的范畴。今天，物业管理者只有掌握专业知识、技能以及与人交往的艺术与经验才能成为一个称职的决策者。由于物业管理所需技能越来越趋于复杂多样，美国的物业管理强调物业管理者应该是多面手，能在不同的场合充当不同的角色——市场分析员、广告策划者、推销员、会计、公关人员，甚至维修工程师。物业管理者必须具备足够的内在素养以熟练地周旋于诸如业主、潜在客户、租户、员工以及外来的承包商和房地产界的其他人之间。

虽然物业管理强调通才教育，但在实践中，针对不同类型的物业，美国的物业管理市场又具有专门化的特点，各种不同类型的物业需要由不同的物业管理专家来管理。商用物业包括大的多层办公楼、地区性购物中心、条形购物中心、小型仓储中心以及大的货栈。居住物业大到多用户社区，小到分散的独户住宅。协作房和共管房社区通常聘请专业人员来管理业主委员会。

（二）市场意识强

美国的物业管理有着非常明确的市场意识，认为物业管理者的目标就是通过对物业的管理为物业所有者创造最大限度的利润。所以物业管理者的基本职能是：

（1）为业主管理物业；

（2）为业主创造来自物业的收入；

（3）使物业保值增值。

换句话说管理者的任务就是在物业存在的整个周期内最大限度地为物业所有者创造收入。

（三）职业精神强

美国的专业物业管理强调从业者必须具有职业道德，这种职业道德首先是为业主提供忠诚的服务，但这种忠诚并非盲目服从业主的指令，而是时时处处从服务于业主利益的角度出发而提供高水平的专业化管理。

物业管理者还要细心地留意所有者的行为是否与有关的法律条文相抵触而影响所管理的资产。如果所有者的行为不当，造成对物业管理者在行使管理职责时的巨大压力，那么，管理者应断然中止管理业务。

美国的物业管理对专业物业管理者的职业道德还强调需有强烈的事业心和对社会及政府机构的责任感。他们应该积极参与专业组织的活动，关心社区福利和公益事业的发展，如果他们能承担公民责任并为社区的完善与发展作贡献，他们的长远目标是容易实现的。

（四）行业协会发达

美国物业管理有着非常发达的行业协会，它们的积极工作极大地增强了物业管理者和物业管理公司的行业自律意识，并通过信息交流、培训和宣传等不断地提升着行业的整体素质，使得美国的物业管理行业得以健康有序地发展。

（五）计算机辅助物业管理技术发达

计算机辅助物业管理（CAFM）如今在美国的物业管理中占有重要位置。在CAFM技术的支持下，物业管理者得以建立起对物业档案资料的完备的管理，包括物业的各种数据、图纸、管线资料、住（租）户和业主的资料等，应有尽有从而为物业管理者制定合理的物业管理计划、对突发事件的快速反应、日常工作的井井有条等，提供了充分的保障。大量物业管理资料的充分占有还使物业管理者常常有条件在项目规划时提前介入，以便在设计时向业主或开发部门提出合理建议。

（六）法律环境严格

美国的物业管理的专业化的很重要的一大动力是有关物业管理的法律法规日趋复杂，并且惩处严格，如果没有熟悉这些法律要求的物业管理专业人才的管理，业主很容易陷入违法的指控和面临高额索赔。由于美国对违法行为的惩处严格，法律具有很强的威慑作用。

例如，在华盛顿特区某性骚扰案件中，业主在不承认有罪的情况下以200000美元了结此案。他们似乎由于陷入不知道该信谁的困境而懒得采取行动。物业的声誉及其商业价值已经受到了损害。而如果物业管理者在此方面有很周密的制度安排，则可以避免这种尴尬。

（七）重视计划

美国的物业管理者非常重视物业管理计划，根据有关对美国物业管理行业的一次问卷调查的统计结果反映，物业管理者对于物业管理的各项具体工作内容的看法其中有关物业计划的工作都被认为具有相当的重要性，而特别是在实际工作中，物业空间配备、计划和安排以 87.7% 高居榜首，显示出物业计划在美国物业管理工作中占据了相当重要的位置。

（八）重视生命健康与安全

美国的物业管理对安全问题极为重视，因为安全事故不仅能造成对物业破坏和危害人员生命与健康，还可能会引发对业主和物业管理者的巨额索赔，而物业的商业价值也可能会发生大幅度贬值。

安全的概念既包括防范和处理危害生命安全的突发事件，也包括关系到生命健康的环境安全问题。对于突发事件的防范与处理，物业安全管理有以下几个层面的工作：

（1）利用先进的自动化技术增强物业本身的防灾减灾的能力；

（2）制定灾难计划和保障人身安全的物业管理程序；

（3）通过对员工的训练使安全程序得到有效执行。

对于环境安全问题，物业管理者必须详细了解有关环境污染控制标准的法律法规的要求，制定周详的计划，对物业进行必要改造以满足法律的要求。美国有关环境管理的法律法规包括：国内环境政策法（National Environmental Policy Act，NEPA）、空气净化法、水净化法、安全饮用水法、海上保护、研究及保护法、全面环保反应、赔偿与责任的超级基金法等。这些法律法规对建设项目的环境安全评估、环境安全标准、污染排放、垃圾清理、对污染责任的处罚等，都有详细的规定。现在，美国环保法律的一大发展趋势是立法要求在卖、租或转让房产之前，应对环境进行全面的评估，并向适当的执法机构按清除需求提交一份详细的清除计划。

在物业的环境安全管理中，目前美国特别重视对有毒物质的监测与控制，普通建筑物中一些常见的有毒物质有：石棉、氡、尿素、甲醛、氯丁橡胶和铅等。石棉会散发到空气中，被人体吸入后容易引发肺癌；氡是一种无色、无味的放射比气体，几乎所有的地方都有少量的氡存在，在室内环境或封闭结构里，超过一定浓度会导致肺癌；尿素、甲醛在高温下能发生氧化反应，燃烧时散发出有毒气体；氯丁橡胶是一种毒性很大的油状物，铅曾是许多油漆的基本成分，当人吸入铅时，人的大脑、肾以及神经系统将受到伤害，这对成年人也许影响不大，但对小孩而言，则后果严重。所有这些有毒物质都曾一度被广泛地用于各种建材中，目前，美国的不少业主和物业管理者正在投入资金逐渐地对其加以改造。对于一时无法彻底清除的，法律规定房屋含有有毒物质成分的情况必须告知住户。

复习思考题

1. 香港的房屋管理组织机构是怎样的？
2. 香港物业管理的特点有哪些？
3. 新加坡居住小区的物业管理内容有哪些？
4. 新加坡物业管理的特点是什么？
5. 美国物业管理的管理内容有哪些？
6. 美国物业管理的特点是什么？

附录　相关政策法规

附录1　中华人民共和国物业管理条例

中华人民共和国国务院令

第 379 号

《物业管理条例》已经 2003 年 5 月 28 日国务院第 9 次常务会议通过，现予公布，自 2003 年 9 月 1 日起施行。

总　理　温家宝

2003 年 6 月 8 日

物业管理条例

第一章　总　　则

第一条　为了规范物业管理活动，维护业主和物业管理企业的合法权益，改善人民群众的生活和工作环境，制定本条例。

第二条　本条例所称物业管理，是指业主通过选聘物业管理企业，由业主和物业管理企业按照物业服务合同约定，对房屋及配套的设施设备和相关场地进行维修、养护、管理，维护相关区域内的环境卫生和秩序的活动。

第三条　国家提倡业主通过公开、公平、公正的市场竞争机制选择物业管理企业。

第四条　国家鼓励物业管理采用新技术、新方法，依靠科技进步提高管理和服务水平。

第五条　国务院建设行政主管部门负责全国物业管理活动的监督管理工作。

县级以上地方人民政府房地产行政主管部门负责本行政区域内物业管理活动的监督管理工作。

第二章　业主及业主大会

第六条　房屋的所有权人为业主。

业主在物业管理活动中，享有下列权利：

（一）按照物业服务合同的约定，接受物业管理企业提供的服务；

（二）提议召开业主大会会议，并就物业管理的有关事项提出建议；

（三）提出制定和修改业主公约、业主大会议事规则的建议；

（四）参加业主大会会议，行使投票权；

（五）选举业主委员会委员，并享有被选举权；

（六）监督业主委员会的工作；

（七）监督物业管理企业履行物业服务合同；

（八）对物业共用部位、共用设施设备和相关场地使用情况享有知情权和监督权；

（九）监督物业共用部位、共用设施设备专项维修资金（以下简称专项维修资金）的管理和使用；

（十）法律、法规规定的其他权利。

第七条　业主在物业管理活动中，履行下列义务：

（一）遵守业主公约、业主大会议事规则；

（二）遵守物业管理区域内物业共用部位和共用设施设备的使用、公共秩序和环境卫生的维护等方面的规章制度；

（三）执行业主大会的决定和业主大会授权业主委员会作出的决定；

（四）按照国家有关规定交纳专项维修资金；

（五）按时交纳物业服务费用；

（六）法律、法规规定的其他义务。

第八条　物业管理区域内全体业主组成业主大会。

业主大会应当代表和维护物业管理区域内全体业主在物业管理活动中的合法权益。

第九条　一个物业管理区域成立一个业主大会。

物业管理区域的划分应当考虑物业的共用设施设备、建筑物规模、社区建设等因素。具体办法由省、自治区、直辖市制定。

第十条　同一个物业管理区域内的业主，应当在物业所在地的区、县人民政府房地产行政主管部门的指导下成立业主大会，并选举产生业主委员会。但是，只有一个业主的，或者业主人数较少且经全体业主一致同意，决定不成立业主大会的，由业主共同履行业主大会、业主委员会职责。

业主在首次业主大会会议上的投票权，根据业主拥有物业的建筑面积、住宅套数等因素确定。具体办法由省、自治区、直辖市制定。

第十一条　业主大会履行下列职责：

（一）制定、修改业主公约和业主大会议事规则；

（二）选举、更换业主委员会委员，监督业主委员会的工作；

（三）选聘、解聘物业管理企业；

（四）决定专项维修资金使用、续筹方案，并监督实施；

（五）制定、修改物业管理区域内物业共用部位和共用设施设备的使用、公共秩序和环境卫生的维护等方面的规章制度；

（六）法律、法规或者业主大会议事规则规定的其他有关物业管理的职责。

第十二条　业主大会会议可以采用集体讨论的形式，也可以采用书面征求意见的形式；但应当有物业管理区域内持有1/2以上投票权的业主参加。

业主可以委托代理人参加业主大会会议。

业主大会作出决定，必须经与会业主所持投票权1/2以上通过。业主大会作出制定和修改业主公约、业主大会议事规则，选聘和解聘物业管理企业，专项维修资金使用和续筹方案的决定，必须经物业管理区域内全体业主所持投票权2/3以上通过。

业主大会的决定对物业管理区域内的全体业主具有约束力。

第十三条　业主大会会议分为定期会议和临时会议。

业主大会定期会议应当按照业主大会议事规则的规定召开。经20%以上的业主提议，业主委员会应当组织召开业主大会临时会议。

第十四条　召开业主大会会议，应当于会议召开15日以前通知全体业主。

住宅小区的业主大会会议，应当同时告知相关的居民委员会。

业主委员会应当做好业主大会会议记录。

第十五条　业主委员会是业主大会的执行机构，履行下列职责：

（一）召集业主大会会议，报告物业管理的实施情况；

（二）代表业主与业主大会选聘的物业管理企业签订物业服务合同；

（三）及时了解业主、物业使用人的意见和建议，监督和协助物业管理企业履行物业服务合同；

（四）监督业主公约的实施；

（五）业主大会赋予的其他职责。

第十六条　业主委员会应当自选举产生之日起30日内，向物业所在地的区、县人民政府房地产行政主管部门备案。

业主委员会委员应当由热心公益事业、责任心强、具有一定组织能力的业主担任。

业主委员会主任、副主任在业主委员会委员中推选产生。

第十七条　业主公约应当对有关物业的使用、维护、管理，业主的共同利益，业主应当履行的义务，违反公约应当承担的责任等事项依法作出约定。

业主公约对全体业主具有约束力。

第十八条　业主大会议事规则应当就业主大会的议事方式、表决程序、业主投票权确定办法、业主委员会的组成和委员任期等事项作出约定。

第十九条　业主大会、业主委员会应当依法履行职责，不得作出与物业管理无关的决定，不得从事与物业管理无关的活动。

业主大会、业主委员会作出的决定违反法律、法规的，物业所在地的区、县人民政府房地产行政主管部门，应当责令限期改正或者撤销其决定，并通告全体业主。

第二十条　业主大会、业主委员会应当配合公安机关，与居民委员会相互协作，共同做好维护物业管理区域内的社会治安等相关工作。

在物业管理区域内，业主大会、业主委员会应当积极配合相关居民委员会依法履行自治管理职责，支持居民委员会开展工作，并接受其指导和监督。

住宅小区的业主大会、业主委员会作出的决定，应当告知相关的居民委员会，并认真听取居民委员会的建议。

第三章　前期物业管理

第二十一条　在业主、业主大会选聘物业管理企业之前，建设单位选聘物业管理企业的，应当签订书面的前期物业服务合同。

第二十二条　建设单位应当在销售物业之前，制定业主临时公约，对有关物业的使用、维护、管理，业主的共同利益，业主应当履行的义务，违反公约应当承担的责任等事项依法作出约定。

建设单位制定的业主临时公约，不得侵害物业买受人的合法权益。

第二十三条　建设单位应当在物业销售前将业主临时公约向物业买受人明示，并予以说明。

物业买受人在与建设单位签订物业买卖合同时，应当对遵守业主临时公约予以书面承诺。

第二十四条　国家提倡建设单位按照房地产开发与物业管理相分离的原则，通过招投标的方式选聘具有相应资质的物业管理企业。

住宅物业的建设单位，应当通过招投标的方式选聘具有相应资质的物业管理企业；投标人少于3个或者住宅规模较小的，经物业所在地的区、县人民政府房地产行政主管部门批准，可以采用协议方式选聘具有相应资质的物业管理企业。

第二十五条　建设单位与物业买受人签订的买卖合同应当包含前期物业服务合同约定的内容。

第二十六条　前期物业服务合同可以约定期限；但是，期限未满、业主委员会与物业管理企业签订的物业服务合同生效的，前期物业服务合同终止。

第二十七条　业主依法享有的物业共用部位、共用设施设备的所有权或者使用权，建设单位不得擅自处分。

第二十八条　物业管理企业承接物业时，应当对物业共用部位、共用设施设备进行查验。

第二十九条　在办理物业承接验收手续时，建设单位应当向物业管理企业移交下列资料：

（一）竣工总平面图，单体建筑、结构、设备竣工图，配套设施、地下管网工程竣工图等竣工验收资料；

（二）设施设备的安装、使用和维护保养等技术资料；

（三）物业质量保修文件和物业使用说明文件；

（四）物业管理所必需的其他资料。

物业管理企业应当在前期物业服务合同终止时将上述资料移交给业主委员会。

第三十条　建设单位应当按照规定在物业管理区域内配置必要的物业管理用房。

第三十一条　建设单位应当按照国家规定的保修期限和保修范围，承担物业的保修责任。

第四章　物业管理服务

第三十二条　从事物业管理活动的企业应当具有独立的法人资格。

国家对从事物业管理活动的企业实行资质管理制度。具体办法由国务院建设行政主管部门制定。

第三十三条　从事物业管理的人员应当按照国家有关规定，取得职业资格证书。

第三十四条　一个物业管理区域由一个物业管理企业实施物业管理。

第三十五条　业主委员会应当与业主大会选聘的物业管理企业订立书面的物业服务合同。

物业服务合同应当对物业管理事项、服务质量、服务费用、双方的权利义务、专项维修资金的管理与使用、物业管理用房、合同期限、违约责任等内容进行约定。

第三十六条　物业管理企业应当按照物业服务合同的约定，提供相应的服务。

物业管理企业未能履行物业服务合同的约定，导致业主人身、财产安全受到损害的，应当依法承担相应的法律责任。

第三十七条　物业管理企业承接物业时，应当与业主委员会办理物业验收手续。

业主委员会应当向物业管理企业移交本条例第二十九条第一款规定的资料。

第三十八条　物业管理用房的所有权依法属于业主。未经业主大会同意，物业管理企业不得改变物业管理用房的用途。

第三十九条　物业服务合同终止时，物业管理企业应当将物业管理用房和本条例第二十九条第一款规定的资料交还给业主委员会。

物业服务合同终止时，业主大会选聘了新的物业管理企业的，物业管理企业之间应当做好交接工作。

第四十条　物业管理企业可以将物业管理区域内的专项服务业务委托给专业性服务企业，但不得将该区域内的全部物业管理一并委托给他人。

第四十一条　物业服务收费应当遵循合理、公开以及费用与服务水平相适应的原则，区别不同物业的性质和特点，由业主和物业管理企业按照国务院价格主管部门会同国务院建设行政主管部门制定的物业服务收费办法，在物业服务合同中约定。

第四十二条　业主应当根据物业服务合同的约定交纳物业服务费用。业主与物业使用人约定由物业使用人交纳物业服务费用的，从其约定，业主负连带交纳责任。

已竣工但尚未出售或者尚未交给物业买受人的物业，物业服务费用由建设单位交纳。

第四十三条　县级以上人民政府价格主管部门会同同级房地产行政主管部门，应当加强对物业服务收费的监督。

第四十四条　物业管理企业可以根据业主的委托提供物业服务合同约定以外的服务项目，服务报酬由双方约定。

第四十五条　物业管理区域内，供水、供电、供气、供热、通讯、有线电视等单位应当向最终用户收取有关费用。

物业管理企业接受委托代收前款费用的，不得向业主收取手续费等额外费用。

第四十六条　对物业管理区域内违反有关治安、环保、物业装饰装修和使用等方面法律、法规规定的行为，物业管理企业应当制止，并及时向有关行政管理部门报告。

有关行政管理部门在接到物业管理企业的报告后，应当依法对违法行为予以制止或者依法处理。

第四十七条　物业管理企业应当协助做好物业管理区域内的安全防范工作。发生安全事故时，物业管理企业在采取应急措施的同时，应当及时向有关行政管理部门报告，协助做好救助工作。

物业管理企业雇请保安人员的，应当遵守国家有关规定。保安人员在维护物业管理区域内的公共秩序时，应当履行职责，不得侵害公民的合法权益。

第四十八条　物业使用人在物业管理活动中的权利义务由业主和物业使用人约定，但不得违反法律、法规和业主公约的有关规定。

物业使用人违反本条例和业主公约的规定，有关业主应当承担连带责任。

第四十九条　县级以上地方人民政府房地产行政主管部门应当及时处理业主、业主委员会、物业使用人和物业管理企业在物业管理活动中的投诉。

第五章　物业的使用与维护

第五十条　物业管理区域内按照规划建设的公共建筑和共用设施，不得改变用途。

业主依法确需改变公共建筑和共用设施用途的，应当在依法办理有关手续后告知物业管理企业；物业管理企业确需改变公共建筑和共用设施用途的，应当提请业主大会讨论决定同意后，由业主依法办理有关手续。

第五十一条　业主、物业管理企业不得擅自占用、挖掘物业管理区域内的道路、场地，损害业主的共同利益。

因维修物业或者公共利益，业主确需临时占用、挖掘道路、场地的，应当征得业主委员会和物业管理企业的同意；物业管理企业确需临时占用、挖掘道路、场地的，应当征得业主委员会的同意。

业主、物业管理企业应当将临时占用、挖掘的道路、场地，在约定期限内恢复原状。

第五十二条　供水、供电、供气、供热、通讯、有线电视等单位，应当依法承担物业管理区域内相关管线和设施设备维修、养护的责任。

前款规定的单位因维修、养护等需要，临时占用、挖掘道路、场地的，应当及时恢复原状。

第五十三条　业主需要装饰装修房屋的，应当事先告知物业管理企业。

物业管理企业应当将房屋装饰装修中的禁止行为和注意事项告知业主。

第五十四条　住宅物业、住宅小区内的非住宅物业或者与单幢住宅楼结构相连的非住宅物业的业主，应当按照国家有关规定交纳专项维修资金。

专项维修资金属业主所有，专项用于物业保修期满后物业共用部位、共用设施设备的维修和更新、改造，不得挪作他用。

专项维修资金收取、使用、管理的办法由国务院建设行政主管部门会同国务院财政部门制定。

第五十五条　利用物业共用部位、共用设施设备进行经营的，应当在征得相关业主、业主大会、物业管理企业的同意后，按照规定办理有关手续。业主所得收益应当主要用于补充专项维修资金，也可以按照业主大会的决定使用。

第五十六条　物业存在安全隐患，危及公共利益及他人合法权益时，责任人应当及时维修养护，有关业主应当给予配合。

责任人不履行维修养护义务的，经业主大会同意，可以由物业管理企业维修养护，费用由责任人承担。

第六章　法律责任

第五十七条　违反本条例的规定，住宅物业的建设单位未通过招投标的方式选聘物业管理企业或者未经批准，擅自采用协议方式选聘物业管理企业的，由县级以上地方人民政府房地产行政主管部门责令限期改正，给予警告，可以并处 10 万元以下的罚款。

第五十八条　违反本条例的规定，建设单位擅自处分属于业主的物业共用部位、共用设施设备的所有权或者使用权的，由县级以上地方人民政府房地产行政主管部门处 5 万元以上 20 万元以下的罚款；给业主造成损失的，依法承担赔偿责任。

第五十九条　违反本条例的规定，不移交有关资料的，由县级以上地方人民政府房地产行政主管部门责令限期改正；逾期仍不移交有关资料的，对建设单位、物业管理企业予以通报，处1万元以上10万元以下的罚款。

第六十条 违反本条例的规定，未取得资质证书从事物业管理的，由县级以上地方人民政府房地产行政主管部门没收违法所得，并处5万元以上20万元以下的罚款；给业主造成损失的，依法承担赔偿责任。

以欺骗手段取得资质证书的，依照本条第一款规定处罚，并由颁发资质证书的部门吊销资质证书。

第六十一条 违反本条例的规定，物业管理企业聘用未取得物业管理职业资格证书的人员从事物业管理活动的，由县级以上地方人民政府房地产行政主管部门责令停止违法行为，处5万元以上20万元以下的罚款；给业主造成损失的，依法承担赔偿责任。

第六十二条 违反本条例的规定，物业管理企业将一个物业管理区域内的全部物业管理一并委托给他人的，由县级以上地方人民政府房地产行政主管部门责令限期改正，处委托合同价款30%以上50%以下的罚款；情节严重的，由颁发资质证书的部门吊销资质证书。委托所得收益，用于物业管理区域内物业共用部位、共用设施设备的维修、养护，剩余部分按照业主大会的决定使用；给业主造成损失的，依法承担赔偿责任。

第六十三条 违反本条例的规定，挪用专项维修资金的，由县级以上地方人民政府房地产行政主管部门追回挪用的专项维修资金，给予警告，没收违法所得，可以并处挪用数额2倍以下的罚款；物业管理企业挪用专项维修资金，情节严重的，并由颁发资质证书的部门吊销资质证书；构成犯罪的，依法追究直接负责的主管人员和其他直接责任人员的刑事责任。

第六十四条 违反本条例的规定，建设单位在物业管理区域内不按照规定配置必要的物业管理用房的，由县级以上地方人民政府房地产行政主管部门责令限期改正，给予警告，没收违法所得，并处10万元以上50万元以下的罚款。

第六十五条 违反本条例的规定，未经业主大会同意，物业管理企业擅自改变物业管理用房的用途的，由县级以上地方人民政府房地产行政主管部门责令限期改正，给予警告，并处1万元以上10万元以下的罚款；有收益的，所得收益用于物业管理区域内物业共用部位、共用设施设备的维修、养护，剩余部分按照业主大会的决定使用。

第六十六条 违反本条例的规定，有下列行为之一的，由县级以上地方人民政府房地产行政主管部门责令限期改正，给予警告，并按照本条第二款的规定处以罚款；所得收益，用于物业管理区域内物业共用部位、共用设施设备的维修、养护，剩余部分按照业主大会的决定使用：

（一）擅自改变物业管理区域内按照规划建设的公共建筑和共用设施用途的；

（二）擅自占用、挖掘物业管理区域内道路、场地，损害业主共同利益的；

（三）擅自利用物业共用部位、共用设施设备进行经营的。

个人有前款规定行为之一的，处1000元以上1万元以下的罚款；单位有前款规定行为之一的，处5万元以上20万元以下的罚款。

第六十七条 违反物业服务合同约定，业主逾期不交纳物业服务费用的，业主委员会应当督促其限期交纳；逾期仍不交纳的，物业管理企业可以向人民法院起诉。

第六十八条 业主以业主大会或者业主委员会的名义，从事违反法律、法规的活动，构成犯罪的，依法追究刑事责任；尚不构成犯罪的，依法给予治安管理处罚。

第六十九条 违反本条例的规定，国务院建设行政主管部门、县级以上地方人民政府房地产行政主管部门或者其他有关行政管理部门的工作人员利用职务上的便利，收受他人财物或者其他好处，不依法履行监督管理职责，或者发现违法行为不予查处，构成犯罪的，依法追究刑事责任；尚不构成犯罪的，依法给予行政处分。

第七章 附 则

第七十条 本条例自 2003 年 9 月 1 日起施行。

附录 2 物业管理企业资质管理办法

第一条 为了加强对物业管理活动的监督管理，规范物业管理市场秩序，提高物业管理服务水平，根据《物业管理条例》，制定本办法。

第二条 在中华人民共和国境内申请物业管理企业资质，实施对物业管理企业资质管理，适用本办法。

本办法所称物业管理企业，是指依法设立、具有独立法人资格，从事物业管理服务活动的企业。

第三条 物业管理企业资质等级分为一、二、三级。

第四条 国务院建设主管部门负责一级物业管理企业资质证书的颁发和管理。

省、自治区人民政府建设主管部门负责二级物业管理企业资质证书的颁发和管理，直辖市人民政府房地产主管部门负责二级和三级物业管理企业资质证书的颁发和管理，并接受国务院建设主管部门的指导和监督。

设区的市的人民政府房地产主管部门负责三级物业管理企业资质证书的颁发和管理，并接受省、自治区人民政府建设主管部门的指导和监督。

第五条 各资质等级物业管理企业的条件如下：

（一）一级资质：

1. 注册资本人民币 500 万元以上；

2. 物业管理专业人员以及工程、管理、经济等相关专业类的专职管理和技术人员不少于 30 人。其中，具有中级以上职称的人员不少于 20 人，工程、财务等业务负责人具有相应专业中级以上职称；

3. 物业管理专业人员按照国家有关规定取得职业资格证书；

4. 管理两种类型以上物业，并且管理各类物业的房屋建筑面积分别占下列相应计算基数的百分比之和不低于 100%：

（1）多层住宅 200 万 m²；

（2）高层住宅 100 万 m²；

（3）独立式住宅（别墅）15 万 m²；

（4）办公楼、工业厂房及其他物业 50 万 m²。

5. 建立并严格执行服务质量、服务收费等企业管理制度和标准，建立企业信用档案系统，有优良的经营管理业绩。

（二）二级资质：

1. 注册资本人民币 300 万元以上；

2. 物业管理专业人员以及工程、管理、经济等相关专业类的专职管理和技术人员不少于20人。其中，具有中级以上职称的人员不少于10人，工程、财务等业务负责人具有相应专业中级以上职称；

3. 物业管理专业人员按照国家有关规定取得职业资格证书；

4. 管理两种类型以上物业，并且管理各类物业的房屋建筑面积分别占下列相应计算基数的百分比之和不低于100%：

(1) 多层住宅100万 m^2；

(2) 高层住宅50万 m^2；

(3) 独立式住宅(别墅)8万 m^2；

(4) 办公楼、工业厂房及其他物业20万 m^2。

5. 建立并严格执行服务质量、服务收费等企业管理制度和标准，建立企业信用档案系统，有良好的经营管理业绩。

(三) 三级资质：

1. 注册资本人民币50万元以上；

2. 物业管理专业人员以及工程、管理、经济等相关专业类的专职管理和技术人员不少于10人。其中，具有中级以上职称的人员不少于5人，工程、财务等业务负责人具有相应专业中级以上职称；

3. 物业管理专业人员按照国家有关规定取得职业资格证书；

4. 有委托的物业管理项目；

5. 建立并严格执行服务质量、服务收费等企业管理制度和标准，建立企业信用档案系统。

第六条 新设立的物业管理企业应当自领取营业执照之日起30日内，持下列文件向工商注册所在地直辖市、设区的市的人民政府房地产主管部门申请资质：

(一) 营业执照；

(二) 企业章程；

(三) 验资证明；

(四) 企业法定代表人的身份证明；

(五) 物业管理专业人员的职业资格证书和劳动合同，管理和技术人员的职称证书和劳动合同。

第七条 新设立的物业管理企业，其资质等级按照最低等级核定，并设一年的暂定期。

第八条 一级资质物业管理企业可以承接各种物业管理项目。

二级资质物业管理企业可以承接30万 m^2 以下的住宅项目和8万 m^2 以下的非住宅项目的物业管理业务。

三级资质物业管理企业可以承接20万 m^2 以下住宅项目和5万 m^2 以下的非住宅项目的物业管理业务。

第九条 申请核定资质等级的物业管理企业，应当提交下列材料：

(一) 企业资质等级申报表；

(二) 营业执照；

(三) 企业资质证书正、副本；

（四）物业管理专业人员的职业资格证书和劳动合同，管理和技术人员的职称证书和劳动合同，工程、财务负责人的职称证书和劳动合同；

（五）物业服务合同复印件；

（六）物业管理业绩材料。

第十条　资质审批部门应当自受理企业申请之日起20个工作日内，对符合相应资质等级条件的企业核发资质证书；一级资质审批前，应当由省、自治区人民政府建设主管部门或者直辖市人民政府房地产主管部门审查，审查期限为20个工作日。

第十一条　物业管理企业申请核定资质等级，在申请之日前一年内有下列行为之一的，资质审批部门不予批准：

（一）聘用未取得物业管理职业资格证书的人员从事物业管理活动的；

（二）将一个物业管理区域内的全部物业管理业务一并委托给他人的；

（三）挪用专项维修资金的；

（四）擅自改变物业管理用房用途的；

（五）擅自改变物业管理区域内按照规划建设的公共建筑和共用设施用途的；

（六）擅自占用、挖掘物业管理区域内道路、场地，损害业主共同利益的；

（七）擅自利用物业共用部位、共用设施设备进行经营的；

（八）物业服务合同终止时，不按规定移交物业管理用房和有关资料的；

（九）与物业管理招标人或者其他物业管理投标人相互串通，以不正当手段谋取中标的；

（十）不履行物业服务合同，业主投诉较多，经查证属实的；

（十一）超越资质等级承接物业管理业务的；

（十二）出租、出借、转让资质证书的；

（十三）发生重大责任事故的。

第十二条　资质证书分为正本和副本，由国务院建设主管部门统一印制，正、副本具有同等法律效力。

第十三条　任何单位和个人不得伪造、涂改、出租、出借、转让资质证书。

企业遗失资质证书，应当在新闻媒体上声明后，方可申请补领。

第十四条　企业发生分立、合并的，应当在向工商行政管理部门办理变更手续后30日内，到原资质审批部门申请办理资质证书注销手续，并重新核定资质等级。

第十五条　企业的名称、法定代表人等事项发生变更的，应当在办理变更手续后30日内，到原资质审批部门办理资质证书变更手续。

第十六条　企业破产、歇业或者因其他原因终止业务活动的，应当在办理营业执照注销手续后15日内，到原资质审批部门办理资质证书注销手续。

第十七条　物业管理企业资质实行年检制度。

各资质等级物业管理企业的年检由相应资质审批部门负责。

第十八条　符合原定资质等级条件的，物业管理企业的资质年检结论为合格。

不符合原定资质等级条件的，物业管理企业的资质年检结论为不合格，原资质审批部门应当注销其资质证书，由相应资质审批部门重新核定其资质等级。

资质审批部门应当将物业管理企业资质年检结果向社会公布。

第十九条　物业管理企业取得资质证书后，不得降低企业的资质条件，并应当接受资质审批部门的监督检查。

资质审批部门应当加强对物业管理企业的监督检查。

第二十条　有下列情形之一的，资质审批部门或者其上级主管部门，根据利害关系人的请求或者根据职权可以撤销资质证书：

（一）审批部门工作人员滥用职权、玩忽职守作出物业管理企业资质审批决定的；

（二）超越法定职权作出物业管理企业资质审批决定的；

（三）违反法定程序作出物业管理企业资质审批决定的；

（四）对不具备申请资格或者不符合法定条件的物业管理企业颁发资质证书的；

（五）依法可以撤销审批的其他情形。

第二十一条　物业管理企业超越资质等级承接物业管理业务的，由县级以上地方人民政府房地产主管部门予以警告，责令限期改正，并处1万元以上3万元以下的罚款。

第二十二条　物业管理企业无正当理由不参加资质年检的，由资质审批部门责令其限期改正，可处1万元以上3万元以下的罚款。

第二十三条　物业管理企业出租、出借、转让资质证书的，由县级以上地方人民政府房地产主管部门予以警告，责令限期改正，并处1万元以上3万元以下的罚款。

第二十四条　物业管理企业不按照本办法规定及时办理资质变更手续的，由县级以上地方人民政府房地产主管部门责令限期改正，可处2万元以下的罚款。

第二十五条　资质审批部门有下列情形之一的，由其上级主管部门或者监察机关责令改正，对直接负责的主管人员和其他直接责任人员依法给予行政处分；构成犯罪的，依法追究刑事责任：

（一）对不符合法定条件的企业颁发资质证书的；

（二）对符合法定条件的企业不予颁发资质证书的；

（三）对符合法定条件的企业未在法定期限内予以审批的；

（四）利用职务上的便利，收受他人财物或者其他好处的；

（五）不履行监督管理职责，或者发现违法行为不予查处的。

第二十六条　本办法自2004年5月1日起施行。

附录3　业主大会规程

建设部关于印发《业主大会规程》的通知

建住房［2003］131号

各省、自治区建设厅，直辖市房地局，新疆生产建设兵团建设局：

为了规范业主大会的活动，保障民主决策，维护业主的合法权益，根据《物业管理条例》，我部制定了《业主大会规程》，现印发给你们，请贯彻执行。执行中的情况，请及时告我部住宅与房地产业司。

中华人民共和国建设部

2003年6月26日

业 主 大 会 规 程

第一条 为了规范业主大会的活动，维护业主的合法权益，根据《物业管理条例》，制定本规程。

第二条 业主大会应当代表和维护物业管理区域内全体业主在物业管理活动中的合法权益。

第三条 一个物业管理区域只能成立一个业主大会。

业主大会由物业管理区域内的全体业主组成。

业主大会应当设立业主委员会作为执行机构。

业主大会自首次业主大会会议召开之日起成立。

第四条 只有一个业主，或者业主人数较少且经全体业主同意，决定不成立业主大会的，由业主共同履行业主大会、业主委员会职责。

第五条 业主筹备成立业主大会的，应当在物业所在地的区、县人民政府房地产行政主管部门和街道办事处（乡镇人民政府）的指导下，由业主代表、建设单位（包括公有住房出售单位）组成业主大会筹备组（以下简称筹备组），负责业主大会筹备工作。

筹备组成员名单确定后，以书面形式在物业管理区域内公告。

第六条 筹备组应当做好下列筹备工作：

（一）确定首次业主大会会议召开的时间、地点、形式和内容；

（二）参照政府主管部门制定的示范文本，拟定《业主大会议事规则》（草案）和《业主公约》（草案）；

（三）确认业主身份，确定业主在首次业主大会会议上的投票权数；

（四）确定业主委员会委员候选人产生办法及名单；

（五）做好召开首次业主大会会议的其他准备工作。

前款（一）、（二）、（三）、（四）项的内容应当在首次业主大会会议召开15日前以书面形式在物业管理区域内公告。

第七条 业主在首次业主大会会议上的投票权数，按照省、自治区、直辖市制定的具体办法确定。

第八条 筹备组应当自组成之日起30日内在物业所在地的区、县人民政府房地产行政主管部门的指导下，组织业主召开首次业主大会会议，并选举产生业主委员会。

第九条 业主大会履行以下职责：

（一）制定、修改业主公约和业主大会议事规则；

（二）选举、更换业主委员会委员，监督业主委员会的工作；

（三）选聘、解聘物业管理企业；

（四）决定专项维修资金使用、续筹方案，并监督实施；

（五）制定、修改物业管理区域内物业共用部位和共用设施设备的使用、公共秩序和环境卫生的维护等方面的规章制度；

（六）法律、法规或者业主大会议事规则规定的其他有关物业管理的职责。

第十条 业主大会议事规则应当就业主大会的议事方式、表决程序、业主投票权确定办法、业主委员会的组成和委员任期等事项依法作出约定。

第十一条 业主公约应当对有关物业的使用、维护、管理，业主的共同利益，业主应当履行的义务，违反公约应当承担的责任等事项依法作出约定。

业主公约对全体业主具有约束力。

第十二条 业主大会会议分为定期会议和临时会议。

业主大会定期会议应当按照业主大会议事规则的规定由业主委员会组织召开。

有下列情况之一的，业主委员会应当及时组织召开业主大会临时会议：

（一）20％以上业主提议的；

（二）发生重大事故或者紧急事件需要及时处理的；

（三）业主大会议事规则或者业主公约规定的其他情况。

发生应当召开业主大会临时会议的情况，业主委员会不履行组织召开会议职责的，区、县人民政府房地产行政主管部门应当责令业主委员会限期召开。

第十三条 业主委员会应当在业主大会会议召开15日前将会议通知及有关材料以书面形式在物业管理区域内公告。

住宅小区的业主大会会议，应当同时告知相关的居民委员会。

第十四条 业主因故不能参加业主大会会议的，可以书面委托代理人参加。

第十五条 业主大会会议可以采用集体讨论的形式，也可以采用书面征求意见的形式；但应当有物业管理区域内持有1/2以上投票权的业主参加。

第十六条 物业管理区域内业主人数较多的，可以幢、单元、楼层等为单位，推选一名业主代表参加业主大会会议。

推选业主代表参加业主大会会议的，业主代表应当于参加业主大会会议3日前，就业主大会会议拟讨论的事项书面征求其所代表的业主意见，凡需投票表决的，业主的赞同、反对及弃权的具体票数经本人签字后，由业主代表在业主大会投票时如实反映。

业主代表因故不能参加业主大会会议的，其所代表的业主可以另外推选一名业主代表参加。

第十七条 业主大会作出决定，必须经与会业主所持投票权1/2以上通过。

业主大会作出制定和修改业主公约、业主大会议事规则、选聘、解聘物业管理企业、专项维修资金使用、续筹方案的决定，必须经物业管理区域内全体业主所持投票权2/3以上通过。

第十八条 业主大会会议应当由业主委员会作书面记录并存档。

第十九条 业主大会作出的决定对物业管理区域内的全体业主具有约束力。

业主大会的决定应当以书面形式在物业管理区域内及时公告。

第二十条 业主委员会应当自选举产生之日起3日内召开首次业主委员会会议，推选产生业主委员会主任1人，副主任1～2人。

第二十一条 业主委员会委员应当符合下列条件：

（一）本物业管理区域内具有完全民事行为能力的业主；

（二）遵守国家有关法律、法规；

（三）遵守业主大会议事规则、业主公约，模范履行业主义务；

（四）热心公益事业，责任心强，公正廉洁，具有社会公信力；

（五）具有一定组织能力；

（六）具备必要的工作时间。

第二十二条　业主委员会应当自选举产生之日起 30 日内，将业主大会的成立情况、业主大会议事规则、业主公约及业主委员会委员名单等材料向物业所在地的区、县人民政府房地产行政主管部门备案。

业主委员会备案的有关事项发生变更的，依照前款规定重新备案。

第二十三条　业主委员会履行以下职责：

（一）召集业主大会会议，报告物业管理的实施情况；

（二）代表业主与业主大会选聘的物业管理企业签订物业服务合同；

（三）及时了解业主、物业使用人的意见和建议，监督和协助物业管理企业履行物业服务合同；

（四）监督业主公约的实施；

（五）业主大会赋予的其他职责。

第二十四条　业主委员会应当督促违反物业服务合同约定逾期不交纳物业服务费用的业主，限期交纳物业服务费用。

第二十五条　经三分之一以上业主委员会委员提议或者业主委员会主任认为有必要的，应当及时召开业主委员会会议。

第二十六条　业主委员会会议应当作书面记录，由出席会议的委员签字后存档。

第二十七条　业主委员会会议应当有过半数委员出席，作出决定必须经全体委员人数半数以上同意。

业主委员会的决定应当以书面形式在物业管理区域内及时公告。

第二十八条　业主委员会任期届满 2 个月前，应当召开业主大会会议进行业主委员会的换届选举；逾期未换届的，房地产行政主管部门可以指派工作人员指导其换届工作。

原业主委员会应当在其任期届满之日起 10 日内，将其保管的档案资料、印章及其他属于业主大会所有的财物移交新一届业主委员会，并做好交接手续。

第二十九条　经业主委员会或者 20% 以上业主提议，认为有必要变更业主委员会委员的，由业主大会会议作出决定，并以书面形式在物业管理区域内公告。

第三十条　业主委员会委员有下列情形之一的，经业主大会会议通过，其业主委员会委员资格终止：

（一）因物业转让、灭失等原因不再是业主的；

（二）无故缺席业主委员会会议连续三次以上的；

（三）因疾病等原因丧失履行职责能力的；

（四）有犯罪行为的；

（五）以书面形式向业主大会提出辞呈的；

（六）拒不履行业主义务的；

（七）其他原因不宜担任业主委员会委员的。

第三十一条　业主委员会委员资格终止的，应当自终止之日起 3 日内将其保管的档案资料、印章及其他属于业主大会所有的财物移交给业主委员会。

第三十二条　因物业管理区域发生变更等原因导致业主大会解散的，在解散前，业主大会、业主委员会应当在区、县人民政府房地产行政主管部门和街道办事处（乡镇人民政府）的指导监督下，做好业主共同财产清算工作。

第三十三条　业主大会、业主委员会应当依法履行职责，不得作出与物业管理无关的决定，不得从事与物业管理无关的活动。

业主大会、业主委员会作出的决定违反法律、法规的，物业所在地的区、县人民政府房地产行政主管部门，应当责令限期改正或者撤销其决定，并通告全体业主。

第三十四条　业主大会、业主委员会应当配合公安机关，与居民委员会相互协作，共同做好维护物业管理区域内的社会治安等相关工作。

在物业管理区域内，业主大会、业主委员会应当积极配合相关居民委员会依法履行自治管理职责，支持居民委员会开展工作，并接受其指导和监督。

住宅小区的业主大会、业主委员会作出的决定，应当告知相关的居民委员会，并听取居民委员会的建议。

第三十五条　业主大会和业主委员会开展工作的经费由全体业主承担；经费的筹集、管理、使用具体由业主大会议事规则规定。

业主大会和业主委员会工作经费的使用情况应当定期以书面形式在物业管理区域内公告，接受业主的质询。

第三十六条　业主大会和业主委员会的印章依照有关法律法规和业主大会议事规则的规定刻制、使用、管理。

违反印章使用规定，造成经济损失或者不良影响的，由责任人承担相应的责任。

附录4　物业服务收费管理办法

第一条　为规范物业服务收费行为，保障业主和物业管理企业的合法权益，根据《中华人民共和国价格法》和《物业管理条例》，制定本办法。

第二条　本办法所称物业服务收费，是指物业管理企业按照物业服务合同的约定，对房屋及配套的设施设备和相关场地进行维修、养护、管理，维护相关区域内的环境卫生和秩序，向业主所收取的费用。

第三条　国家提倡业主通过公开、公平、公正的市场竞争机制选择物业管理企业；鼓励物业管理企业开展正当的价格竞争，禁止价格欺诈，促进物业服务收费通过市场竞争形成。

第四条　国务院价格主管部门会同国务院建设行政主管部门负责全国物业服务收费的监督管理工作。

县级以上地方人民政府价格主管部门会同同级房地产行政主管部门负责本行政区域内物业服务收费的监督管理工作。

第五条　物业服务收费应当遵循合理、公开以及费用与服务水平相适应的原则。

第六条　物业服务收费应当区分不同物业的性质和特点分别实行政府指导价和市场调节价。具体定价形式由省、自治区、直辖市人民政府价格主管部门会同房地产行政主管部门确定。

第七条　物业服务收费实行政府指导价的，有定价权限的人民政府价格主管部门应当会同房地产行政主管部门根据物业管理服务等级标准等因素，制定相应的基准价及其浮动幅度，并定期公布。具体收费标准由业主与物业管理企业根据规定的基准价和浮动幅度在物业服务合同中约定。

实行市场调节价的物业服务收费，由业主与物业管理企业在物业服务合同中约定。

第八条　物业管理企业应当按照政府价格主管部门的规定实行明码标价，在物业管理区域内的显著位置，将服务内容、服务标准以及收费项目、收费标准等有关情况进行公示。

第九条　业主与物业管理企业可以采取包干制或者酬金制等形式约定物业服务费用。

包干制是指由业主向物业管理企业支付固定物业服务费用，盈余或者亏损均由物业管理企业享有或者承担的物业服务计费方式。

酬金制是指在预收的物业服务资金中按约定比例或者约定数额提取酬金支付给物业管理企业，其余全部用于物业服务合同约定的支出，结余或者不足均由业主享有或者承担的物业服务计费方式。

第十条　建设单位与物业买受人签订的买卖合同，应当约定物业管理服务内容、服务标准、收费标准、计费方式及计费起始时间等内容，涉及物业买受人共同利益的约定应当一致。

第十一条　实行物业服务费用包干制的，物业服务费用的构成包括物业服务成本、法定税费和物业管理企业的利润。

实行物业服务费用酬金制的，预收的物业服务资金包括物业服务支出和物业管理企业的酬金。

物业服务成本或者物业服务支出构成一般包括以下部分：

1. 管理服务人员的工资、社会保险和按规定提取的福利费等；

2. 物业共用部位、共用设施设备的日常运行、维护费用；

3. 物业管理区域清洁卫生费用；

4. 物业管理区域绿化养护费用；

5. 物业管理区域秩序维护费用；

6. 办公费用；

7. 物业管理企业固定资产折旧；

8. 物业共用部位、共用设施设备及公众责任保险费用；

9. 经业主同意的其他费用。

物业共用部位、共用设施设备的大修、中修和更新、改造费用，应当通过专项维修资金予以列支，不得计入物业服务支出或者物业服务成本。

第十二条　实行物业服务费用酬金制的，预收的物业服务支出属于代管性质，为所交纳的业主所有，物业管理企业不得将其用于物业服务合同约定以外的支出。

物业管理企业应当向业主大会或者全体业主公布物业服务资金年度预决算并每年不少于一次公布物业服务资金的收支情况。

业主或者业主大会对公布的物业服务资金年度预决算和物业服务资金的收支情况提出质询时，物业管理企业应当及时答复。

第十三条　物业服务收费采取酬金制方式，物业管理企业或者业主大会可以按照物业服务合同约定聘请专业机构对物业服务资金年度预决算和物业服务资金的收支情况进行审计。

第十四条　物业管理企业在物业服务中应当遵守国家的价格法律法规，严格履行物业服务合同，为业主提供质价相符的服务。

第十五条　业主应当按照物业服务合同的约定按时足额交纳物业服务费用或者物业服务资金。业主违反物业服务合同约定逾期不交纳服务费用或者物业服务资金的，业主委员会应当督促其限期交纳；逾期仍不交纳的，物业管理企业可以依法追缴。

业主与物业使用人约定由物业使用人交纳物业服务费用或者物业服务资金的，从其约定，业主负连带交纳责任。

物业发生产权转移时，业主或者物业使用人应当结清物业服务费用或者物业服务资金。

第十六条　纳入物业管理范围的已竣工但尚未出售，或者因开发建设单位原因未按时交给物业买受人的物业，物业服务费用或者物业服务资金由开发建设单位全额交纳。

第十七条　物业管理区域内，供水、供电、供气、供热、通讯、有线电视等单位应当向最终用户收取有关费用。物业管理企业接受委托代收上述费用的，可向委托单位收取手续费，不得向业主收取手续费等额外费用。

第十八条　利用物业共用部位、共用设施设备进行经营的，应当在征得相关业主、业主大会、物业管理企业的同意后，按照规定办理有关手续。业主所得收益应当主要用于补充专项维修资金，也可以按照业主大会的决定使用。

第十九条　物业管理企业已接受委托实施物业服务并相应收取服务费用的，其他部门和单位不得重复收取性质和内容相同的费用。

第二十条　物业管理企业根据业主的委托提供物业服务合同约定以外的服务，服务收费由双方约定。

第二十一条　政府价格主管部门会同房地产行政主管部门，应当加强对物业管理企业的服务内容、标准和收费项目、标准的监督。物业管理企业违反价格法律、法规和规定，由政府价格主管部门依据《中华人民共和国价格法》和《价格违法行为行政处罚规定》予以处罚。

第二十二条　各省、自治区、直辖市人民政府价格主管部门、房地产行政主管部门可以依据本办法制定具体实施办法，并报国家发展和改革委员会、建设部备案。

第二十三条　本办法由国家发展和改革委员会会同建设部负责解释。

第二十四条　本办法自 2004 年 1 月 1 日起执行，原国家计委、建设部印发的《城市住宅小区物业管理服务收费暂行办法》（计价费〔1996〕266 号）同时废止。

中华人民共和国国家发展和改革委员会

中华人民共和国建设部

2003 年 11 月 13 日

参 考 文 献

1. 谭善勇编著. 现代物业管理实务. 北京：首都经济贸易大学出版社，2003
2. 杨振标，陈德豪主编. 物业管理实务(上). 广州：中山大学出版社，2000
3. 杨振标，杨戡，陈德豪主编. 物业管理实务(下). 广州：中山大学出版社，2000
4. 颜真，杨吟编著. 物业管理危机处理及案例分析. 成都：西南财经大学出版社，2003
5. 丁芸，谭善勇编著，物业管理案例精选与分析. 北京：中国建筑工业出版社，2003
6. 鲁宁编著. 精益物业管理全书(日常管理篇). 广州：广东经济出版社，2002
7. 鲁宁编著. 精益物业管理全书(业务拓展篇). 广州：广东经济出版社，2002
8. 罗小钢，王友华，方中东主编. 物业管理金典. 广州：中山大学出版社，2001
9. 黄安永编著. 现代房地产物业管理. 南京：东南大学出版社，2002
10. 罗小钢，王友华，徐耘著. 物业管理疑难解答. 广州：中山大学出版社，2000
11. 方芳，吕萍编著. 物业管理实务. 上海：上海财经大学出版社，2002
12. 沈瑞珠，刘默玲编著. 物业智能化管理技术. 北京：中国轻工业出版社，2001
13. 广州市国土资源和房屋管理局. 物业管理全程通. 2003
14. 谢凯主编. 大厦物业管理实务. 广州：广东人民出版社，1999
15. 宋建阳，陈锦锋，郑淑玲编著. 商业物业管理. 广州：华南理工大学出版社，2002
16. 史晟主编. 物业管理与业主实务全书. 北京：兵器工业出版社，1999
17. 张连生，杨立方，盛承懋编著. 物业管理案例分析. 南京：东南大学出版社，2002
18. 范克危，徐家凤，盛承懋编著. 物业管理公司实务. 南京：东南大学出版社，2002
19. 韩强，李冠东主编. 物业管理法律法规指南. 北京：中国建筑工业出版社，2000
20. 付洁茹，谭善勇编著. 写字楼物业管理. 北京：中国林业大学出版社，2000
21. 季如进主编. 物业管理. 沈阳：辽宁大学出版社，2001
22. 赵绍鸿主编. 谭善勇副主编. 物业管理实务. 北京：中国林业出版社，2000
23. 高富平，黄武双著. 物业权属与物业管理. 北京：中国法制出版社，2002
24. 徐鸿涛著. 物业管理新解. 北京：机械工业出版社，2003